RITA MAGAZINE 2

死者とテクノロジー

中島岳志　編

RITA MAGAZINE 2
The Dead and Technology

Chapter_0

- Takeshi Nakajima

巻頭論考

利他的な死者

中島岳志

中島岳志(なかじま・たけし)
1975年大阪生まれ。北海道大学大学院准教授を経て、東京科学大学リベラルアーツ研究教育院教授。専攻は南アジア地域研究、近代日本政治思想。2005年、『中村屋のボース』で大佛次郎論壇賞、アジア・太平洋賞大賞受賞。著書に『思いがけず利他』『朝日平吾の鬱屈』『保守のヒント』『秋葉原事件』『岩波茂雄』、共著に『料理と利他』『ええかげん論』『現代の超克』、編著に『RITA MAGAZINE テクノロジーに利他はあるのか?』などがある。

被災地で立ち尽くす人たち

死者という問題を真剣に考え始めたきっかけは、東日本大震災だった。

二〇一一年三月十一日、私は日本にいなかった。地震の一報を知ったのは、キューバのハバナだった。

当時のキューバでは、手持ちのスマホで情報収集することが、まだ難しかった。現地のテレビニュースを見ながら、断片的な情報をつなぎ合わせながら、被害の状況を推測するしかなかった。

日本に帰ってくることができたのは、地震から一週間以上たってからだった。到着した成田空港が閑散《かんさん》としており、薄暗かったことをよく覚えている。

当時、北海道大学の教員だった私は、何とか動いている飛行機のチケットを取り、札幌の自宅に帰った。家の中が地震の揺れで無茶苦茶になっているのではないかと案じていたが、物ひとつ落ちていなかった。世の中は大きく変わってしまったのに、家の中の時間は出発時のまま止まっていた。

旅の荷物を開ける間もなく、テレビのスイッチを入れた。画面には被災地の光景が映し出された。どこのチャンネルも、地震災害と原発問題で一色だった。

そんな中、ある言葉が繰り返し語られているのを耳にした。

――「がんばれ！」「がんばろう！」

あちらこちらから、東北に向けて「がんばれ」「がんばろう」という声が投げかけられていた。

咄嗟《とっさ》に違和感を持った。

「がんばれ」という言葉に問題があるのではない。「がんばれ」はまだ早いのではないかと思ったのだ。

私たちが「がんばれ」と言われて気力が奮《ふる》い立つのは、どういう時だろうか。

自分にとっての目標が明確で、そこに向けて突き進んでいる時、他者から「がんばれ」と言われると、「よし、がんばるぞ」という気持ちになる。例えば「絶対に〇〇大学に合格するぞ」と目標を定めて受験勉強に熱を入れている時、「がんばって」と応援されると、気持ちが奮い立つ。

しかし、地震から約一週間後の被災地の人たちは、そのような地点に立っていただろうか。先に進むべき目標が明確になっていただろうか。

むしろ、私の目に飛び込んできたのは、避難所などで呆然と立ち尽くしている人たちの姿だった。

――「がんばれ」と声をかけるのは、まだ早い。
そう思った私の額《ひたい》を、冷たい汗が流れた。

この年、私は共同通信社からの依頼で「論考２０１１」という連載を担当していた。これは毎月一度、いま起きている社会現象を取り上げ、論評をするという連載で、毎月二十五日ごろが締め切り日だった。

キューバから帰ってきた私には、まずこの原稿の締め切りが降りかかってきた。当然、東日本大震災について、私なりの見解を書かなければならない。

私の冷や汗は、この原稿が共同通信配信だったことによる。被災地の地元紙に、私の書いた文章が掲載されるのだ。

さらに私にとって重圧となったのが、避難所にいる人たちが、新聞を食い入るように読んでいた光景だった。その人たちは単なるインフォメーションを求めているようには見えなかった。人々は、新聞の中に、拠《よ》り所となる「ことば」を求めているように見えた。

「がんばれ」はまだ早いと思っている私は、被災地の人たちに向けて、何が書けるのか。どんなことばを紡ぎだせるのか。そんな思いが駆け巡り、私の額から汗が出てきたのだ。

帰国したら、学生を連れてボランティアに行こうかと思っていたが、やめた。私は文章を書くことを仕事としている。ありがたいことに、原稿の依頼をしてくれる人たちがいる。私がなすべきことは、水や食料を運ぶことよりも、ことばを運ぶことなのではないか。一人ぐらい、テレビのスイッチを切って、部屋にこもって考える人間がいたっていいじゃないか。

そう考え、私は自室にこもって、目を閉じた。被災地の人たちは、いま何を思って立ち尽くしているのか。いま何を考えなければならないのか。

心を落ち着けて考えを巡らせていると、不意に脳裏に浮かんだのが、「二人称の死」という問題だった。

地震は突然やってきた。そして、津波で多くの命をのみ込んでいった。大切な「あの人」が突然、いなくなった。場合によっては、目の前で「あの人」が波にさらわれていったという人もいただろう。

この「二人称の死」という問題が、被災地の人たちが呆然と立ち尽くしている背景にあるのではないか。

そう思った。

そして、私の一つの体験がよみがえってきた。

「死者と共に生きる」

東日本大震災の約一年前、Sさんという私にとって大切な人が亡くなった。彼は拙著『中村屋のボース』『パール判事』の担当編集者で、ミュージシャンでもあった。年齢は一回り上だったが、頻繁にお酒を飲み、夜中まで話しつづけた。

そんなSさんが、唐突に亡くなった。

私はその空洞を埋められずに、その後の一カ月ほどを、呆然と生きていた。地に足がつかず、何をやっていても地上から数センチ浮いたような状態で過ごしていた。

ある日、職場で急な仕事があり、帰宅が深夜になった。翌日は朝一時限目から授業。早く寝たいと思ったが、その日の夜に書いて送らなければならない原稿があった。

急いでシャワーを浴び、パソコンに向かった。とにかく早くベッドに潜り込みたい。そんな一心で、原稿を書き飛ばした。過去に書いたことがあるようなことを書き、メールで送信しようとした。

その時だった。ふと指が止まった。

——「見られている」。

不意に、亡くなったSさんのまなざしを斜め後ろに感じた。彼は担当編集者だったので、私が何を書いてきたかよく知っている。

私は、さっき書いたばかりの原稿を読み直してみた。やはり、つまらない。これではいけないと思い直し、原稿を消去した。そして、一から書き直し始めた。

三時間ぐらいかかったが、自分で納得ができる原稿ができあがった。そして、メールに添付すると、今度は問題なく送信することができた。

やれやれと思い、ベッドに横たわった。時計を見ると早朝四時ごろだった。数時間は寝ることができると思い、目を閉じた。

そこでふと考えた。「この約三時間は、いったい何だったのか」。

疲労と眠気の中でまどろんでいると、ある思いが湧き起こってきた。

——そうか、私は亡くなったSさんと出会い直したんだ。

Sさんはいなくなったと思っていた。それはその通りだ。彼はもう生きていない。電話をかけても出ないし、メールを送っても返信はない。触れることもできない。

しかし、存在しないというのは違う。現に私に鋭いまなざしを投げかけてきて、私の行動を変容させている。彼のまなざしがなければ、その時の原稿を書くことはできなかった。彼が私に書かせたと言っていい。

だとすれば、彼は死者となって存在していると言っていいのではないか。そして、私は死者となった彼と、いま出会い直したと言っていいのではないか。

何でいままで、こんな当たり前のことに気づいていなかったのか、と思った。

一気に気持ちが晴れやかになった。そうか、死者となったSさんと一緒に生きていけばいいんだ。言葉にならないコトバで会話し、共に生きていけばいい。そう思った。

ここで重要なポイントは、Sさんの存在は生きている時と、変化しているということである。彼が存命中には、私に倫理的なまなざしを投げかけてくることなどなかった。いつも一緒にお酒を飲み、様々なことを話したが、それが倫理的な重しになることはなかった。しかし亡くなると、私に「そんなことでいいのか」というまなざしを向けてくる。

つまり生者—生者の関係と、生者—死者の関係は変化しているのだ。「その人」は同じ人だが、彼岸性を帯びている。「その人」は「その人」でありながら、少し違った「その人」になっている。私を超越的な視点から見守る存在となっている。この変化によって、死者となったSさんは、私がいまここでよく生きることの導き手になっている。この変化が重要だと思った。

——この出会い直しを大切にして、死者となったSさんと一緒に生きていけばいい。

そう思った。

私は、この体験をもとに、「死者と共に生きる」という文章を書いた。悲しみの先に、「その人」との出会い直しがある。その再会を大切にして、共に生きていけばいい。そんなことを書いた。

すると、被災地からだけでなく、全国から多くの反響があった。中にはお子さんを亡くし、数年間、部屋に引きこもっていたという女性からの手紙もあった。彼女は私の文章を読み、久しぶりに外出することができたという。死者となった我が子のまなざしを受け止めながら、一緒に生きていこうと思ったという。手紙を読みながら、涙がこぼれた。

死者の立憲主義

「死者と共に生きる」という文章に対しては、「政治学者なのに、宗教者のようなことを書いている」という批判的なコメントも頂いた。「宗教学者になろうとしているのか」とも言われた。

私自身、○○学というカテゴリーへの所属は、特に気にしたことがない。目の前に現れた問題にどう向き合うのかが重要で、○○学のための学問に取り組んでいるのではないという思いを持ってきた。

しかし、一歩立ち止まって考えてみた。

――この問題は、政治学の領域においても、非常に重要な意味を持っているのではないか。

不意に思い浮かんだのは、学生時代から繰り返し読んできたイギリスの作家チェスタトンの『正統とは何か』【※1】の一節だった。

チェスタトンは言う。

若いころから私には一度も理解できないことが一つある。民主主義は、どういうわけか伝統と対立すると人は言う。どこからこんな考えが出てきたのか、それが私にはどうしても理解できぬのだ。伝統とは、民主主義を時間の軸にそって昔に押し広げたものにほかならぬではないか。（中略）何か孤立した記録、偶然に選ばれた記録を信用するのではなく、過去の平凡な人間共通の輿論を信用する――それが伝統のはずである。［チェスタトン一九七三：七五］

伝統とは選挙権の時間的拡大と定義してよろしいのである。伝統とは、あらゆる階級のうちもっとも陽の目を見ぬ階級、われらが祖先に投票権を与えることを意味するのである。死者の民主主義なのだ。単にたまたま今生きて動いているというだけで、今の人間が投票権を独占するなどということは、生者の傲慢な寡頭政治以外の何物でもない。（中略）民主主義と伝統――この二つの観念は、少なくとも私には切っても切れぬものに見える。二つが同じ一つの観念であることは、私には自明のことと思えるのだ。われわれは死者を会議に招かねばならない。古代のギリシア人は石で投票したというが、死者には墓石で投票して貰わなければならない。［チェスタトン一九七三：七六］

チェスタトンは死者にも投票権を認めよと言う。「死者には墓石で投票して貰わなければならない」と言うが、もちろん死者が選挙の日に投票することなどできない。チェスタトンが論じていることは、「生者の傲慢な寡頭《かとう》政治」に陥らないために死者の声に耳を傾け、いま生きている人間だけの利益を優先する政治を戒《いまし》めよということである。「過去の平凡な人間共通の輿論」を大切にし、先人たちの見解を重視する。これが「死者の民主主義」だと言うのである。

この議論を、個々人の心構えの問題ではなく、政治制度の中でどう考えればいいのか。

私はここに立憲主義という問題があると考えた。民主主義と立憲主義は、一見すると相互補完的で相性のいい「主義」のように見える。しかし、両者は衝突してしまう時がある。

民主主義は、少数者の権利を擁護《ようご》しつつ、「多数決の原理」を採用する。国民は選挙によって代表者を選び、その代表者が立法府において様々な決定を行う。国会では法律案が審議され、最終的に多数決で成立する。

一方で、内閣が提出する法律案は、閣議に付される前に内閣法制局が審査を行う。法律案の憲法違反については、最高裁判所が最終的に判断する。憲法九八条には、「この憲法」が「国の最高法規」であると明記され、「その条規に反する法律、命令、詔勅《しょうちょく》及び国務に関するその他の行為の全部又は一部は、その効力を有しない」とされている。

つまり、民主的に選ばれた国会議員の多数派が賛成であっても、憲法違反に当たる場合、憲法が立法行為を阻止するのだ。

ここに「民主」vs「立憲」という対立が現れる。

民主的決定は、憲法によって阻《はば》まれることがある。両者は時に正面衝突してしまう。この対立の本質には、何があるのか。

私は、主語の違いだと考えた。

民主主義に直接参加できるのは、どうしても生者に限定される。死者は投票所で一票を投じることができず、当然、国会議員になることもできない。民主主義の主語は、やはり生者ということになる。

では、憲法の主語は誰なのか。

それは死者である。憲法は、歴史の中で様々な失敗を繰り返してきた死者たちからの「戒め」であり、現在・未来の国民を拘束する「重し」である。

憲法九七条には、次のように書かれている。

この憲法が日本国民に保障する基本的人権は、人類の多年にわたる自由獲得の努力の成果であつて、これらの権利は、過去幾多の試錬に堪へ、現在及び将来の国民に対し、侵すことのできない永久の権利として信託されたものである。

ここで「現在及び将来の国民に対し」て「信託」しているのは誰か。それは、「自由獲得の努力」を積み重ね、「過去幾多の試錬に堪へ」てきた死者たちに他ならない。憲法は、死者たちの経験知によって、生きている国民とその政府を制約する装置である。

立憲民主主義とは、死者の輿論《よろん》（パブリック・オピニオン）に拘束されたデモクラシーである。死者たちは憲法を通じて、生者の世論《せろん》（ポピュラー・センチメント）に歯止めをかける。歴史的に獲得してきた価値を擁護し、一時の熱狂や暴走を阻止する。死者たちには、亡くなってからも重要な仕事があるのだ。

受け取ること

その後、私は「利他」という問題に取り組んだ。新自由主義が進行する中、過度の自己責任論が蔓延《まんえん》し、政治的な政策論では問題を乗り越えることができない状況に突入したからだ。右肩下がりの時代に生まれ育った若い世代の人たちは、自己責任論がデフォルトになっており、日々、競争にさらされている。毎日の生活は常にサバイバル状態で、他の人のことを考える余裕などない。自分が生き残ることに精一杯で、今という時間は常に未来への投資に消えていく。

このような時代状況を突破するためには、政策論の提示だけでは難しく、「自己責任論」に代わる人間観を提示する必要があると考えた。

しかし、「利他」を実行することは難しい。自分の利益を度外視し、相手のためにと思って行ったことでも、その相手にとって「ありがた迷惑」である可能性がある。その場合、利他は成立しない。むしろ相手のことを考えない利己的な行為として忌避《きひ》の対象となる。

特定の行為が利他かどうかを、与え手が決定することはできない。それは受け手に委ねられている。受け手が、その行為を「ありがたい」と思って受け取った時、初めて利他が成立する。私たちは利他的であろうとする時、「相手に何をやってあげられるか」と与え手になろうとするが、それは独りよがりの空回りである可能性がある。利他にとって重要なのは、受け手である。

世界が「利己」ではなく、「利他」によって覆われるためには、よい受け手になることが重要である。与え手は、受け手によってこそ利他の主体へと押し上げられる。受け取ることこそが、利他を生み出す契機となるのだ。

しかし、どうすればよい受け手になることができるのだろうか。与え手の行為を、何でもかんでも無理して受け取らなければならないのだろうか。

そうではない。重要なのは、私たちがすでに受け取っているということに気づくことである。例えば、私たちの生活は、太陽からの贈与なしには成り立たない。私たちは、太陽に対して返礼ができないほどの一方的な贈与を受け取っている。しかし、それを「太陽からの利他」として受け取っていない。当たり前のこととして、特段の感謝の対象としていない。

同じことは、死者たちとの関係においても言える。死者たちの様々な営為がなければ、私たちの今日の生活は成り立たない。しかし、太陽と同様、日々の生活の中で「死者からの利他」を意識することは、なかなかない。私たちはすでに多くのものを受け取っていながら、そのことに気づいていないのだ。

利他的な循環を生み出すためには、私たちは様々なものをすでに受け取っていることに意識的になる必要がある。この「気づき」によって、私たちはよき受け手になることができ、様々な関係性を利他のネットワークに転換することができる。

だとすれば、「弔《とむら》い」は重要な利他行為である。死者たちの営為を意識的に受け取り、その存在を想起する。時に、死者からのまなざしを突きつけられ、自らの行為を見つめ直して、よく生きようとする。この死者との関係性を再構築することこそ、利他を生み出す起点になるのではないか。

柳田國男『先祖の話』

民俗学者の柳田國男は、終戦間際の一九四五年四月から五月にかけて『先祖の話』【※2】を執筆し、終戦後の翌四六年、出版した。柳田は日本各地で受け継がれてきた死者供養・祖霊祭祀を記述し、戦前と戦後の橋渡しを行おうとした。

柳田は当時、世田谷区の成城学園前に住んでいた。彼は戦中、小田急線を利用して、武蔵野の郊外を散歩した。

ある時、柳田は町田のあたりで一人の老人と出会った。老人は新潟生まれで、大工修業を行い、大工と材木取引を生業とした。若い頃に長野で大工修業を行い、東京に出て、急速な都市の拡大を支えた。南多摩に終の棲家《すみか》を構え、田舎から呼び寄せた母親を看取った。子どものための財産も築き、老人の域に入った。

老人は、柳田に対して「しきりに御先祖になるつもりだということをいった」。柳田はこの言葉に感心し、「古風なしかも穏健な心掛けだ」と述べている。

柳田は次のようにも言っている。

> 人間があの世に入ってから後に、いかに長らえまた働くかということについて、かなり確実なる常識を養われていた［柳田一九九〇：一六七］

庶民の常識では、人間は死んでからも「いのち」を長らえ、果たすべき役割を有している。人間は死んだら終わりではない。死後にも仕事があるというのが、「かなり確実なる常識」として共有されていた。

柳田が出会った老人は、おそらく子どもの頃から、ご先祖のまなざしに見守られ、育ったのだろう。死期が迫った老人は、同じように子孫にとっての先祖となり、家の安泰を支えなければならない。そのためには立派に死んでいかなければならない。子孫にとっての模範として生き切らなければ、よきご先祖になることができない。

老人は、先祖供養を通じて死者と対話し、そのことがよく生きることを支えている。そして、その行為が、死後の子孫との対話につながっている。残された子孫は、この老人を先祖として供養し、見守られる。先祖という観念は、過去への固執ではなく、未来とのダイアローグである。この時間的連鎖が成立することで、死者は利他的な存在として貢献し続ける。

超スマート社会における「死者」

しかし、先祖供養のあり方は、大きな曲がり角に差し掛かっている。家族変動に伴って、「〇〇家之墓」という墓制の継承が難しくなっている。また、家の中でも「仏壇」と「遺影」のある風景は、自明のものではなくなっている。血縁による葬送や墓の継承は限界に達しており、家を単位とする先祖供養にサステナビリティ（持続可能性）はない。

墓の脱「家」化が進むと、当然のことながら墓の多様化が進んでいく。家の墓の継承が難しいため、墓じまいが進み、遺骨を合葬墓・永代供養墓に移すケースが続出している。樹木葬や散骨が拡大し、都市部では永続性を前提としない納骨堂が乱立する。近年では、遺骨をミニ骨壺やアクセサリーに収め、自宅などで保管する手元供養が急速に拡大している。

弔いのあり方は、すでに再帰化（一六四頁にて詳述）している。もはや特定の形式が自明であった時代は終わり、個人の嗜好性に基づく選択の対象化が進んでいる。墓制のあり方は拡散し、「墓友《はかとも》」のような家族以外の存在が、弔いの主体として注目されている。

死者との関係性が失われると、利他の連鎖が失われる。死者とのつながりを担保していた伝統システムが崩壊する中、私たちはどのように死者との出会い直しの機会を持つことができるのだろうか。

そんな中、ＡＩ故人というテクノロジーが新しい弔いのあり方として急浮上している。

ＡＩ故人は、ＮＨＫが二〇一九年九月二十九日に放送した「ＮＨＫスペシャル――ＡＩでよみがえる美空ひばり」で一気に注目を集めた。一九八九年に亡くなった美空ひばりを再現し、秋元康が作詞した新曲「あれから」をＡＩによって歌わせた。曲の合間には「お久しぶりです」「私の分まで、まだまだ頑張って」などのせりふも語らせた。

ＮＨＫでは、同年三月二十八日に「復活の日～もしも死んだ人と会えるなら～」を放送し、出川哲朗の母をＣＧ技術で「再現」している。二〇二〇年二月には、韓国大手テレビ局ＭＢＣがドキュメンタリー「あなたに出会った」を放送し、母親が七歳で急死した娘とＶＲで「再会」した。

二〇二五年時点で、この潮流はすでに市場化し、中国では生成ＡＩで死者を復活させるビジネスが急成長している。日本でも同様のビジネスが誕生し、話題になっている。

しかし、この技術が「新しい弔いの可能性」として受け入れられるには、いくつものハードルがあるだろう。

死者を再現し、生成ＡＩで新たな会話が可能になると、開発者が生者の人生を大きく拘束し、場合によってはコントロールできてしまう可能性がある。例えば、カリスマ性を持った政治家や革命家、宗教家を再現し、そのＡＩ故人の言葉を操ると、その人物の信奉者を極端な行動に導くことが可能となる。ＡＩ故人が、本人の意図しない言葉を発することで、死者の尊厳を損ねる可能性も大いにある。倫理問題をすべて乗り越えるには、相当の困難があるだろう。

また、「不気味の谷」という問題もクリアしなければならない。これはロボット工学者の森政弘が提唱した現象で、ロボットやＡＩなどの動きや外見が人間に近づくと、あるところで強い嫌悪感に変わるというものである。ロボットなどの人工物が、実際の人間から遠い姿をしている間は受け入れられるものの、実際の人間の姿に近づくにつれて「不気味さ」を感じるようになり、親近感が急速に下落する。この落ち込みが「不気味の谷」である。

このような「倫理問題」「不気味の谷問題」は、法的整備や技術革新によって、折り合いをつけることができるかもしれない。しかし、それでもなお克服することが困難な課題が待ち受けている。

それは美空ひばりの親友だった中村メイコが、ＡＩ美空ひばりを見た時の感想の中にある。

彼女は次のように言っている。

「これが、『ひばりさんの〝作った声〟ですよ』って言われることで離れる気がするの」

中村が語っているのは、ＡＩによって故人が再現されることで、逆に死者が遠ざかるという現象である。死者をリアルに再現することが、死者との対話につながるわけではない。むしろ、その姿がリアルであればあるほど、死者との距離が遠くなることがある。

これはいったい、いかなる現象なのだろうか。

余白の重要性

ここで注目したいのが、「弔いとテクノロジー」を研究テーマとする高木良子の考察である。高木は、「故人を模した人形における死者の見顕《みあらわ》し——ＡＩ美空ひばりとの比較において」【※3】という論文の中で、岩田慶治のアニミズム論に依拠しながら、「余白」や「余地」の重要性を論じている。

高木が分析の対象とするのは、遺人形《いにんぎょう》をめぐる遺族の語りである。遺人形とは、3Dプリンターで形づくる故人を模した人形で、大阪に所在するデザイン制作会社「株式会社ロイスエンタテインメント」により二〇一五年に開発された。高木はこの遺人形を購入したユーザーにインタビューを行っているが、全員がＡＩ故人に否定的な回答をしたという。ある遺人形のユーザーは、人形とＡＩの違いを「想像をめぐらす『余地』」の有無に見出し、見た目のリアルという点では不完全な人形のほうが、故人を想起することができると語っている。

高木は、次のように述べる。

> この「余地」に想像性を働かせることで、遺族は故人の存在を想起する。つまり、ＡＩ故人は一見故人の姿を自由に表象できるようにも見えるが、実は動かない人形のほうが、人形のもつ「余地」が遺族の想像というものに開かれており、それによって死者に対し無限の表象の自由を得ることが可能になるのである。
> さらに言うなら、遺族がＡＩ美空ひばりという表象に抵抗を示したのは、そこに顕れた故人のイメージが、遺族側から構築的に生成されたものではなく、制作者側に用意され、与えられたものであったからということも言えるのではないか。人形のもつ「余地」とはまさに、遺族が死者を想像し、創造する「場」なのであろう。〔高木二〇二四：二六八－二六九〕

ＡＩ故人は、さらなる技術革新によってリアルに接近し、「不気味の谷」を越えるかもしれない。しかし、その技術革新は、生者が死者を想起する「余地」をはく奪し、死者の存在を疎外してしまう可能性がある。

私たちは、桜を見た時に故人のことを想起したり、たそがれの風景の中に、死者を感じたりしてきた。ここにあるのは、私たちの想起する力を引き出す「余白」の存在である。

岡倉天心は『茶の本』の中で「本当の美しさは、不完全を心の中で完成させた人だけが見出すことができる」と述べている。日本画には、余白の部分が多い。日本画は作者の表現によって完結しているのではなく、見る者の想起する力に委ねられている。鑑賞者は、「目」だけではなく「眼」を使わなければならない。単に作品を「見る」のではなく、心の「眼」を使って「観る」必要がある。「眼」が作品を「観る」時、作品は躍動し、展開し始める。鑑賞者は、余白の中に風や気配を感じ、作品の世界に巻き込まれていく。日本画は、描く者と観る者の共同作業によって成り立つ。そのためのスペースが余白なのだ。

日本の伝統芸能の多くは、観客の「想起する力」とのコラボレーションによって成立している。落語は演者が座布団の上で話すだけで、舞台セットがない。背景を徹底的にそぎ落とすことによって、逆に風景を立ち上がらせようとする。演者の姿が消え、情景が浮かび、舞台で登場人物が動き出す。

能における「能面」も一見すると無表情だが、演目の進行に伴い、表情が展開する。役者の演技表現と観客の「眼」が触れ合った時、能面は憂い、悲しみ、憤る。

「余白」や「余地」は、「想起する力」を引き出す。この作用を利用したテクノロジーに分身ロボット「OriHime」がある。この遠隔操作ロボットを使うと、その場にいない人がコミュニケーションに参加し、会話をすることができる。「OriHime」の手や首を動かすことはできるが、表情は変えられない。しかし、「OriHime」と対話していると、本人の存在に触れた感覚になり、次第に表情が浮かびあがってくる。私たちの「想起する力」が、分身ロボットによって引き出されているのだ。

ここに「死者とテクノロジー」を考える重要なヒントがある。本書が追究したいのは、死者のリアルな再現ではなく、死者の想起に介在するテクノロジーのあり方である。伝統的な墓制が不安定化し、サステナビリティを喪失する中、死者との共生を支える新たな装置が求められている。この切実な要請に、テクノロジーはいかなる形で寄与することができるのか。

想像性を喚起するテクノロジー

ドミニク・チェンは、あいちトリエンナーレ2019で『Last Words / TypeTrace』という作品を展示した。彼は、十分後に自分がこの世を去ることを想定しながら、大切に思うひとりに向けて書かれた「最後の言葉」を収集する。そして、執筆プロセスの記録を再生するソフトウェア「TypeTrace」を使用し、最終的なアウトプットの裏に隠された思考の痕跡を展示する。再現されるのは、打ち間違えや脱字、考えている間、書きよどみなどである。絞りだされていく言葉のプロセスが可視化され、見る者は書き手の弱さに触れる。そのことで、見る者の「想起する力」が引き出され、書き手との交流が生まれる。ここで試みられているのは、工学的な再現性ではなく、想像性を喚起するテクノロジーに他ならない。

二〇二四年三月、ヤマハ銀座店で「坂本龍一のピアノ展／Ryuichi Sakamoto and the Piano」が開催された。坂本は一九八八年に映画『ラストエンペラー』で米アカデミー賞作曲賞を日本人として初めて受賞した音楽家で、二〇二三年三月に亡くなった。

　坂本は、生前に自動演奏機能付きのコンサートグランドピアノ「CFIIIS」を所有し、自らの演奏データを保存していた。この展覧会では、坂本が弾いた演奏をそのまま再現する形で自動演奏が行われた。そこに坂本の姿はない。無人のピアノの鍵盤・ペダルが動き、音色が響いた。

　二〇二四年三月二十六日には、前年十二月に亡くなった歌手の八代亜紀のお別れ会が、東京で開かれた。祭壇には八代が着用していたステージ衣装が設置され、故人の声が再現された。「皆さん、八代亜紀は幸せでした。幸せでしたよ。ありがとうね。バイバイ」といったメッセージが八代の声で流されたが、これは実際の本人の録音ではない。八代は「自身の声を残したい」という思いから、二〇二〇年に約四〇〇の文章を読み上げて音源データを保存していた。お別れ会では、このデータを利用し、本人が直接、遺族や参列者へメッセージを伝えているような体験が再現された。ここでは、視覚的な再現は行われず、ステージ衣装の展示に限定する形で、音声の再現が行われた。

　以上の事例に共通しているのは、「余白」の存在である。ＡＩ美空ひばりのように本人を視覚的に再現することはせず、見る者の「想起する力」に委ねている。あえて本人の姿を再現しないことで、死者との深い交流を図ろうとしている。

　『なぜ壁のシミが顔に見えるのか――パレイドリアとアニマシーの認知心理学』【※4】の著者、高橋康介は、人間をちょっとしたきっかけで意味を創り出す動物と捉え、その認知のあり方を追究している。

　高橋が注目するのは、パレイドリア現象というものである。これは普段からよく知ったパターンを本来そこに存在しないにもかかわらず心に思い浮かべる現象である。例えば、数学記号の「なぜならば（∵）」を見ると、私たちは顔であるかのように認識してしまう。

　私たちは、知覚のプロセスの中で「もっともありそうな世界」を採用しているという。

> 目に入ってきた情報を生み出す無限の可能性の中から、過去の経験であったりその時々の気づきであったり、そういったものを手がかりにして、その都度唯一の解釈を選び取り、認識しているのである。［高橋二〇二三：二七］

「余白」をめぐる認知のあり方には、この知覚のメカニズムがかかわっているのだろう。遺人形のユーザーは、過去の経験を手がかりに、人形の中に故人の面影を見いだす。その認知のプロセスの中で、死者が立ち現れ、豊かな交流が生まれる。

彼岸性の回復

繰り返しになるが、死者にとって重要なのは、その彼岸性である。亡くなった人は、生きている時の「その人」でありながら、「その人」ではない。私たちに超越的なまなざしを投げかけてくる異界の存在である。

浄土宗の僧侶で龍岸寺住職の池口龍法は、先端テクノロジーを使って、仏の臨終来迎《らいこう》の様子を可視化しようとしている。池口が使うのは、遠隔操作や自動制御によって飛行できる無人航空機「ドローン」。ここに仏像を載せて「ドローン仏」を作る。これを宙に浮揚させることで、極楽浄土から衆生（命あるものすべて）を迎えにくる様子を表現しようとしている。

池口が想起を促すのは、死者の彼岸性である。浄土門では、故人は浄土に行き、仏となる（＝「往相回向《おうそうえこう》」）。中国南北朝時代の僧・曇鸞《どんらん》によると、浄土で往生したものは、再びこの世に戻ってきて衆生の救済のために活動する。浄土門では、この働きのことを「還相回向《げんそうえこう》」というが、死者との再会は、このような彼岸性を伴うことが重要である。

人間の本来持っている潜在的な力を引き出すテクノロジーへ

二〇一六年一月、日本政府は「第五期科学技術基本計画」【※5】を閣議決定した。ここでは日本政府がこれから目指すべき未来社会の構想として「Society 5.0」が提唱された。

ここでは狩猟社会を「Society 1.0」、農耕社会を「2.0」、工業社会を「3.0」、情報社会を「4.0」と定義し、現在は情報社会（4.0）の次の社会のあり方を模索しているという。

「Society 5.0」とは、「サイバー空間とフィジカル（現実）空間を高度に融合させたシステムにより、経済発展と社会的課題の解決を両立する〝人間中心の社会〟」と定義される。そして、日本が世界に先駆けて「超スマート社会」の実現を目指すとされる。

超スマート社会では、ロボットや人工知能（ＡＩ）技術が高度に発展し、人の補完機能を果たす。人にできないことをテクノロジーが代替し、サービスや事業のシステム化が進む。これによって「必要なもの・サービスを、必要な人に、必要な時に、必要なだけ提供し」、「あらゆる人が質の高いサービスを受けられ、年齢、性別、地域、言語といった様々な違いを乗り越え、活き活きと快適に暮らすことのできる社会」が実現するという［内閣府二〇一六：一一］。「超スマート社会」実現のために、テクノロジー開発に期待されているものは大きい。しかし、その目指すべき技術政策は、生産効率の最大化や人間の代替だけでなく、人間の本来持っている潜在的な力を引き出すテクノロジーの開発へと向かう必要がある。

少子高齢化が進み、社会の多死化（高齢化後に死亡数が増加し、人口減少が加速する状態）が進行する中、死者との関係性の構築は、喫緊《きっきん》の課題といってよい。そのような中、本書では「想起する力」を喚起するテクノロジーのあり方を探究し、その方向性を提示したい。そのことが死者を利他的な主体として浮上させ、自己責任論が蔓延する社会のあり方を、利他が循環する方向へと導くことにつながると確信している。

※1　G・K・チェスタトン『正統とは何か』春秋社、一九七三年
※2　柳田國男『柳田國男全集13』ちくま文庫所収、一九九〇年
※3　高木良子「故人を模した人形における死者の見顕し――AI美空ひばりとの比較において」、『コモンズ』第三号、二〇二四年
※4　高橋康介『なぜ壁のシミが顔に見えるのか――パレイドリアとアニマシーの認知心理学』共立出版、二〇二三年
※5　内閣府「科学技術基本計画」(二〇一六年一月二十二日閣議決定)

目次

Chapter 2　テクノロジーで死者に「出会う」

本書は、各寄稿者の書き下ろしの論考に加え、ミシマ社が主催した配信イベントMSLive!（2024年10月25日、12月2日）、非公開の鼎談（2024年11月19日）の内容を再構成して書籍化したものです。

思いがけず死者

An Unexpected Encounter with the Dead

Chapter_1-1
- Dominique Chen
- Takeshi Nakajima
- Ryoko Takagi

Chapter_1-2
- Dominique Chen

Chapter_1-3
- Kohske Takahashi

Chapter_1-4
- Futa Sasa

死者とはどのような存在か?
生者の意図にかかわらず想起される、そのままならなさと、時代を映して変わりゆくあり方を、
情報科学、伝統的な葬送の儀礼、知覚心理学、民藝などを手掛かりに考察する。

鼎談

思いがけず死者

ドミニク・チェン
中島岳志
高木良子

RITA MAGAZINE 2
The Dead and Technology

Chapter_1-1

- Dominique Chen
- Takeshi Nakajima
- Ryoko Takagi

収録：2024年10月25日
構成：佐々風太

ドミニク・チェン

中島岳志

高木良子

中島　今日はよろしくお願いします。私は政治学者なんですけれども、巻頭の「利他的な死者」で論じたように、政治学と死者、という問題をずっと考えてきました。

現在の私たちの民主主義を健全に機能させるためには、もう一度、私たちと死者との関係性をちゃんと取り結ばないといけない。死者と私たちが、どういう関係によって成り立っているのか、というのをもう一度見ていきたい。

そこで私は、弔いという問題に出会いました。現在様々なかたちで、死者と私たちの関係を取り結んできた弔いの伝統が変容しています。さらにここに、AIをはじめとするテクノロジーの問題も介在してきている。そういう中で、今、弔いにはどんなかたちがあり得るのか、考えています。

遺された側の想起する力をエンカレッジする

ドミニク　私は、弔いとテクノロジーを研究の専門分野としてきた訳ではありません。ただ、人間が生きる上でテクノロジーが果たせる（もしくは果たせない）役割について調査するプロジェクトに関わる中で、死生観というテーマが浮上しました。それもあって、二〇一九年、「あいちトリエンナーレ２０１９」という国際芸術祭の際に、「TypeTrace」というタイピングの過程を記録してそれを一打鍵ずつ再生できるソフトウェアを使い、作品を発表しました（dividual inc.（遠藤拓己、ドミニク・チェン）《Last Words / TypeTrace》）。

まずＳＮＳで告知して、不特定多数の人たちに「TypeTrace」を使ったテキストを書いてもらう。テキストの内容としては、想像上の遺言を書いてもらう。

今日のアテンションエコノミー（情報の質よりも、人々の関心や注目を集めることが経済的価値をもつという概念）を駆動するような「自分をこういうふうに見せた

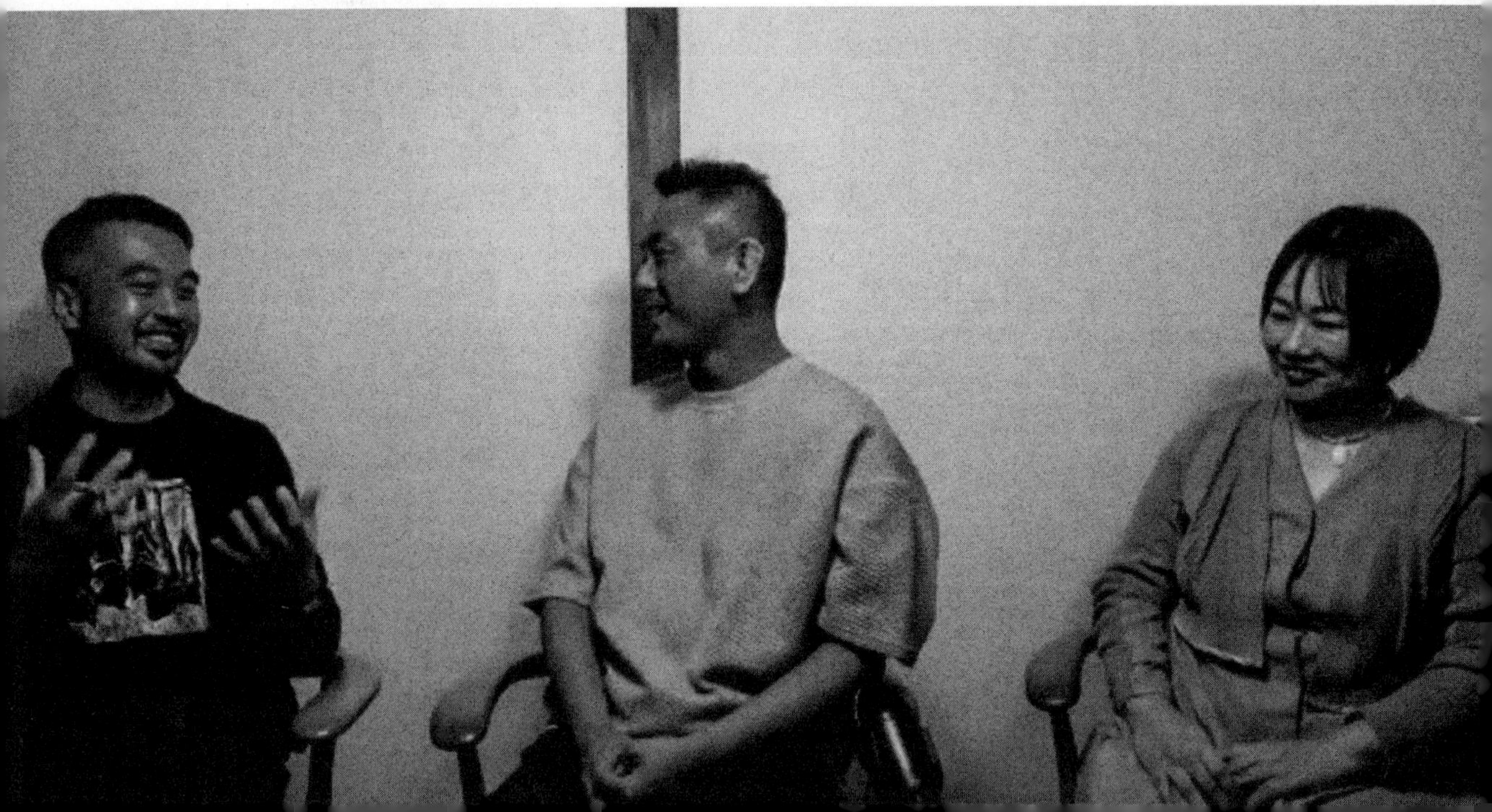

い」というテキストではなく、書き手の弱さみたいなものが思わず出てしまうテキストって何だろうと考え、自分が十分後にこの世界からいなくなることを想像した上で誰かに宛てた「最後のことば」を書いてもらう、という設定にしました。

　その人が今どういう気持ちを抱いていて、誰にどういうメッセージを遺《のこ》そうとするのか、かなりプライベートな内容でも匿名で書いてもらえるのではないかと考えて、「10分遺言」というハッシュタグを付けた投稿を呼びかけたんです。

　会期中に二三〇〇件程のテキストが集まって、それを会場でずっと再生しました。テキストが書かれていく過程――カタカタと打って、十秒ぐらい止まって、削除して、もう一回始めて、みたいな――そういう、書いている人の気配というか息遣いのようなものが、データの中に遺ります。

　この作品は誰かを弔うためのものではなかったのですが、制作期間中には自分自身の死後について、すごく考えました。私自身も10分遺言を書いてみたのですが、そこで、ある種の生前葬みたいなエフェクトが画期的に起こる、ということがわかりました。

　私は自分の子どもに宛てて書いたんですけど、自分がいなくなった後の世界のことを本当に想像しました。その上で、今生きている人に向けて何かコミュニケーションをするという不思議な体験です。もし私がそれを書いた後、事故か何かで死んでしまうということが起こったら、このテキストに、私という人間の気配がかなり遺る訳ですね。

高木　確かに、その時点のその人の人格とか思考みたいなものが宿りそうですね。

ドミニク　これはただのテキストとそのプロセスですから、情報量としてはすごく低いんです。

　たとえばVR映像などは、数百メガバイトとか、数百ギガバイト

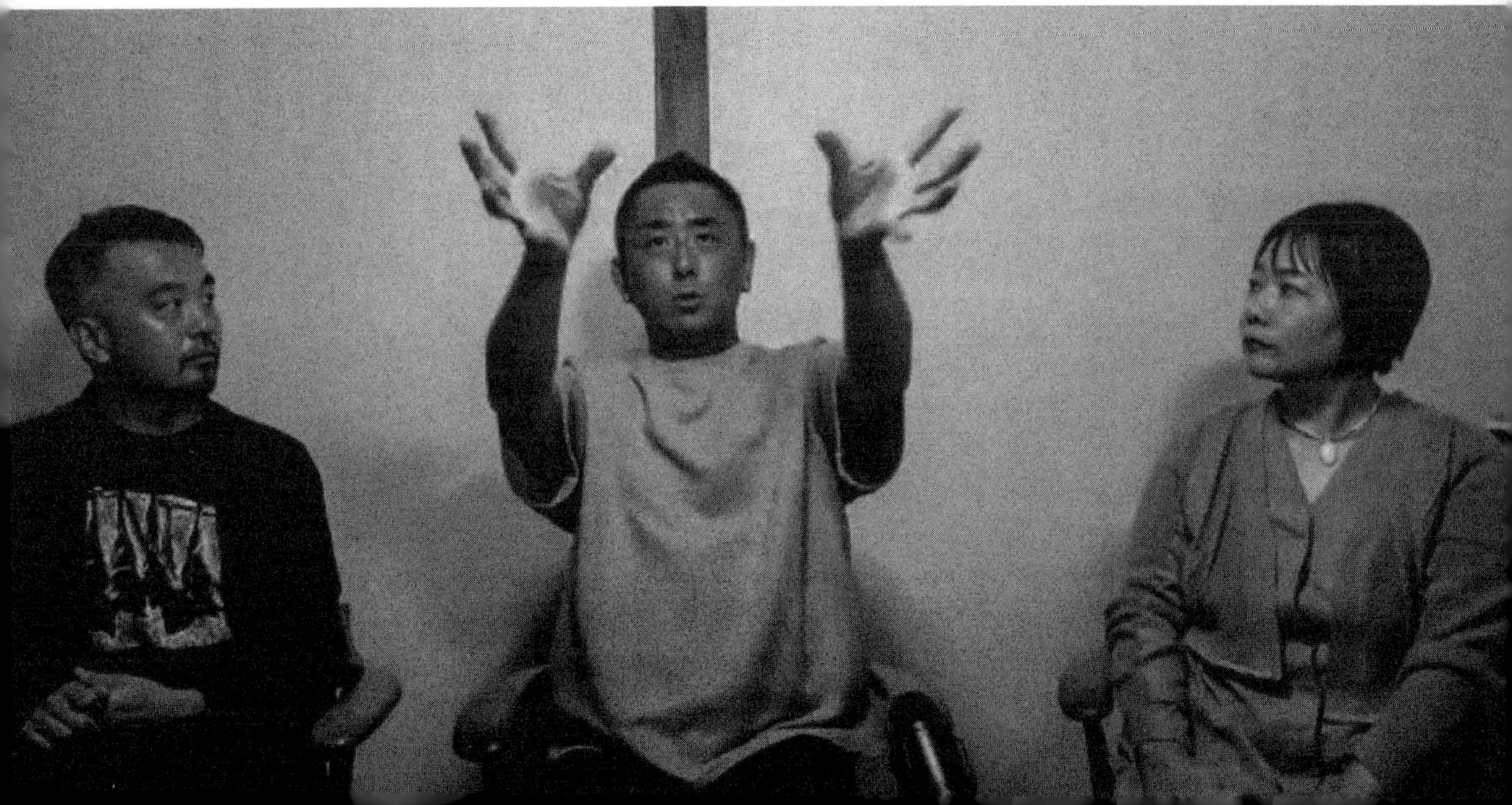

とか、めちゃくちゃファイルサイズがでかい。一方で、ただのテキストの時系列データだと、だいたい三〇キロバイトとか、情報量としてはとても少ない。けれどもそこに、見る側の想像力が働く。もしくは記憶やイメージを喚《よ》び起こすという意味で「喚起」的な表現が生み出される。

　喚起とは英語だと「evocation」といいますが、この言葉は霊を呼ぶという意味もあるんですね。この作品を作りながら、すべてを情報で表現してあげるんじゃなくて、見る人が想像を働かせる余地をあえて残す、という情報の設計思想があり得るのではないかと考えたんです。

　たとえばＡＩを使って死者を再現し、その人が本当に言いそうな表情とか声とかを作るというのは、そのまま実装したら喚起的な情報設計とは対極的なやり方になるでしょう。情報をリッチにして、あたかも本当に故人が今も生きているかのように表象する。そのとき、そのテクノロジーと接する人は、自分の想像力を働かせなくてもいい訳です。

　私はそういう、情報をリッチにして亡くなった人を忠実に再現する、ということに対して、家族や友人を亡くした個人的な体験と照らし合わせても、すごく大きな違和感を持ちます。

　人の外側から、その人の代わりにテクノロジーがイメージを表象してあげることと、当人の内側からイメージや記憶が喚び起こされるように表現を行うということの間には、大きな隔たりがあるのではないでしょうか。

　それは、後者においては、見る人自身が認知コストを払って、イメージを生み出し、主体的に死者と関係を結ぶ、ということです。こうした生者側のコミットメントを想定しないと、見る人はただただ受動的な存在になってしまうんじゃないか、と思います。

中島　見ている側、つまり遺された側が、タイプされているプロセスを見る。そうすると、書き淀《よど》みとか、すごくここを逡巡してこの言葉が出てきたとか、そういうその人の揺らぎとか弱さみたいなものが、そこに現れる。きれいな文章としてまとまったものだけではなく、それを書いているプロセスが見えることによって、その人が想起される、喚起される、浮かび上がってくる。それがドミニクさんの作品である訳ですね。

　全部再現してしまうというよりは、遺された側の想起する力、喚起する力をエンカレッジするような在り方が、死者と私たちの関係を取り結ぶテクノロジーを考える際に重要なものになるんじゃないか、ということですね。

ドミニク　ええ。

引き算のテクノロジー

高木　私は大学院で、死者、特に弔いをテーマにして研究をしてきました。その中で調査してきたものの中に、「遺人形《いにんぎょう》」というものがあります。亡くなった方の写真からデータを起こして、３Ｄプリンターで小さな人形を印刷する、というものです。

　データがしっかりあるものだから、すごく似ているんだろうと思いがちなんですけれども、私がご遺族の方にインタビューをしたら、多くの方が「似てない」と言うんです。もちろんぼんやりとは似ているんだけれども、やっぱりデータ上で作り直しているところや、自分の記憶とのずれもあって、「似てない」とおっしゃる。

　亡くなった方についての私たちの記憶は、データのように正確なものではなくて、ものすごく揺らぎがあるものです。そして、いろいろ聞いていると、あまり似ていないところがいいんだ、という方もいる。あまり似ていないからこそ、自分の思うその人が投影できる、と。実は遺人形も喚起的なもの、すごく余白のある、何かを投影する余地のあるものになっているんだなあと感じています。

©Aichi Triennale 2019 Photo：Shun Sato　dividual inc.（遠藤拓己、ドミニク・チェン）『Last Words / TypeTrace』（2019）

中島　遺人形も、ドミニクさんの例と同様、完全再現ではないということですね。完全に再現するというよりは、生者がそこに何かを見ていく余地、余白が残されている。それ故に、死者がより強い臨在感を持って迫ってくる。これは私もよくわかります。

　たとえば、桜を見たらあの人を思い出す、というのがありますよね。そういうとき、ＡＩで再現された姿を見る以上に、より強くその人を感じたり、リアリティを感じたりする。その人の姿でなくても、桜とか、その人が好きだった花が咲いているのを見たときに、ふわっと、「あの人だ」と我々に迫ってくる。そういうことってけっこうあるんじゃないかと思うんです。

ドミニク　私たちが「TypeTrace」を使った作品で行ったのは、ただ執筆のプロセスを遺す、ということでした。遺人形の場合は、３Ｄモデリングされた故人の表象を変えることで、亡くなった人との付

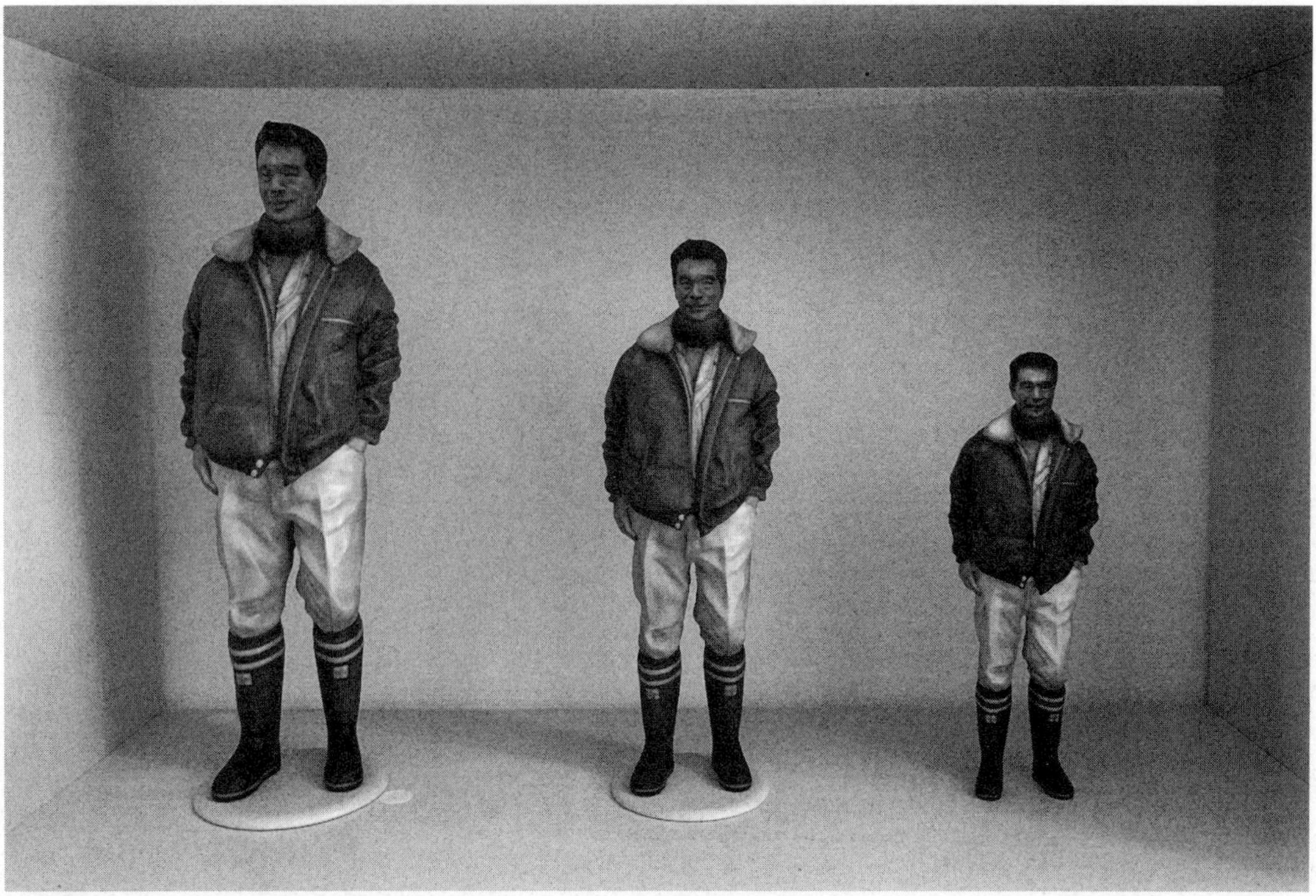

3Dプリンターで作られた遺人形。材質は樹脂。
大きさは高さ20cm、25cm、30cmの3種類。

き合い方や過ごし方が変わっていくところがある。データの種類や使い方は違うのですが、遺人形の場合でもあまり似てないほうが愛着を抱きやすいというのは、喚起的な情報設計という観点に大きなヒントとなる気がします。

　重要なのは、どういうふうにその死者のことを想起したいのか、という、死者との生活デザインの問題ではないでしょうか。いろいろなシチュエーションが考えられますね。たとえば、一緒に旅するときには人形がいい、とか。「Type Trace」を使ったメッセージは、毎年お盆になったらお墓の前で見る、とか（笑）。もしくはスクリーンセーバー的に、時々再生されるということも考えられそうです。

　どういうふうに生活の中に組み込まれていくのか、という視点が、あるテクノロジーを批評的に死生観と接続する際に重要だと思います。

中島　私は、八代亜紀さんの追悼のことを思い出しました。八代さんが去年（二〇二三年）お亡くなりになり、追悼の会が催された。そこではＡＩによって、八代さんの声が話し出す。八代さんは生前、自身の声を遺されていて、それでいろいろな生成ができるのだそうです。会場には、八代さんがお召しになっていたドレスが飾られている。

　つまり、顔などが再現されているんじゃないけれども洋服がそこにあり、ＡＩによって、八代さんの声で、生前の八代さんがしゃべっていないことをしゃべり出す。そうすると、会場の人たちは、八代さんの何かをそこに投影し、八代さんの姿を想起し、八代さんの全部が再現される以上のリアリティを感じたようです。これも引き算のテクノロジーですね。全部ではなく、声だけ再現して、ビジュアルについてはお洋服だけ。

高木　顔って、ものすごく情報量が多い。人間が顔から読み取る情報は本当に多いので、そこが似すぎていると逆に恐怖を感じる、というお話をされる方もよくいらっしゃいます。

　私はデスマスクの研究もやっているんですが、デスマスクの場合、当然目を閉じた状態で型を取るので、やっぱり生前の印象と違う訳です。そうすると、皆さんがそこに投影するものも、生前とまた違ってくるんですね。顔のもつ情報量が変わってくる。本人の顔から取った型なんだけれども、余白のある死者の表情になり得る、ということがだんだんわかってきました。視線のあるなしだけでも大きく違うな、と思います。

生きている人が死者をケアする

中島　こうした在り方に近いなと思うのは、岡田美智男さんの「弱いロボット」です。これは、何でもかんでもやってくれるロボットではなくて、できないことのあるロボット、というものです。たと

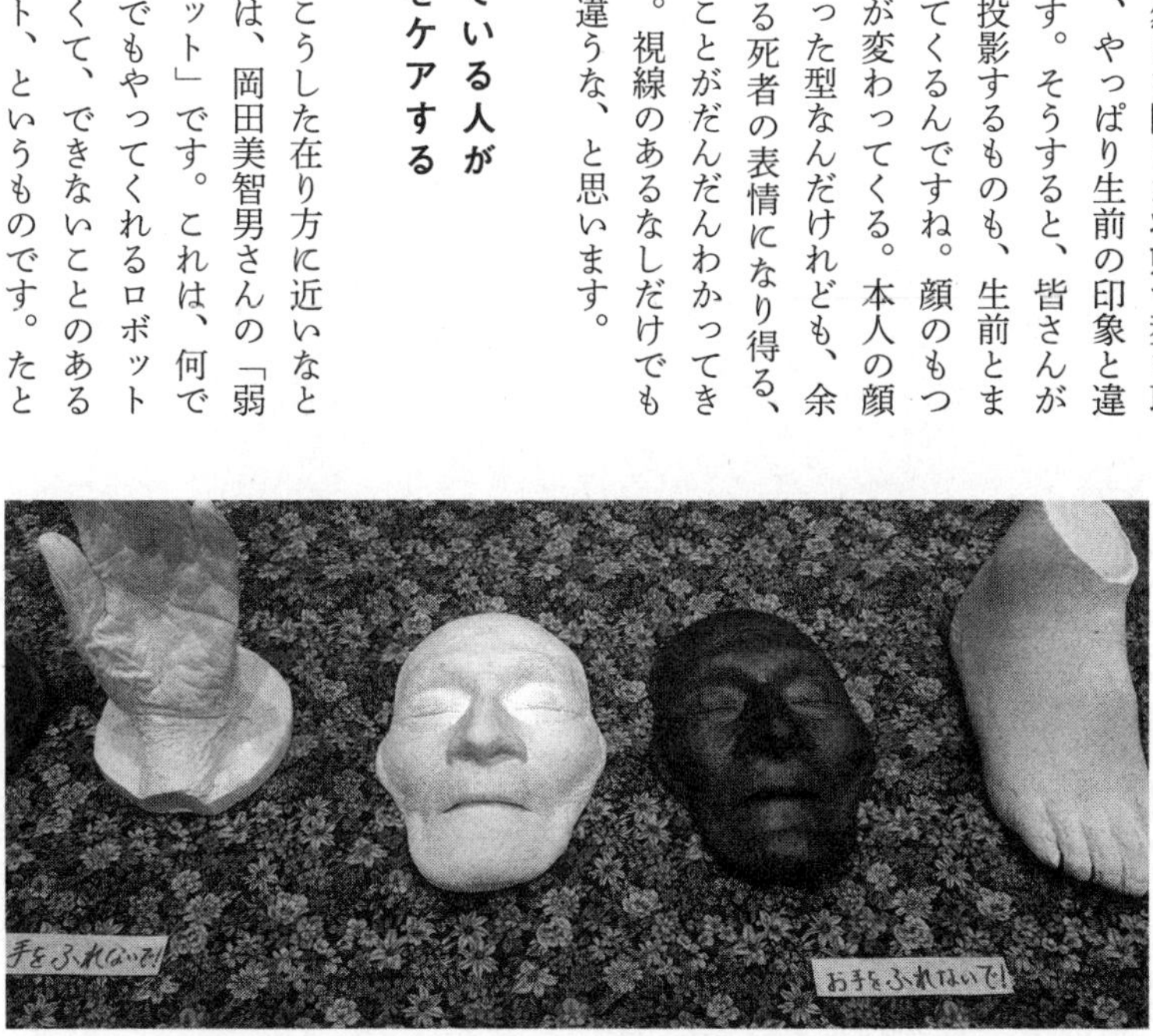

石膏で死者の顔を型取ったデスマスク。手型と一緒に取られることが多い。

えばゴミが落ちていたとして、このロボットはゴミを拾うことができないんです。ここに落ちてるよ、っていう意思表示だけができる。そうすると、それを見ている人間は「もう、しょうがないな」と言って、ゴミを拾ってあげる。そういう行為を引き出すロボットなのですね。

弱さによって、つまり、ロボットに余白や引き算があることによって、私たちの行動が喚起される、引き出されていく。死者の問題にまつわるテクノロジーについても、この原理が使えるんじゃないか、と思っています。

ドミニク　岡田先生はそういうことを広く考えていらっしゃって、何でもかんでも人間の代わりにテクノロジーがやってくれる、という社会的な風潮に対して、とても批判的な目を向けられています。

人間の代わりに自動的にやってくれる、ということに、人間側が何の疑問も抱かないようになってくると、「もっともっと」と際限がないし、人間側の態度が良くない方向に行ってしまうのではないか、と考えられている。私もとても影響を受けています。いろんな技術を「弱いもの」にしていく、という思想には、肩に入った力を、ふっとほぐす作用がありますね。

私は、ＶＲとかＡＩなどを使ってリアルに死者を表象する、というのは違うんじゃないかと感じつつ、もしかしたらそういうものを求める人もいるかもしれない、そういうものが必要なフェーズにいる人もいるかもしれない、という点には留意しています。たとえばグリーフケア（死別などにおける喪失感のケア）などでの、そうした段階や状況に対する有効性はあるのかもしれません。

ただ、生きている人が死者のことをケアする、というのはどういうことか、ということも考えたい。英語の「care」には二つの意味がありますね。一つは「お世話をする」という意味ですが、もう

一つは「注意を向ける」ということです。「I care about you（あなたのことを私は大事に思っている）」という表現には、「大事に思おう」という意思が入っているように感じます。つまり、死者のことをケアするというのは、「死者の存在を疎《おろそ》かにしない」ということです。

同時に、これは態度の問題なのかどうか、ということも考えます。さっき、桜を見て亡くなった人を思い出す、という話がありましたが、これは能動的な態度ではないですよね。國分功一郎さんの言う「中動態」的というか、中島さんが書かれているヒンディー語の「与格」的というか。向こうからやってくる、それを受け取る、という「到来性」が大事で、そのためのアンテナを持つという世界観ですね。

生者が死者を制御したり道具化していない、死者の自律性が担保されている認識だと思いますが、それはよりよく死者と共に生きる上で極めて重要なのではないでしょうか。そしてこの点を、対象を制御しようとしがちなテクノロジーの作用の問題として議論できるとも思います。

高木　そうですね。ともすると、死によって遺族と亡くなった方との関係性が切れてしまう、と思われることも多いです。しかし、私がインタビューしてきた遺族の方は、遺人形やデスマスクなどを使って、死者となったあの人との関係性を築き上げている途中なんです、っていう言い方をするんですね。死者となった人との関係性が成り立つ、成り立っていく。ここに重要性があると思うんです。

五感と結びつく死者の記憶

高木　ここで考えてみたい、興味深い事例があります。韓国のVRを使った死者表象の事例で、ある亡くなった娘さんをVRで再現し、そのお母さんはヘッドマウントディスプレイをつけて再会する、というものです。YouTubeなどでもバズったので、ご覧になったことがある方も多いかもしれません。

私はそのお母さんにインタビューをしたのですが、やっぱりVR上の娘さんはすごく似ていなかったらしいんです。でもとてもいい体験だった、とお母さんは言うんですね。なぜいい体験だったか。論文などでは「娘さんと再会できたからだ」と書いてあります。ではなぜ再会できたか。それは、自分の思う娘さんを投影する余白が、その映像にあったからです。ここがすごく大事ですね。こういう場合、「不気味の谷」現象も問題にならないように思います。

中島　ロボットなどの外見をどんどん人間に似せていくと、すごく怖く感じられるようになる。しかしあるところまでいくと、それを超えて、つまり「不気味の谷」を超えて、次の関係性ができてくるんだ、という説ですね。旧東京工業大学の森政弘先生が提唱されました。しかし、今議論しているものは「不気味の谷」の問題なのか、ということですよね。似せていけば「谷」を超える、というのとは、またちょっと違う状況がここにあるんじゃないかと思います。

高木　それから、お母さんが特に没入したシーンというのがありました。それは、生前に娘さんが歌っていた「餅を作る歌」というのが流れてきたときです。その歌が背景に流れてきたときに、そこでぐっとその状況に没入した、とおっしゃっていました。こういう場合、目で見る映像以上に、聴覚などの五感からの情報のほうが、直接的に死者を想起させるような印象がありますね。

中島　なるほど。

高木　似た事例ですが、ＮＨＫの番組で、ＣＧで出川哲朗さんのお母さんを再現するというものがありました（二〇一九年）。あるところから出川さんは大粒の涙を浮かべて没入されるんですが、それは、お母さんのレシピを再現した味噌おにぎりが出てきたときでした。この味噌おにぎりを渡されて、食べた瞬間に、その匂いと食感で、ばーっと涙が流れる。そこから、お母さんこういうことが言いたかったんだよ、と没入していく。この場合は、嗅覚とか味覚とか、そういう五感が死者の記憶と直接的に結びついている訳ですね。

中島　先ほどドミニクさんがおっしゃっていた「与格」に通じますね。私はヒンディー語を勉強してきたのですが、この「与格」では、たとえば「私はあなたのことを愛しています」と言いたいとき、「私にあなたへの愛がやってきて留まっている」という言い方をします。私の状態や行為というのが、私の意志の外部によって規定されている場合には「与格」を使う、と説明されます。ここでは、何でもかんでも自分の意志によってコントロールできるとは考えられていない。むしろ自分の外からやって来るものがたくさんある、と考えている。

死者というのは、この構造にすごく近いと思います。会いたいと思うかどうかというより、不意にやってきてしまったりする。出川さんがおにぎりから没入するように、何かのきっかけから死者が迫ってきて、生きている人間と死者との新しい関係性が紡がれていく。死者のままならなさです。

テクノロジーによる死者の商品化と所有の問題

ドミニク　現代のテクノロジーは、そうした「与格」的な状況をあまり作り出さない方向に最適化されてきているんじゃないかと思います。逆に、非常に制御的なテクノロジーが商業的に成功を収めるということを繰り返してきた。一番わかりやすいのがＳＮＳです。いかに利用者の注意を引き付けるか。一秒でも長く滞在時間を

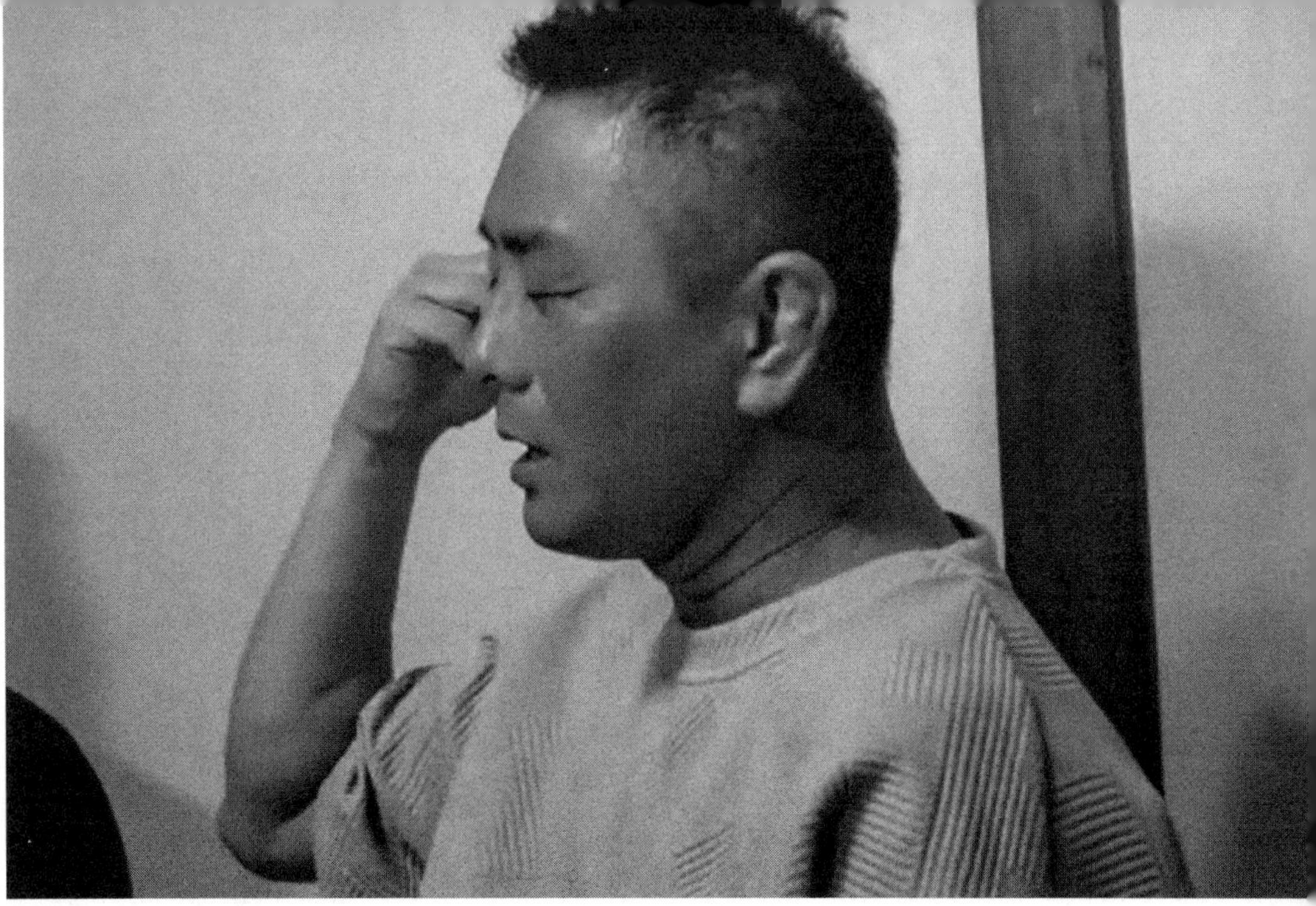

伸ばすと、広告収益が上がるというロジックに駆動されていて、そのロジックもＡＩを用いて半自動的に改善されていく。

　これは、容易に死者との関係性においても適用できてしまうんだと思います。まだ発生していない状況ですが、たとえば、誰かが亡くなって、悲しみにくれている人たちをターゲットにして、この人たちが死者と一日三時間とか四時間とか過ごすような、対話的なエージェント（人間の入力に対して反応を出力するシステム。チャットボット、ロボットなど）をＶＲや生成ＡＩで作っていく。すると、滞在時間を増やそうというビジネスモデルが影響して、中毒化を生もうという動機が発生する訳ですが、残念ながら現代のテクノロジー産業はこのような方向に向かってしまっている。

中島　そうですね。

ドミニク　これはまったく「与格」的な事例ではないですよね。しかし、「与格」的なテクノロジーを作り出す経済的なインセンティブというものが、私の知るかぎり、私たちの社会には存在していません。そういうサービスを作ってみてもいいんだけれども、それが正しいビジネスモデルとしてどこまでうまくいくのか、というのが、現実的な社会実装のハードルです。

「死者のままならなさ」というのは、私もそのとおりだなと思います。私も去年、私より若い親友を亡くしました。亡くなった後も彼女は、私が思いもよらないトリガーによって、いきなりやってくる。私の中にその人がやってくる。今呼んでないんだけど、みたいな（笑）。でもそのトリガーがあるおかげで、その人との共在感覚が保たれているので、ままならないんだけれども、歓迎しているという不思議さがあります。とても主観的な経験ですが、こういう感情があるんだということを、この歳になって教えてもらっています。そして、このような関係性の

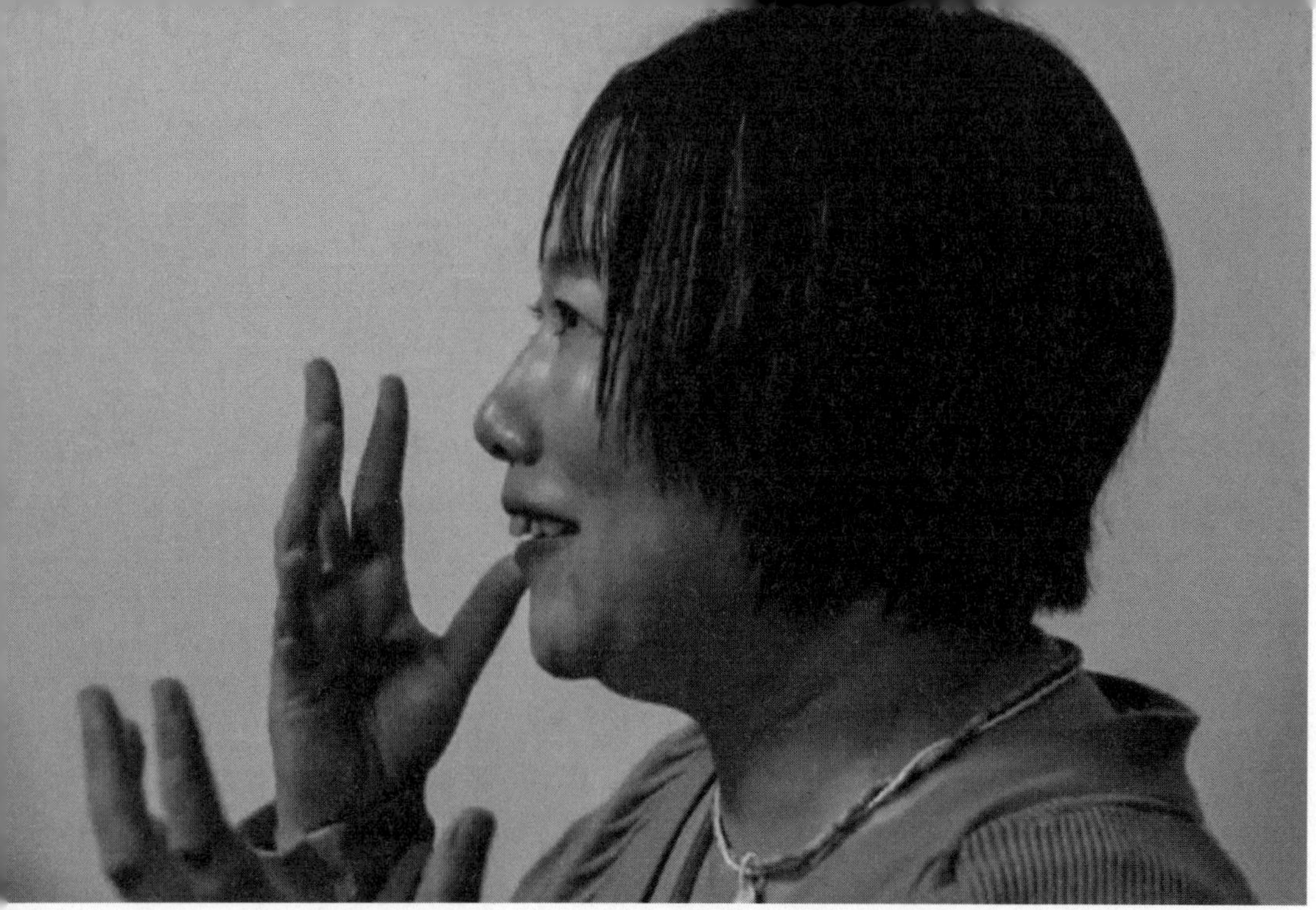

醸成にとって、現代的なテクノロジーが果たしてどれだけ必要なんだろうか、ということも考えますね。

中島　他方で現代では、死者とのつながりを担保してきた装置が崩壊しかかっている、という現状もありますね。お墓や仏壇などがどんどん変容し、さらにＡＩによる死者の再現も出てきた。こういう中で、どういうものが私たちと死者をつないでくれる、安定的な装置としてあり得るのか。現代は、ものすごく大きな岐路にあるんじゃないかなと思うんです。

たとえば最近、手元供養というのがすごく拡大しています。遺骨の全体や一部を、手元に置いておくという方がいらっしゃるんですね。いろいろな器があったり、あるいは最近は、遺骨をダイヤモンドにしたり、アコヤガイに遺骨を抱かせて真珠にする、というものまである。こうやって、死者を傍に置いておく、という展開です。しかし一方でそれは、死者の所有という問題ともつながってくるかもしれない。

高木　手元供養はいろんなバリエーションが可能なので、それも流行の要因かもしれません。自分のカスタマイズしたいようにできる、というところに、葬儀や墓石もそうですが、皆さんにとっての需要がある。しかしそれは生者側の都合になってしまっているなあ、という気もすごくしています。

死者の権利、利用される死者

ドミニク　死ぬ側の権利も気になりますね。先ほど死者の自律性という話をしましたが、たとえば生前、生成ＡＩにはしてくれるな、と言っていたら、どうするのか。私はそういうメッセージを遺言に書いておこうと思っています（笑）。

高木　死んだ後も生成ＡＩにされちゃうと死後労働になるとか、そ

う い う 話もありますね。死者の権利を法制化しなきゃいけない、という議論もありますが、いろんな問題がグラデーションで存在していますし、これまで議論してきた、訪れる死者といった問題までは十分カバーできません。かなり細かく見ていかなきゃいけない。

実際に今中国で、生成ＡＩで死者を再現する、というビジネスがあります。発注者との間で交わす契約書はどうなっているんですか、というのを聞くと、基本的には遺族の許可が出ていればやってます、と言う。とはいえ、遺族の許可があればＯＫなのかどうか。さらに言えば、生前の、亡くなる前の本人からの許可が取れていてさえ、ＯＫなのかどうか。

ドミニク　今、生成ＡＩの倫理規範を、政府や企業が研究者や民間団体と一緒に作っていますけれども、テクノロジーと弔いに関して、そういう倫理的なガードレールの設定や議論があったりするんですか。

高木　ヨーロッパやオーストラリアで、倫理学者が多く議論しています。法制化しなきゃいけない、とか、まず法律のほうに議論がいっていますね。ただ、現状ではテクノロジーのほうが進むのが早すぎて、もう次の週には違うものが出ていたりするので、起案するにも追いつかない状態だ、と聞きます。テクノロジーのスピードの問題も大きいですね。

中島　ＡＩによる死者の再現の事例としては、「ＡＩ美空ひばり」（二〇一九年）が知られます。政治の研究者にとってこれは切実な問題で、日本の事例で言うと、暗殺された安倍元首相がＡＩで再現され、本人のように発言しているという映像が話題になりました（二〇二二年）。このように、再現されるのが政治家となると、問題が微妙になってきます。

私は「ＡＩ美空ひばり」が出たとき、直感的に、これは危ないと思いました。たとえばこの技術を、ヒトラーやビン・ラーディンのような人物に応用して「復活」させ、政治的な発言をさせたらどうなるか。遺された者たちが、実現したい世界のために死者を再現して利用する、何かを言わせる、という状況です。こういう政治目的と技術が結びついたとき、極めて危ない現象が起きるんじゃないか。

ただ、これをどういうふうに規制するのか、というのは非常に難しい。どんどん技術が進んでしまって、この五年くらいでも、考えていなかったようなスピードで、生成ＡＩで会話ができるまでになった。ある程度のデータベースがあれば、中国でも市販されているように、死者を再現して、その人の声で、その人が言いそうなことを言ってくれる訳です。

高木　中国のものは、映像で、かつ会話もできます。中国で一番多く作っているのはスーパー・ブレイン（南京超級頭脳信息技術有限責任公司）という企業です。そこではサービスを始めてからたった

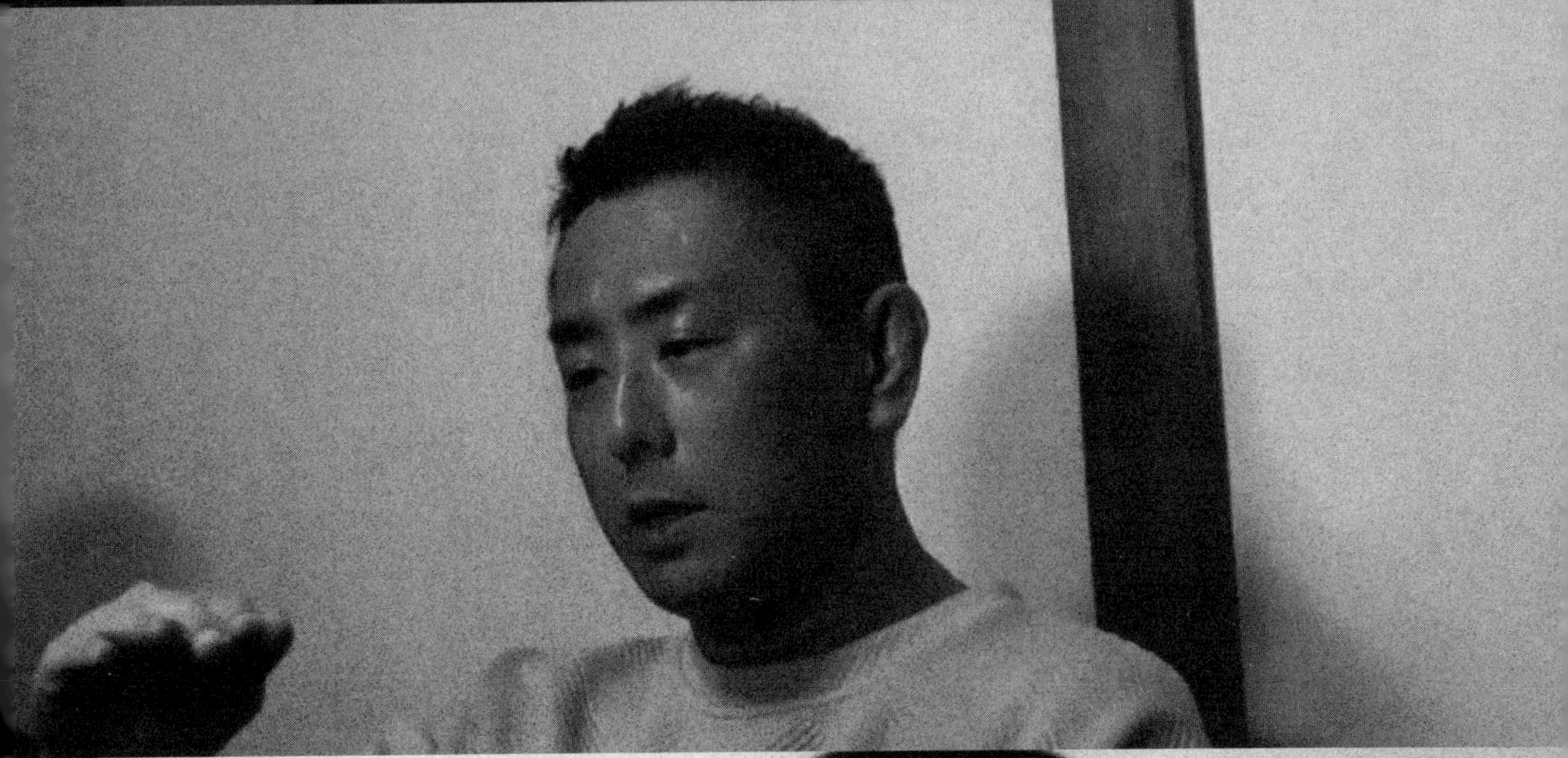

一年の間にすでに数千と作っていて、価格は大体八万～一〇万円ぐらいです。それが一週間ほどあればできてしまう。さらに、材料にするものがそれほど多くなくてもできてしまうようになったので、大量生産できている状態です。サブスクではなく買い切りですが、もっとこういうふうにしてほしい、という要望もその後受け付けているということです。

死者は生きるべき

ドミニク　死者がある意味フリーズドライになっていて生きていない。死者が生きていない、というのは言葉としてはおかしいですが、私は、死者は生きるべきだと思っています。亡くなった親友や、昔飼っていたペットなどが、その当時の状態のままで居続けるって、なんだかフェアじゃない気がします。なぜ彼女たちは成長したり変化したりできないのだろうか。死者たちが変化していけるような死者の表象や、死者の想起や喚起の仕方、というのが、かなり根本原理に関わると思います。

死者が変化していく、そういう関係性を表す言葉が実は無いよね、という話を仲間としていました。死生観について、「供養」や「成仏」などいろんな言葉がありますが、亡くなった友人のことは言い表せない気がしています。たとえば「供養」と言ってしまうと、終止符のような感じがしてしまう。新しい言葉を生み出さないと、この我々の感情を表せない。

中島　私はミシマ社から、二〇二一年に『思いがけず利他』という本を出したのですが、死者もまた、「思いがけず死者」なんだと思います。そして、ここに寄与できるテクノロジーというのが、喚起させるテクノロジー、想起させるテクノロジーというものです。

今、スマート社会と言われますけれども、先ほどドミニクさんがおっしゃったとおり、人間の代わりに何かをやってくれる、というのが、スマート社会のテクノロジーです。たとえばスマート農業の分野では、人間が手を加えずに、センシング（測定対象の定量的な情報を取得する技術）をやりながら農業を勝手にやってくれる自動システムなどが開発されています。

私たちが考えてきたのはそうではなく、私たちのポテンシャル、能力を喚起してくれるような、そういうテクノロジーのあり方です。そして今日は、これと死者の関わりを考えてきました。

ドミニク　そうですね。人間の参加できるポジションを残したテクノロジーということを考えないと、「I care about 死者」が、「I don't care about 死者」になってしまう。そういうことは絶対にしたくない。

不意の、「思いがけず死者」の瞬間の、あのすごくありがたい、ままならないんだけどありがたいという複雑な感覚。この感覚を、いつの間にかテクノロジーが奪ってしまうと――つまり人間がテクノロジーの経済的インセンティブに明け渡してしまうと――、私たちはそのことを忘れてしまうと思うんです。この感覚が、自分たちの認識の範疇《はんちゅう》からこぼれ落ちてしまうことに、恐怖を覚えます。

高木　難しいことですが、やっぱり五感を使ったものとか、何かが欠けている状態というのをめざすほうが良いのではないかと感じます。

ドミニク　同時に、死者について語る文化をタブー視せずに醸成していくということを、テクノロジーを作る手前で大事にしたいと思います。

中島　本当ですね。今日はありがとうございました。

「死者が生きている」ための テクノロジーは いかにして可能か

ドミニク・チェン

論考

撮影：荻原楽太郎

ドミニク・チェン

1981年生まれ。博士(学際情報学)。NTT InterCommunication Center[ICC]研究員、株式会社ディヴィデュアル共同創業者を経て、現在は早稲田大学文化構想学部教授。人と微生物が会話できるぬか床発酵ロボット『Nukabot』や人同士の共話を促す『Aizuchi-bot』の研究開発、不特定多数の遺言の執筆プロセスを集めたインスタレーション『Last Words / TypeTrace』の制作を行いながら、テクノロジーと人間、そして自然存在の関係性を研究している。

情報技術を用いた死生観のインタフェース

わたしはこれまで情報技術を用いたコミュニケーション方法の開発と研究を行ってきました。その過程で、特に二〇一〇年代にスマートフォンが全世界的に普及して以降、IT産業が利用者の注意を強烈に惹きつけるような、中毒性の高いテクノロジーを広めてきたことを批判的に捉えるようになり、情報技術の設計や使用に関する別様の思考を追い求めてきました。その過程で、自ずと「死者との対話」というテーマが浮かび上がってきました。技術とともに善く生きるとはどういうことか、という問いと向き合っているうちに、「善く死ぬこと」、そして「死者とより善く関係すること」は避けて通れない問題だと認識したのです。

死生観について考え始めたのは、子どもの誕生をきっかけに自分の死がリアルに感じられるようになったことからでした。そこから、自らが死んだ後にどう記録され、表象されるのかという問いが起点となって、二つほどテクノロジーを用いるシナリオを描きました。

一つ目は、二〇一七年九月のアルスエレクトロニカ（世界的なメディアアートのフェスティバル）で開催されたFuture Innovators Summitというワークショップに招聘《しょうへい》されたことがはじまりでした。アーティスト、研究者、活動家のチームメンバーたちと「人間が精神的に成熟するためのテクノロジーとは」という問いに応答するプログラムでした。その場でわたしは、生前に記録した故人の心拍を手のひらの上で再生する装置を提案しました。この背景には、互いの心臓に聴診器を当てて、リアルタイムで心拍の振動を交換する「心臓ピクニック【※1】」という技術があります。心臓ピクニックを使って他者の心拍に触れると相手の存在がとても身近に感じられることから、亡くなった人のことを想起するうえでの触覚的な手がかりとして使えないかと考えたのです。

その後、家族を病で亡くし、このアイデアを実現したいという学生と一緒に『心臓祭器』という名前でプロトタイプを制作し、展示を行いました【※2】。実際の制作に当たっては、故人の心拍を一方的に再生するのでは生者が受動的になり過ぎるし、死者の存在が固定され過ぎてしまうのではないかという懸念について協議した結果、装置に触れる生者の心拍もリアルタイムに計測し、故人のものと合成した波形で振動させるという形になりました。

この時、考えたのは「喚起的なテクノロジー」というコンセプトについてでした。録音された心臓の鼓動は、それ自体は曖昧な情報で、当人と関係のある人にしか意味が生じないものです。『心臓祭器』を握る人は、装置から伝わる振動を手がかりにして、亡くなった当人の生前の姿をイメージします。この時、提示される情報は当人を再現（生者の代わりに表す）しようとするものではなく、生者のイメージ形成（生者自身が死者を想像する行為）を助けるものにとどまっています。いわば、生者の内側でイメージが喚《よ》び起こされる補助として、テクノロジーは機能しています。

わたし自身はこの試作を行う中で、特定の誰かの死というよりも自分自身の死後を想像した時に、こういう形で痕跡が残るのは悪くない、というふうに考えていました。写実的に再現された自分の像を生者に一方的に提示するのではなく、あくまで生者自身が能動的に自分のことを想起する姿を思い浮かべた時に、その光景に自分の魂がケアされるような気がしたのです。

二つ目に制作したのは、タイピングによる執筆過程を記録して再生する「TypeTrace」というソフトウェアを用いて、不特定多数の人々から匿名で架空の「遺言」を集めた空間インスタレーションです。メディアアーティストの遠

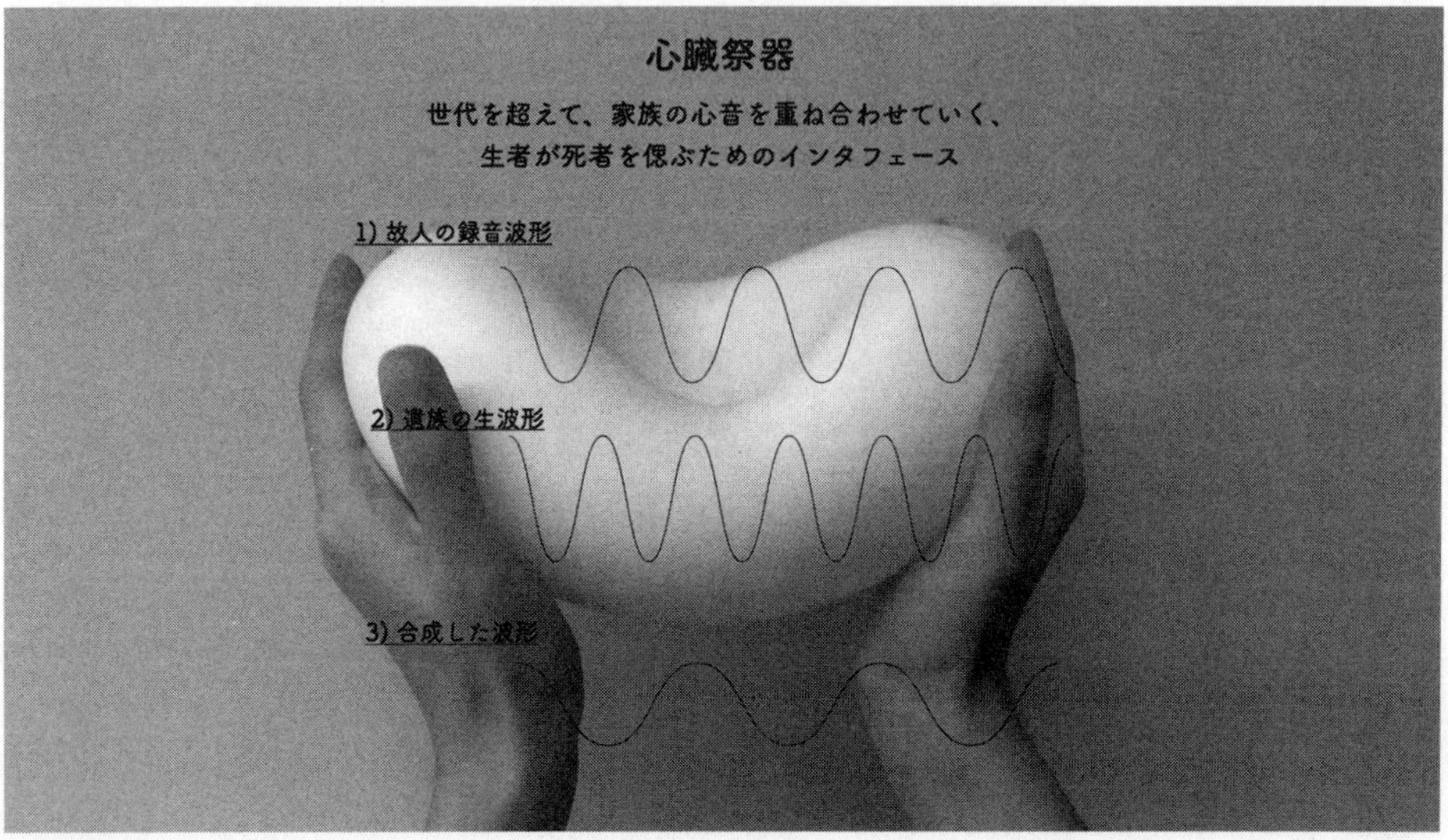

『心臓祭器』(2018)の図解。当時のゼミに参加していた学生の小薗江愛理さん、田中麻彩さん、鈴木愛佳さん、古家広大さんと。

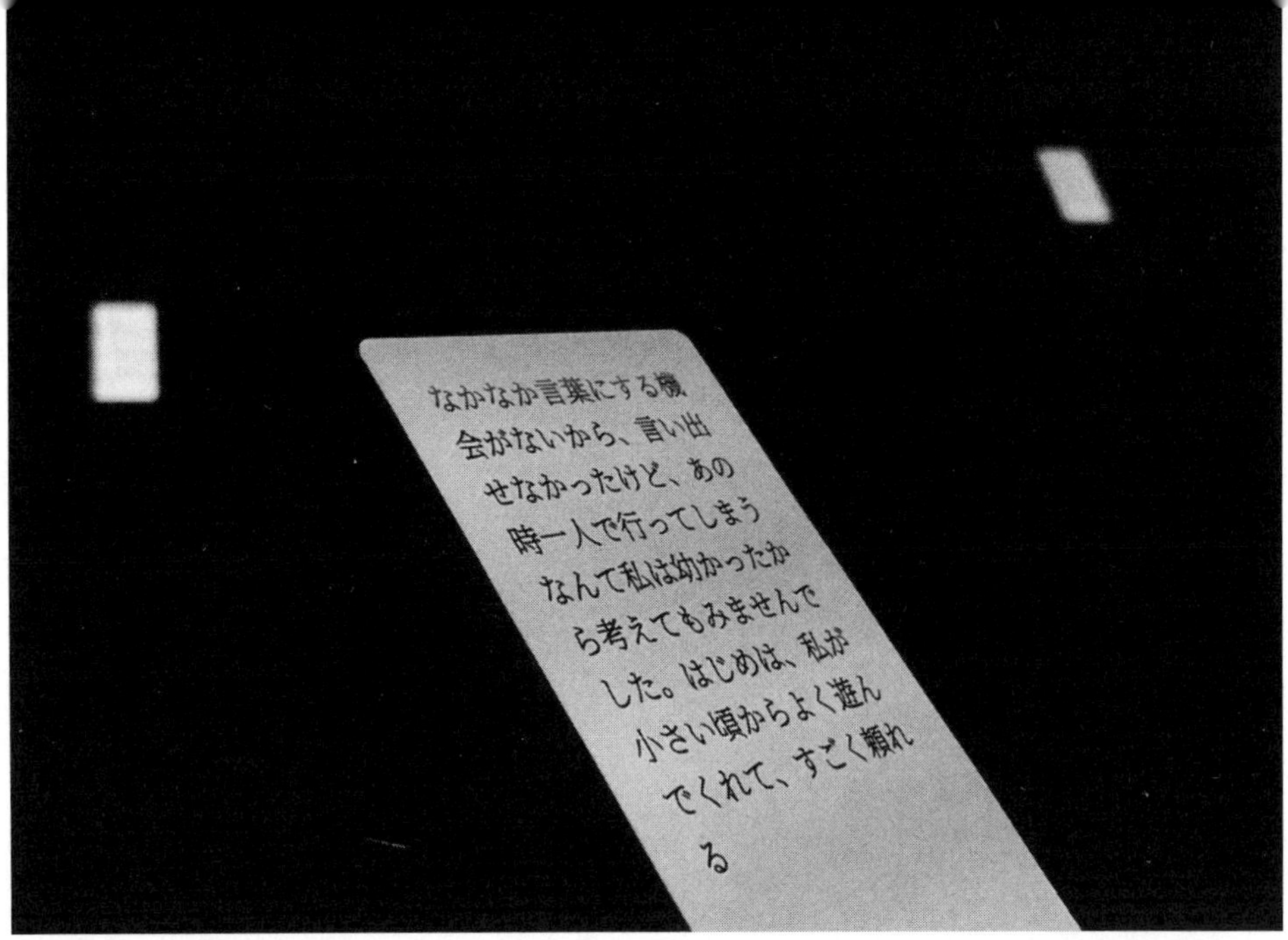

「END展：死から問うあなたの人生の物語」でのスマートフォン上で再生される誰かの「最後の言葉」。2022年5月、筆者撮影。

藤拓己さんとのユニット「dividual inc.」の作品として、『Last Words / TypeTrace』という名前で最初に国際芸術祭「あいちトリエンナーレ2019」に出展し、その後も東京で一回、台湾で二回展示しました【※3】。この作品では、匿名の書き手の「弱さ」が顕《あらわ》れるように、書き始めから十分後に自分がこの世界からいなくなることを想像してもらい、誰かに向けたメッセージを専用ウェブサイト上で書き込んでもらいました。結果的に日本語で三千件近く、中国語で千件近くのタイピング記録が集まり、会場に配置したディスプレイやスマートフォン、そしてタイピング記録と連動して動く特製のキーボード（Kinetic Keyboard）上で再生され続けました。

この作品の制作過程で、パートナーの遠藤さんと一緒に、それぞれの子どもに向けた10分遺言を書いてみたところ、普段の生活では出てこない、その時点で本当に相手に伝えたい言葉が次々と出てくる、不思議な体験となりました。「十分後の自分の死」は架空の設定ですが、それを想像しながら書こうとするだけで強い感情が引き出されることが実感されたのです。

展示会場で実際に集まったテキストが再生されるのを観ていると、途中でタイピングが止まったり、書いた段落を消してまた書き直したりする瞬間がたくさんあります。そういう時には、書き手が相手のことを想って言葉を選ぶ様子、もしくは感情が溢れて言葉に詰まっている姿などが様々に想像させられます。この作品においては、書く行為を通して自らの死後を想像させ、読む行為を通して書き手の心情をタイピング過程から想像させるという、二種類の喚起があると言えます。

『心臓祭器』でも、『Last Words / TypeTrace』においても、故人（と想像的に設定されている人）の存在は、遺影や墓石のように固定化された表象とは異なり、故人の生前の生きたプロセス（鼓動、タイピング）がごく限られた量の情報を介して喚起されるにとどまっています。

　実際の生活にこれらの装置を取り入れるとしたら、どうなるでしょう。『心臓祭器』は仏壇に向かって祈るという行為を下地にして、故人と自分の心音を重ねるという新しい祈りの在り方をイメージしています。『Last Words / TypeTrace』は故人の命日などに再生するというシーンが想像できます。また、作品監修をしていただいた終末ケア精神科医の方からは、患者の方の自己表現のためにも医療現場で採り入れてみたいとお話しいただいたこともあります。いずれの場合も、生者の心のうちで死者の姿が喚び起こされるための一助となるように、情報技術を使用しているものと言えるでしょう。

個人的な弔いの経験から

　ここまで紹介した事例は、子どもの誕生を契機に自身の死を意識させられたことを起点にして、そこから自身や他者の死をどう受け容れて生きていけるのかという問いに応えたシナリオでした。それでもわたし自身は、近く死を迎える当事者でもなければ、大事な人との離別を体験したわけでもありませんでした。しかし、ここ一年ほどは、「亡くなった人の存在はいかに喚起されるのか」という問いと共に生活をしてきました。

　この原稿を書いている時点から一年ほど前に、とても親しい友人であり、共に死生観を巡る探究をしていた塚田《つかだ》有《あり》那《な》さんが病で亡くなったからです。自分より若い友との離別は耐え難い悲しみをもたらし、その傷はいまだに癒えておらず、今もなお弔いの途上にあるという感覚を生きています。

　同時に、友の闘病生活中と死後、彼女の最愛のパートナーや親友たちと多くの時間を過ごすうちに、故人との関係性の築き方は人それぞれでかなり異なるという当然のことを実感しました。人が亡くなるということの背景には、無数の関係性のパターンが織り込まれています。喪《うしな》う人が親である場合もあれば、子ども、恋人、友人の時もあります。もしくは会ったことはないが一方的に知っていて敬意を抱いている相手という場合もあれば、喪失した相手が人ではない（ペットや、共に暮らしている異種たち）こともあるでしょう。さらに、亡くなった人と遺された人の年齢の差であったり、死の原因が病気か事故か老衰なのかだったり、当事者が置かれる状況にも無数のかたちがあります。

　弔いとテクノロジーについて考えるということは、よりよい弔いの方法を考えることと同義ですが、そのためには対象とする個別の死の背景にどのような文脈が横たわっているのかを考慮しなければ意味をなさないとさえ思います。だから、わたしが考えられるのは、「四十代で同年代の親友を喪った」という特定の文脈における弔いとテクノロジーの関係性についてであり、このパターンから他のケース（親の死を看取る、子を喪う、恋人や伴侶を亡くすなど）、ましてや一般論についての仮説を演繹《えんえき》するのは困難に感じます。

　そして、編集者でありキュレーターとしても活躍していた塚田さんは生前、病気が発覚するよりもずっと前から、現代人の死生観を探る活動を精力的に行っていました。具体的には、漫画と美術作品を通して生きることと死ぬことについて来場者に問いかける展示のキュレーション（ANB Tokyo 六本木で二〇二一年十一月三日〜十四日の間に開催された「END展：死×テクノロジー×未来＝？」と iTSCOM STUDIO & HALL 二子玉川ライズで二〇二二年五月二十七日〜六月八日の間に開催された「END展：死から問うあなたの人生の物語」）、現代の死生観について多様な領域で活動する識者の論考を集めた書籍（塚田有那・高橋ミレイ編著『RE-END：死から問うテクノロジーと社会』ビー・エヌ・エヌ）の刊行、そして柳田國男『遠野物語』にも登場する岩手県遠野の伝統芸能であるシシ踊りを基軸に当地の死生文化を巡るライブツアー「遠野《とおの》巡《めぐり》灯篭《とろ》木《げ》」を二〇二一年から二〇二三年まで三度にわたり開催してきました。わたしも彼女のプロジェクトに時に協力者として原稿や作品を提供し、別の時には観客としてイベントに参加したりしていました。

　わたしも論考を寄稿した書籍『RE-END』は、まさに弔いとテクノロジーの関係を多角的に探る内容です。その序文で、編者の塚田さんは次のように書いています。

あなたがいつか死ぬとき、または、あなたの親しい人や憧れていた人が亡くなるとき、これからのデジタル時代ではなにが変化し、なにが遺されるのか。そのとき、あなたはなににうしろめたさを感じ、なにを忌避し、なにを懐かしく想うのか？ この問いに正解はなく、一人ひとりの、そのとき感じた、考え抜いた分だけの答えがある。【※4】

今、あらためてこの問いを読みなおすと、死生観を探究する途上で自身の病との闘いを始め、亡くなる直前まで未来の計画を構想していた塚田さんから、「引き続き死生観とテクノロジーの関係について考え抜いてほしい」という宿題を遺されたように感じます。

あるいは、こうした個人的な事情を一切省いて書くこともできたかもしれません。しかし、死生文化の専門家ではない自分としては、いまも眼前に現在する友の死を起点に書くことが、弔いとテクノロジーという問いに肉迫する上で、避けては通れない経路であるように思われるのです。それと同時に、不在の友と対話できる、嬉しい機会でもあります。

彼女の死後の一年間を通して、友について想起する度の経験を「友の不在と共在」というノートと日々のジャーナル（日記や日誌のような事実の列記ではなく、感情と思考の動きを自己観察的に書いていくもの）に、誰にも見せずに記してきました。あわせて、別の尊敬する年長者の死に接したり、親しくしていた遠戚の法事に参加したりしながら、友人以外の亡くなった人たちへの思いについても書くことで、記憶を反芻《はんすう》してきました。

ここからは、生者と死者との関係性について、当事者としての経験と感情の推移を記述します。文化人類学の領域では、筆者自身の主観的記述を基にして特定の状況について分析を行うオートエスノグラフィ（自らの文化について記述する）という方法論が鍛えられてきました。オートエスノグラフィではエピファニーと呼ばれる、その前と後で大きく世界の見え方が変わってしまう個人的な経験を起点に、問いを深めていく手法が取られます。テクノロジー分野においても研究者本人がある技術を経験した記録を一人称で書いて考察するオートエスノグラフィックな研究が増えてきており、わたしもこの一年の間で専門書や論文を読みながら学習してきました。

商業的なテクノロジー観を批判的に検証し、望ましい技術の在り方を議論するヒューマン・コンピュータ・インタラクション（ＨＣＩ）分野においては、親しい人の死を受け止めたり、死に対する不安を緩和したりするためのテクノロジーに関する議論がなされ、優れた論文が多く発表されています。ただ、多くの場合は、オンライン葬儀やデジタル遺影など、検証する対象の技術が定まっており、複数人によるテクノロジーの体験を定性的に評価するという形式を採ります。本稿はまだ研究と呼べるレベルにまでは達していませんが、私自身に起きた親友との離別というエピファニーを起点に、遺された友人たちと共に過ごした弔いの過程を経て、葬送とテクノロジーの望ましい関係について考えてみようと思います。

故人との相互行為《インタラクション》としての「訪《とぶら》い」

この一年間で自分が書いてきたジャーナルを振り返ると、亡くなった友人を不在者として認めたくないという思いが、当初から今に至るまで持続していることに気づきました。塚田さんが逝去された直後に書いたノートは、そのことを端的に表現していました。

いまも込み上げてくる悲しみは、彼女の存在がいまだに遺されたわたしたちの中で息づいていることを教えてくれているのではないか、と思う。彼女の最愛のパートナーや親しい友人連とここ数日ともに過ごすなかで、たくさんの思い出を話していると、「こんな時、彼女だったらこう言うね！」などと笑いながら、それぞれが彼女の声を心の内側で聴き取っている。たとえ記憶に基づく想像だったとしても、それぞれの人にとっては、れっきとした現実の「聴取」として経験される。そうだとすれば、故人の声を内側にとどめておきたい、ずっと話していたいという思いが持続する限り、わたしたちは亡くなった人たちと共に生きることができるのではないか。わたしたちは社会的には死者と分類される人たちとも、そのような形で終わらない関係を紡いでいけるのではないか。そんな感覚が、いまは希望のようにも感じられる。
（二〇二三年十二月二十日のジャーナルより抜粋、一部修正）

いま読み返しても、ここで書いた感情は大きくは変わっていないことに気づきます。この時は、塚田さんが亡くなってから一週間後に開催される告別式を友人連で忙しなく準備する最中で、互いに故人の声が聴こえてくる体験を話し合い、励まし合っていました。この聴取は主観的な事象であり、内言にも似て、主観的な報告によってしか外在化できない事柄ですが、当人にとっては現実を構成する、確かな出来事です。それは記憶をふと想起するという体験とも似て、文章に書き出したり、人に話したりしない限りは、体験したこと自体が忘れられていく、儚《はかな》い事象でもあります。

しかし、死について語ることがタブー視されがちな(と多くの人が感じている)現代社会では、特に親しい人以外には、このような体験は共有することが困難です。わたしの場合は、塚田さんのパートナーや親友たちとその後もたくさんの時間を過ごして語り合う機会に恵まれてきたこと、そして私的なジャーナルの執筆を通して塚田さんに向けてメッセージを伝えようとしてきたことの総体が、生死の境を越えた相互行為として持続していたことに気づきます。

この死者との相互行為は、「弔い」という言葉の成立とも深く関係しています。白川静『普及版 字訓』の「とぶらふ」の項では、「弔」という漢字の成り立ちとして、もとは繳《いぐるみ》(鳥を捕らえるために紐をつけた弓矢)の形で、遺体を草野に放置して風化させてから骨を収める時に禽獣《きんじゅう》を追い払うために弓を携えたことから、「終わりを問う」という解釈(「説文解字」)があり、その悲痛を表すために繳の音を「傷」の字に仮借(当て字)したとあります。

日本語における意味としては、「問いたずねる。『問ふ』に接尾語『らふ』をそえた形。人の安否をたずねてみまう。また喪中の人をたずねて、くやみをいう。」または「ねんごろに問うこと」であり、後に「とむらう」となったといいます。また、「死者を哭《こく》することを弔といい、生者を弔問することを唁《げん》という」ともあり、弔と唁の他にも訊・訪・諮も「とぶらふ」と訓読します。ここに、遺された生者だけではなく、死者もまた訪問や対話が可能な対象として捉える感覚が表れていると言えるでしょう。

このように死者を生者の世界から切り離さない認識論は、わたし自身の感覚とも親和するところが大きいと思います。わたし自身は日本、台湾、ベトナム、そしてフランスというマルチカルチュラルな文化的出自で育ち、乳児の時に形式的なカトリックの洗礼は受けましたが、その後は今に至るまで特定の宗教的信仰は実践していません。無宗教者ではありますが、既存の宗教様式を否定する考えは持たず、洋の東西を問わず各種宗教が育んできた文化に対して根源的な関心があります。ただ、長く日本に住んできたこともあり、また近年は調査活動を通して仏寺や神社の方々の話を聞いたり、関連書籍を読んだりすることが増えてきたので、死者との交通可能性や共在感覚を肯定する日本的な神仏習合型の死生観に最も慣れ親しんできたと言えます。

ジャーナルを振り返ると、告別式の後も、定期的に塚田さんとの相互の「訪《とぶら》い」が生じていたことが記録されています。それは向こうから「訪ねられる」（思いがけず想起される）時もあれば、こちらから「訪ねよう」とする（能動的に思い出そうとする）時もありました。こちらからの「訪問」としてわたしが頻繁に行ってきたのは、友とのメタローグでした。

メタローグとは、人類学者のベイトソンが考案し、使用した記法で、実在する他者との対話を空想して書くことです。中期のベイトソンは娘のメアリー・キャサリンとのメタローグを著作に書きつけていましたが、遺作となった『天使のおそれ』では、完成前に亡くなったベイトソンとのメタローグをメアリー・キャサリンが書いています【※5】。

わたしは文章としてではなく、内言の中でよく友の声を「召喚」し、自分の創作や表現で悩んでいることに対してのツッコミ役を（勝手に）務めてもらってきました。

しかしここで、塚田さんのケースの特殊性についても触れておかねばならないでしょう。彼女が死生観そのものを対象に研究活動をしていて、わたしはチームメイトとして多くの活動を共にしていたことによって、彼女を「訪う」契機は自ずと日々の生活や仕事の中に埋め込まれていました。また、わたしの妻ともたくさんの共通の趣味を通しての親友関係だったので、自宅でも折に触れて夫婦で彼女との思い出を振り返る機会がたくさんありました。

さらに言えば、彼女が創始した遠野巡灯篭木というイベントを、彼女の死後も継続するに当たって、わたしと妻も企画運営に参加しました。その準備期間の約半年ほどを通して、彼女のパートナーを中心とした企画チームで、われわれの企画内容に対して塚田さんならどう思うだろうか、という自問自答やディスカッションの数々を行い、そして遠野の取材で彼女が見た風景を辿り直し、彼女が出会った人たちの声に耳を傾けたことも、彼女との「訪い」として作用していたと言えます【※6】。

当然ながら、故人を想起することは、悲痛を伴う場合も多々あります。友の不在を嘆き、苦しむ感情は、この一年を通して何度も記述しており、つい最近のジャーナルにもそのことを書きつけていました。亡くなった友との共在感覚を持続させたいという願いは肯定しつつ、その感情に固執することへの危険を察知する瞬間もありました。それでも、故人について書き続け、他者と話し続けるという協働的な「訪い」に恵まれたことを、ジャーナルでは「故人にケアされている」と表現していて、少なくとも自身や家族にとっては幸いなことであったと感じます。

故人の自律性を支援する技術

故人にケアされるという感覚から、死者は生者の世界に一定の行為主体性《エージェンシー》を放っている存在であることが実感されます。それは同時に、自分が死ぬ場合に、どのように生者をケアできるのだろうか、という問いにもつながります。遺された生者と共時的に行為することは能《あた》わないにせよ、死者が生者をケアするという事態が存在することを身を以て知ったからには、そのことを企図することは可能に思えてきます。しかし、死者の主体性は、生者をケアすること以外にも発揮されそうです。

このような死者の自律性については、伝統的な芸能や儀礼を通して多くの表象文化が遺っており、民俗学や人類学の知見が光を照らしてくれます。民俗学者の畑中章宏《はたなかあきひろ》さんは、飢饉《ききん》で亡くなった人々の霊を祀《まつ》る側面を持つ新野《にいの》の盆踊りを「死者とのつきあい方」の事例として取り上げ、「安定した死者たちも、不安定で迷っている死者たちも、成仏という形での存在の閑却や、記憶からの忘却を望んで【※7】」おらず、いわば「忘却に対する死者たちの抵抗手段として【※8】」盆踊りという場を捉えられると言います。

生者が死者を忘却することに抗う方法としての祭りを生者が準備し、運営しているという関係には、生者が自己の利益のために死者を道具化するのではなく、死者が生者を使役しているような状況を生者側が自発的に作り出す姿勢が見て取れます。この背景に、畑中さんは生者が死者に抱く「うしろめたさ」という感情があると説きます。

> （…）閑却や忘却は日常を過ごす生者たちの特権でもあるのだ。そんなとき死者と生者をつなぐ観念、感情は「うしろめたさ」なのではないか。一方は忘却を許し、もう一方は期待に応えられないことを悔やむという関係性のなかにしか、死者をめぐる公共性は生み出しえないように思える。【※9】

ここでは飢饉で行き倒れてしまった死者たちに対する「うしろめたさ」が取り扱われており、本稿で述べている親しい人の死とは対象の次元が異なることに留意したいと思います。わたし自身も親友の若すぎる死に対してうしろめたさを感じる部分はありますが、同時に憐憫《れんびん》の対象にとどめずに、ある種の同輩として捉えたいという思いがあるからです。それでも新野の盆踊りにおける死者の自律性を尊重しようという姿勢にはとても共感できます。

中島岳志さんと高木良子さんと二〇二四年十月に本誌のための鼎談（二八ページ）を行った時のお二人の話から刺激を受けて、その晩に友人のことを想起しながらメモを書きました。

> 死者と生きるという目的を遂行するには意志が必要だが、自分がそう仕向けるのではなく、自然とそうある、という認知に価値がある。死者を生者のために道具化するのでなく、自律的な存在として認識することにつながる。来たければ来るし、来たくなければこない。来ることを信じて待つという姿勢。死者は生者の都合に使役されるのではなく、死者なりの自律性を保持していてほしいという願い。と同時に、日常に臨在（para-傍らに-usia いること）してほしいと願うことは矛盾的な緊張関係がある。テクノロジーはどうしても目的を据えてしまいがちだが、上記のような「ふとした到来」を望ましいかたちで招くような使い方はできるのだろうか。（二〇二四年十月二十五日のジャーナルより抜粋、原文ママ）

高木さんはデスマスクや遺人形、そしてVR上での死者の表現など、近現代の死をめぐる表象を研究される中で、本人に「あまり似ていない」表象形態のほうが、遺族の方は関係を結びやすいことに気づいたと話されました。中島さんは、風に舞う桜の花をふと見て、思いがけず故人を想起するという話から、不意の連想によって死者との結びつきが生まれることを示唆されました。この二つの事例は、思い出させようとする行為主体が弱い（似ていない表象）、もしくは不在（風に運ばれた花びら）という点で共通しています。

中島さんの言うように、思いがけず死者が到来すること、言い換えれば、死者の存在が喚起されるということはつまり、故人が日常の注意のアンテナに捕捉される対象になっているということです。アンテナという表現では、故人の心的モデルがいわば自分の思考形式に受肉している状態をイメージしています。それと同時に、思い出そうとして思い出されるのではないという特性が、死者の自律性を尊重するために大事であるように思われます。

たとえばChatGPTのような大規模言語モデルを用いて、故人の書いたテキストを学習させて、生者のプロンプト（指示や質問）に応じて喋らせるというテクノロジーを考えた時、死者の自律性はいかに担保されうるのでしょうか。当人が生前に自主的に望んでいれば、それは本当に担保されるのでしょうか。アルゴリズムが作動する背景には必ず生きている設計者（エンジニア、デザイナー）が存在しており、表現が精巧であればあるほど生きている利用者の心理を操作しよう（「本人そっくりだと感じさせよう」とか「驚かせよう」など）とする作為的なものに陥る可能性が高いでしょう。

これは死者の人格は生前の活動によって固定化されてしまっていいのか、という問題につながります。故人の思考もまた、死後において時の経過と共にゆらいでいく自由を持つべきではないでしょうか。わたしには、亡くなった友人の魂が熟していったり、変化していったりしてほしいと願う気持ちがあります。たとえば、ある事柄について考えたり悩んだりしている時に、ふと「あの人だったらどう思うだろうか」と想像する時に、生前であればこう、しかし今だったらどうだろう、などと、一つの明確な答えに帰結しない不確定性が大事なように思えるのです。

それでは、当人が生前に設計に携わる場合はどうでしょうか。友人ではなく、わたし自身を対象に想像してみれば、わたしの書き残したテキストを学習したチャットボット（自動会話プログラム）を作ったとして、わたしの死後においても刊行される（わたしが興味を持ちそうな）本を学習し続け、かつ、それらに対して生前の思考の癖で解釈するのではなく、ちゃんと新しい知識に影響を受けてゆらいでいく。そのように、思考形態が変容する可能性を担保された設計というものが思いつきます。

しかし、大規模言語モデルという一介のアルゴリズムに過ぎないものの作動原理を理解している身としては、そんな精巧な玩具をもってして、自分が生き続けているとみなされることには抵抗があります。問題は、そのようなチャットボットはあくまで「確からしさ」、つまり「わたしっぽい」ものを計算しているものであり、生者がその結果を見て信じる過程に、死者という存在に主体的に向き合う認知的努力が欠落している点なのだと思います。

デジタル技術によって拡張された死者表象と、伝統的な葬送文化を隔てる最大の差異は、生者による死者のイメージ形成においてどれだけ相互の自律性が担保されているのかという点にあると考えます。生者には能動的に故人の魂を想像する認知的な自律性が、そして死者には生者の思惑に制御されない精神的な自律性がなければ、容易に死者は道具化されてしまうでしょう。

新たな「訪い」の創造

塚田さんは遠野の郷土芸能に見られる死生文化のリサーチを重ね、「遠野巡灯篭木」というイベントの開催に尽力しました。わたしは塚田さんに観客として誘われ、参加する過程で、当地の独特な死生文化の奥深さを学んでいきました。その過程で、長い年月をかけて、実に様々なかたちで死者の存在を喚起し、生者と共在する風習や芸能が創造されてきたことへの敬意の念が芽生えました。

たとえば、義山《ぎざん》和尚が山の岩々に彫った「五百羅漢《ごひゃくらかん》像」は、十八世紀の度重なる飢饉によって餓死した人びとを供養するために作られたもので、もともと柔和な表情をしていたと伝えられています。それが二百年以上の歳月を経て

遠野五百羅漢にて。羅漢の表情が苔や草木に融けている。2023年8月、筆者撮影。

苔に覆われ、遠目ではほとんど人の顔が認識できないほど風景に融け込んでいます。ここでも、先述した高木さんの研究における弱い表象の別形態が、その場を訪れる人に自由なイメージの投影を許しているように思います。

「迎灯篭木《むかいとろげ》」という風習は、盆の時期に故人の魂が迷わずに家に帰れるように、その年に亡くなった人の戒名を記した紅白の布（女性は赤、男性は白）を高さ七メートル程に削り出した木にさげて、軒先に立てます。このことによって、その集落の誰の家で人が亡くなったのかという事実が地域の共同体にも周知されます。遠野市立博物館学芸員の前川さおりさんは、個人的な死がパブリック化されることで、協働的なグリーフケアにつながることを示唆されています【※10】。

遠野を代表する郷土芸能である「シシ踊り」は、柳田國男の『遠野物語』でも有名ですが、「シシ」という鹿のような姿をした異形の存在と、刀を持った人間の舞手が、時に対立し、また時には調和するような踊りを繰り広げるものです。シシの頭には鹿の他にも牛や魚が、そして龍の体の部位が含まれているという説もあります。シシ踊りは盆の頃によく踊られ、供養の側面も併せ持つ芸能ですが、そこには人と同時に人以外の動物の死者たちをも大切にする眼差しが感じ取れます。

このように、遠野巡灯篭木の開催に合わせて遠野を訪れながら、当地の伝統的な芸能と儀礼の数々を徐々に学び、今年もあらためて訪れた際に、わたしは友人の辿った足跡をなぞるような嬉しい感覚を抱いたと同時に、たくさんの弔い方が長い年月をかけて育まれてきたことに大いに安心させられました。弔いや供養の種類を多く知るほど、旅立ってしまった友との相互行為《インタラクション》の方法がまだまだ存在するように感じたからです。

人類学者の石倉敏明さんは、世界中に存在する死の起源にまつわる神話の特徴を比較しながら、人類学者・岩田慶治の「死をふくむ風景」という概念を「死という非経験的な次元を経験的次元に絶え間なく組み込みながら新たに構成されてゆく文化的景観【※11】」と紹介し、生者が盆踊りのような祭りや供養の儀礼を執り行う時、「死は実際にその場に臨在している【※12】」と書いています。死という生者には越えることのできない分水嶺を想像的にまたいで、生者の世界に死者を含める技法が、永い時間をかけて世界中で育まれてきたのです。

二〇二四年十月十二日に遠野で開催されたトークイベント「魂の共異体としての遠野」では、わたしと石倉さん、アーティストのコムアイさん、そして塚田さんのパートナーであり、公私にわたって最後まで伴走した映画監督の坂本麻人さんとで、「供養」や「成仏」という既成の言葉とはまた異なる感覚で、亡くなった人々と関係し続けたいという話をしました。死を介して物理的に失われてしまった故人とのつながりを、その後の日常においても維持するための知恵は、今に残る民話や神話から学べるのと同時に、時代時代にあわせて新たに構築していけるでしょう。そのためにデジタルテクノロジーを活用することは可能ですが、本当に必要なのかどうかという点を、伝統儀礼の経験と比較しながら検証していく必要があります。

死者のプロセスを喚起し続けること

繰り返しですが、わたし自身の弔いの経験は、塚田有那という稀有な編集者にしてキュレーターが、死生観を巡る問いや宿題を豊富に遺してくれたことに大きく支えられているという事情の特殊性は強調しておいたほうがよいでしょう。その上で、本稿の執筆を通して、個人的な訪いと協働的な弔いの往還、死者の魂の自律性と生者の認知的な自律性をどう担保するのかという問い、伝統儀礼とテクノロジーの接続可能性など、新たな問いが浮上してきました。特に認知的自律性を巡る問いは、弔いというテーマ以外にも情報技術の根幹に関わる問題であることをも示しています。

死者と生者の双方の精神的、そして認知的な自律性を助けながら、死者の存在を生者の生活に含めるためにテクノロジーを使う方法を考えること。生者のために技術的に死者を代理＝表象（represent）するのではなく、生者自身が死者の自律的な作動を想像するためにその存在を喚起（evoke）すること。このような目的のために、人間を遥かに超える記憶容量と異質な計算能力を持つテクノロジーを役立てられる状況は多々存在するでしょう。

わたしにはこの一年で何度か、友の思いがけない訪問に、その不在が強調される悲痛と同時に共に在る感覚を得られた喜びが到来する、矛盾するような瞬間がありました。その一つは、告別式において、遠野の「張山しし踊り」の方々が故人のためにシシ踊りを舞ってくださった時に、生前に同じ光景を一緒に眼差していた記憶が強烈に想起され、激しく感情を揺さぶられた時です。故人の遺影などの表象と相対する時ではなく、故人が愛した体験が再演された時に、友人の存在が死生の境界に立ち現れたこと。

ここに、死者の像を再現することと、死者が生前に遺したた能動的なプロセス（記憶、もしくは記録）に触れることの、質的な差異があるように思えます。

わたし自身の今につながる「弔い／訪い」には、亡くなった友人を日常的に「弔う／訪う」ための情報技術として、日々のジャーナルを書き込むためのPCとソフトウェア、そして故人と交わしたたくさんの写真やテキストチャットの記録が助けとなりました。特に、彼女が公私にわたって書き残したたくさんのテキストには、彼女の生前の意図の痕跡がたくさん宿っており、それらを読みながら声を召喚することが、彼女の存在、というよりは彼女の生きたプロセスを、ありありと喚び起こすことにつながったように感じます。

また、この間の、彼女の航跡を友人たちと一緒に辿る道行きも、故人が生前に発露した能動性の数々（話したり、食べたり、踊ったりした）を感じ取るための豊かな源泉となりました。このような記憶や記録の数々に残るプロセスの総体が、故人と共に生きられている感覚を今も生成しています。

他にもたとえば、生前に書かれたノートや手紙、もしくはビデオや音声のメッセージが残っていれば、そこに見て取れる意図や意志の痕跡から、本人の動きが強く喚起されるでしょう。この観点に立てば、冒頭で紹介した『心臓祭器』は心音という不随意運動の記録なので、そのような行為主体性は薄いですが、TypeTraceを用いて記録された執筆プロセスは、むしろ故人の行為主体性を増幅させて感じさせるものです。以前にも『Last Words / TypeTrace』で塚田さんが書いたテキストが読みたくなり、探したのですが、残念ながら見つけることはできませんでした。

ここまで、答えよりも問いを増やしてしまった気がして、塚田さんからツッコまれる声が聴こえてきます。まだまだ書き足りないことはたくさんあるのですが、最後に、この一年の間で唯一、わたしがデジタルテクノロジーを使って行った「訪い」の試みを紹介して、本稿を終えます。

塚田さんが亡くなられてから一週間後に、告別式が開催されました。特に親しい友人たちで準備にとりかかり、「彼女なら普通の告別式は嫌がるだろうね」と話し合い、キュレーターとして活躍した彼女にふさわしい「展示」という形式を採ることになりました。彼女が生前に二回開催した「END展」という展示タイトルから「ENDLESS展」という名称にし、彼女と交流の深かったアーティストたちから作品を集め、会場で展示したのです。そこで、わたしと遠藤さんは『Last Words / TypeTrace』の特別エディションを制作し、旅立った塚田さんに向けての手紙を友人たちから募集し、そのタイピングプロセスを記録しました。書き手は、自身の死を想像しながら書くのではなく、旅立った塚田さんに向けて書くという形式でした。数日の間に二〇〇件余りの手紙が次々と届き、インターネット上では公開せず、大勢の友人たちが集まった告別式会場の片隅に置いたディスプレイ上で再生しました。その時、以前にわたしが塚田さんの作った本『RE-END』に寄稿したテキストを読んで、彼女が「死者は生きている、というか、死者は生きていくという言葉が浮かんだ」と語ってくれたことが思い出されました。「死者が生きていく」ことを強く信じながら、今や宇宙と融けて形而上学的存在となった塚田さんが、インターネットからデータベースにするすると潜り込み、わたしたちが書いた手紙を泣いたり笑ったりしながら読んでくれている姿を想像しながら。

本稿の草稿を読んで感想を返してくれた、共に塚田有那さんの仲間である坂本奈彌さん、千々和淳さん、清水聡美さん、そして坂本麻人さんに深く感謝します。

※1 渡邊淳司、川口ゆい、坂倉杏介、安藤英由樹「〝心臓ピクニック〟：鼓動に触れるワークショップ」、『日本バーチャルリアリティ学会論文誌』一六巻三号、二〇一一年、三〇三―三〇六頁。
※2 grayscale展（二〇一八年二月十日〜十一日、恵比寿amu）、URL: https://exhibition.ephemere.io/grayscale
※3 「END展：死から問うあなたの人生の物語」（二〇二二年五月二十七日〜六月八日、東京、iTSCOM STUDIO & HALL二子玉川ライズ）、「生生LIVES：生命、生存、生活」（二〇二二年三月十九日〜七月三十一日、台北、忠泰美術館）、「您好、歡迎光臨 Hotel YOLO」（二〇二二年十二月十日〜二〇二三年五月一日、高雄、The Pier-2 Art Center）
※4 塚田有那「はじめに」、塚田有那・高橋ミレイ編著『RE-END：死から問うテクノロジーと社会』ビー・エヌ・エヌ、二〇二一年、一四頁。
※5 ベイトソンのメタローグの背景と意味については、拙著『未来をつくる言葉――わかりあえなさをつなぐために』（新潮社、二〇二〇年）で考察しています。
※6 さらに付言すれば、中島岳志さんと高木良子さんの「弔いとテクノロジー」研究会に参加させていただいた記録の数々にも、友と生前に交わしたディスカッションの抜粋を挿入しており、「訪い」が生じていました。そして本稿を執筆する行為も、友との「訪い」を豊かに経験する機会になっています。
※7 畑中章宏「21世紀の『死者の書』」、『RE-END』三九頁。
※8 同前。
※9 同前、四二―四三頁。
※10 「前川さおり：遠野の民間信仰に見る死生観とパブリックな祈り」、「遠野巡灯篭木'24オーディオガイド」（Spotify）、二〇二四年十月八日配信開始。
※11 石倉敏明「生と死をふくむ風景」、『RE-END』五五頁。
※12 同前、六一頁。

RITA MAGAZINE 2
The Dead and Technology

Chapter_1-3

- Kohske Takahashi

論考

弔いの知覚論

高橋康介

高橋康介(たかはし・こうすけ)

立命館大学総合心理学部教授。京都大学情報学研究科博士課程修了、博士(情報学)。専門は知覚心理学、認知心理学、錯視など。日本心理学会国際賞、日本認知科学会野島久雄賞、錯視コンテストグランプリなど、受賞多数。広い意味での研究テーマは「人間の認識の不思議と多様性」。暗い実験室の中で基礎研究に勤しむ一方で、フィールド認知心理学者として世界に飛び出しフィールドワークを行っている。最近は基礎心理学の面白さを世の中に伝えるべく「知覚心理学×街づくり」プロジェクトを主宰。

なぜ鳥居にぶら下がることが無礼なのか

二〇二四年、ある外国人観光客が神社の鳥居にぶら下がって懸垂《けんすい》する動画をインスタグラムに投稿して、日本中から（一部の記事では世界中からという記述も）大きなバッシングを受けるということがありました。ネットメディアでも広く取り上げられ、批判的なコメントが大量につけられています。直後に本人が謝罪の動画を公開し「何も考えずにやってしまったことなので、本当に申し訳ない」と語っていたようです。そして多くのネットニュースと同じく、あっという間に忘れ去られ、二週間ほど経った頃にはこの件が話題に上がることはほとんどありませんでした。

よくある炎上の一例ですが、本論考のちょうどよい出発点です。この一件の背後にある力学を解き明かすことから始めてみましょう。なお最初にお断りしておきますが、本論考は鳥居で懸垂する動画を投稿した方や、その行為に対して反応しコメントをした多くの方々を非難する意図は一切ありません。

日本の中で育った人の多くは、鳥居はぶら下がるものではないということを知っています。暗黙かどうかはわかりませんが、多くの人に共有された規則と考えてもよいでしょう。では規則を破ったから非難されたのかというと、必ずしもそれだけではないように思えます。道を歩いていれば、ぶら下がるべきものではないけれどぶら下がることができるものをたくさん見つけることができます。例えばカーブミラー、レストランの看板、歩道橋、などなど。これらにぶら下がって懸垂をして、動画を投稿したとしましょう。多少の批判はあるかもしれませんが、その反応は鳥居の場合とは大きく異なることが想像できます。鳥居の場合は「無礼である」、それ以外の場合は「愚かである」という反応です。

この「無礼である」という感覚は私も理解はできますし同意もできます。ところが説明することは簡単ではありません。鳥居にぶら下がることはダメだ、無礼だ、という感覚はあっても、なぜ無礼なのか、鳥居の本来の役割を知っていて、理由を説明できるという人は多くはないでしょう。ネット上では鳥居で懸垂することがNGであるさまざまな理由がもっともらしく語られていますが、どれも万人が納得できるものではありません。論理的に考えれば鳥居の役割から鳥居で懸垂がNGという結論は導かれないように私は思います（だからといって鳥居で懸垂していいというわけではありません、念のため）。突き詰めれば、鳥居の側には理由などないのです。

　ところで私は、知覚心理学と呼ばれる心理学の一分野を専門としています。知覚心理学は心理学の中でも極めて基礎科学的な色合いの強い分野で、カウンセリングやメンタリストといった一般の心理学のイメージからはかけ離れたものです。特定の誰かの心について理解するというよりも、ものの見え方などを含む広く人類一般における「心」の機能を解き明かすことが研究のゴールです。

　大学での知覚心理学の講義の最初に、心という身近にありながら可視化できない対象のことを考えてもらうために、学生に次のような質問を投げかけています（読者の皆さんも考えてみてください）。

「あなたの隣の人に心は存在しますか?」「カラスに心は存在しますか?」「サクラに心は存在しますか?」「川底の石に心は存在しますか?」「人工知能に心は存在しますか?」「あなた自身に心は存在しますか?」

　これは心の物理的基盤を問うているわけではなく、回答に正解があるわけではなく、あなた自身にとっての心の定義を問うている問題です。回答の割合は毎年似通っていて、「隣人」と「カラス」については九割以上の学生が「心は存在する」と答えます。「自分」については、ごく稀に例外はありますが、全員が「心は存在する」と答えます。これが「サクラ」になると三割ほど、「石」だと一割ほどまで下がります。「人工知能」は微妙なところですが、現在はサクラと同程度、三割ほどが「心が存在する」と回答します。読者の皆さんはどう考えたでしょうか。

　さて、九割ほどの人が「石には心はない」と回答するわけですが、ここで、石でできたお地蔵様のことを考えてもらいます。そして「心がない石でできたお地蔵様に、ものをぶつけられますか?」という問いを重ねます。多くの学生が苦笑いしながらも、やはりぶつけられないと答えます。

規範は肉体に染み込んでいる

鳥居で懸垂することや石でできたお地蔵様にものをぶつけること、これらをタブー化しているものは「規範」であるとここでは考えておきます。鳥居で懸垂することへのバッシングのように、規範からの逸脱は規則からの逸脱以上に強力で暴力的な非難の対象となるのかもしれません。

　先取りして言えば、私たちは常にある特定の規範の中でものごとを認識し、価値づけ、行動を方向づけています。

そして規範は相対的なものです。日本の中には日本の規範があり、これは別の国の規範とは異なります。私の家族には私の家族の規範があり、これはあなたの家族の規範とは異なります。しかしこのような相対的な規範は、明文化されることもなく私たちの肉体に染み込んでいて、そのために不可視化され、絶対的なものとして現れ、容易に逃れられません。このわかりにくい規範という概念を紐《ひも》解くために、一旦、知覚の世界に立ち入っていきましょう。

　私たちは生まれてから（実は生まれる前から）世界を知覚し続けています。知覚のプロフェッショナルです。目に入る光、耳に入る音、指先に触れる手触り、これらを常に知覚し、世界を認識しています。知覚は自分にとってあまりにも当たり前のため、それが誰にとっても等しく当たり前であり、自明なものであって、規範の入り込む余地などないではないか、と思われるかもしれません。

　ところが知覚心理学という分野で研究していると、このような「自明な知覚」という信念が全くの的外れであるということがわかります。いくつかの事例を体験するだけで実感してもらうことができますので、ここで少し実践してみましょう。なお、紙面の都合で詳細なタネ明かしまでは書いていません。さらに詳しく知りたい場合は、拙著『なぜ壁のシミが顔に見えるのか—パレイドリアとアニマシーの認知心理学』（以降『なぜ壁』と呼びます【※1】）をご覧ください。

　左の絵は「クレーター錯視《さくし》」と呼ばれるものです。平面上に凹凸の丸が一六個あるように見えます（二次元の画像が三次元に見えることとの説明についてはここでは詳細は割愛します）。では左側の八個と右側の八個、どちらがでっぱって見えるでしょうか？　どちらが凹《へこ》んで見えるでしょ

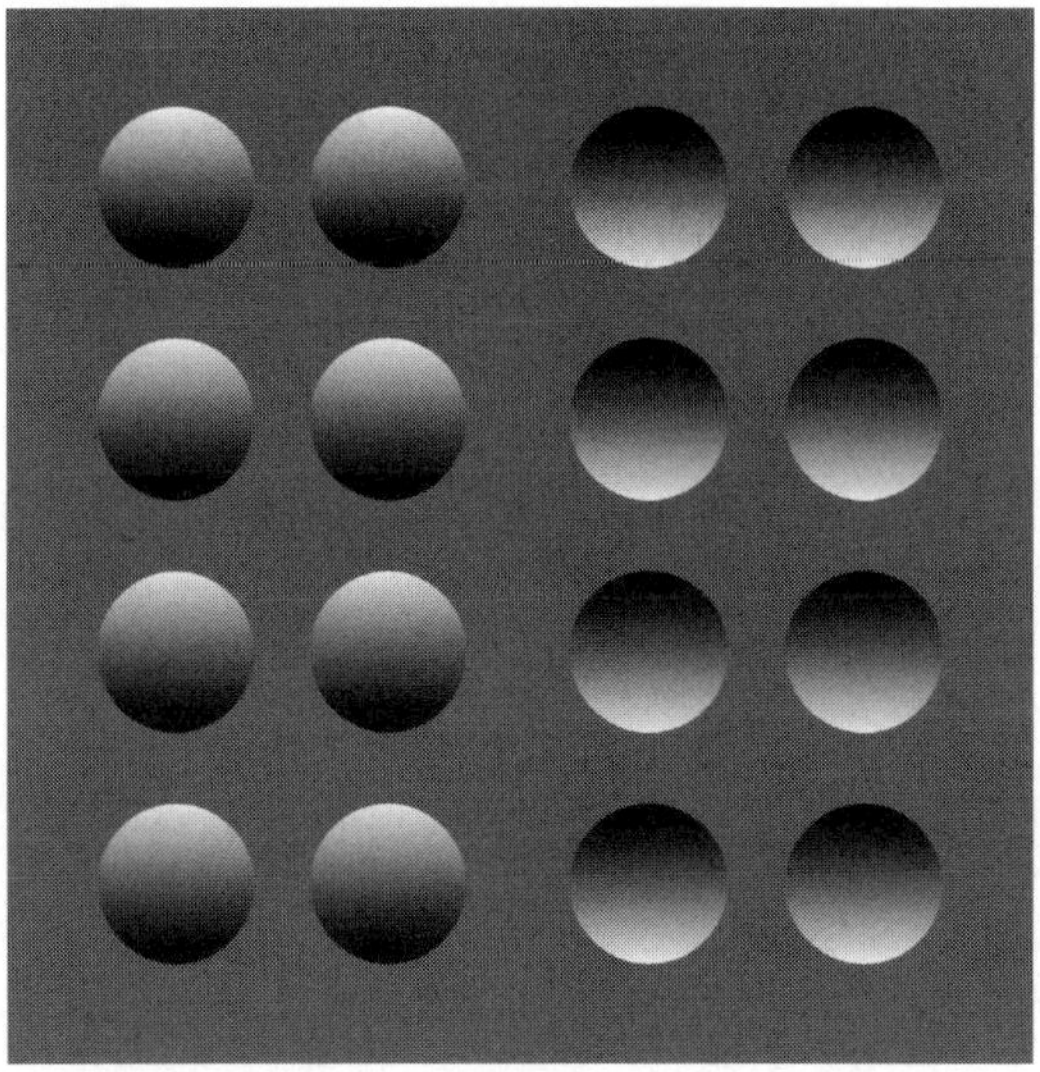

うか？　おそらく左側が凸、右側が凹に見えていることでしょう。では次に本をひっくり返して、この絵を逆さまから見てみてください。先程でっぱって見えた左側の丸は、本を一八〇度回転させたわけですから、今は右側に見えているはずです。ところがひっくり返したときの右側の丸は、でっぱっているでしょうか？　凹んで見えるのではないでしょうか。ここに知覚における規範が現れます。ここでの規範とは「光は上方から下方に向かう」という経験的原則です。詳細は『なぜ壁』に譲るとして、とにかく私たちは光に関する知識に方向づけられて陰影から凹凸を知覚しているのです。

ここで重要なことは、対象の凹凸を判断する際に誰も光の方向など意識してはいないということです。この規範の不可視性は知覚においては特に顕著です。知識としては規範を知らないのに、規範を使って知覚しているということです。あらゆる規範が（脳を含む）肉体に染み込んでいて、不可視化され、逃れられません。

知覚が規範に従っているとはいっても、「光は上方から下方に向かう」という経験的原則は万人にとって共通のものであり、だから知覚は絶対的なもの、誰にとっても同じものだと思われるかもしれません。ですがこの信念も正しくはありません。知覚心理学者として断言しますが、知覚における規範はあなたと隣人の間で異なっています。それどころか、今のあなたと少し前のあなたの間でも変わってしまうものなのです。

次ページの絵は「Coffer illusion」と呼ばれる錯視図形です。この絵の中に、丸は見えるでしょうか？　もし見えるとしたら、いくつの丸が見えるでしょうか？　近くに知人がいたら声をかけてみましょう。あなたには丸が見えていても、知人には丸は見えないかもしれません。逆にあなたに見えない丸が、知人にははっきりと見えているかもしれません。もし丸が全然見えない場合は、七三ページに丸の見える場所が示してありますので、それを見てから絵をもう一度見てみてください。先程までは存在しなかった一六個の丸が明確に知覚されていることでしょう。

この図には、板チョコや玄関のドアの模様のようなたくさんの四角という知覚の枠組み（ここでは「知覚の規範」とほぼ同じ意味です）と、縦線の手前に浮かび上がる一六個の丸という二種類の枠組みがあります。他の枠組みもあるかもしれません。読者の皆さんがどのような知覚の変化を体験したのか私には知る由もありませんが、いずれにしても私たちの知覚というものが、知覚の枠組みによって質的に変わりうるものであり、その変遷は知覚する主体にとってもアンコントローラブルであるということがわかります。規範は肉体に染み込んでいて不可視化され、制御できない形で私たちの知覚を生み出すのです。そしてその規範は、変わりうるものであり、相対的なものなのです。これが知覚の本質です。

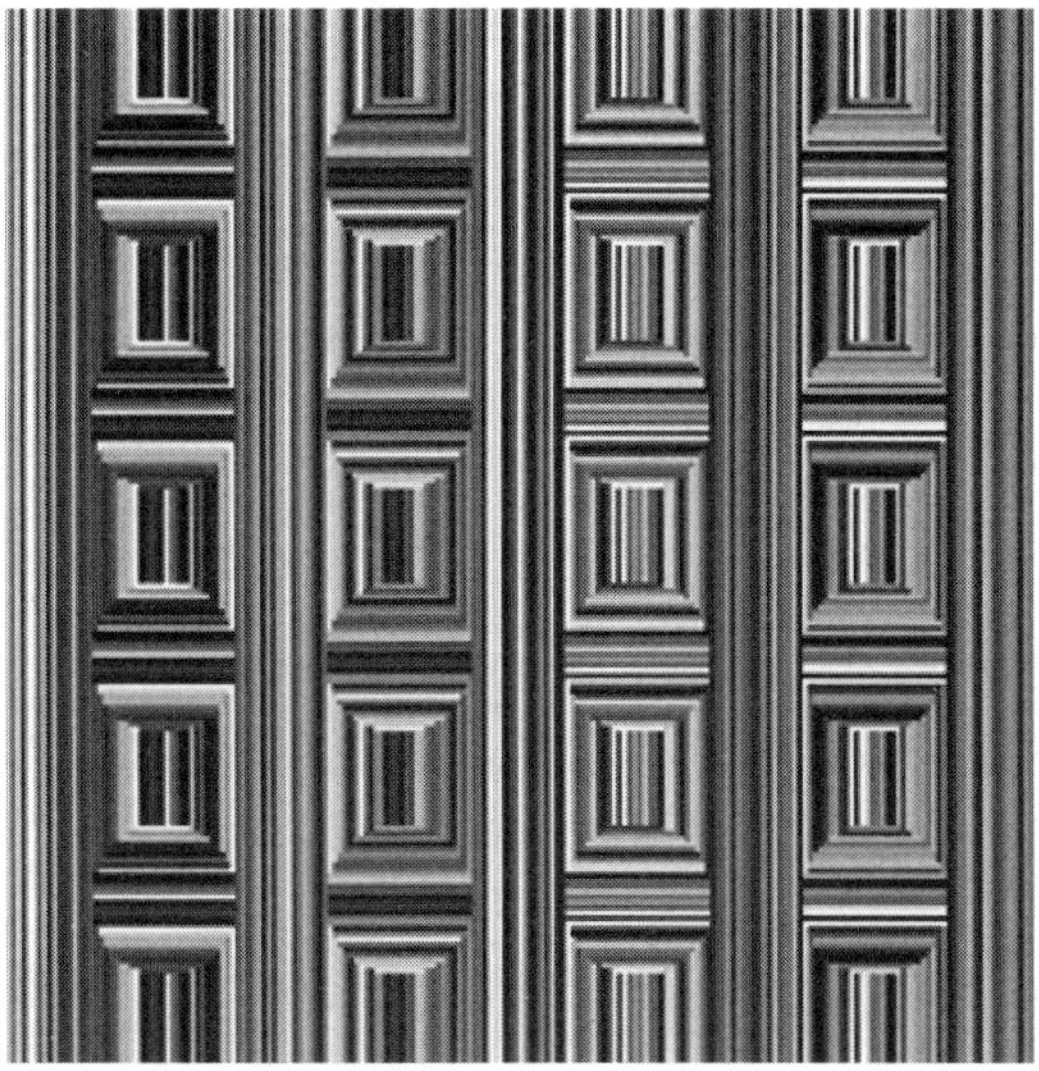

Anthony Norcia(2006)/Coffer illusion

逃れられないパレイドリア

パレイドリアと呼ばれる知覚現象があります。雲が怪獣に見えるとか、お墓の柳がお化けに見えるとか、壁のシミが顔に見えるとか、そういった種類の知覚体験です。幼少期に体験した読者の方も多いでしょう。大人になってからも体験がある、という人も少なくありません。パレイドリアについての詳細な議論は『なぜ壁』に記してありますが、ここでは重要なポイントだけおさえておきましょう。

まずパレイドリアは幻視などとは違い、目に見える事物的対象が存在します。先の例では雲、柳、シミがそれにあたります。そしてパレイドリアでは、実際はそうではないものが、頭ではそうではないとわかっていても、そう見えてしまいます。雲が怪獣ではないことを、壁のシミが顔ではないことを、知りながらも見えてしまうのです。また、最初からそう見えるわけではなく、何かのきっかけで見えはじめるということがあります。最初は壁のシミはただのシミに見えていたかもしれません。ところが夜になってなんだか怖くて眠れない、そんなときに壁を見ると、昼はシミだったものが顔に見えるのです。さらに、一度そう見えてしまうと、なかなかそう見えない状態に戻ることはできません。顔ではないとわかっていても、壁のシミがただのシミに戻ってくれません。そして誰にも同じように見えるわけではありません。雲は、ある人には怪獣に、ある人には妖精に見えるかもしれません。これらの特徴をパレイドリアの「二重性」「可塑《かそ》性」「不可逆性」「多様性」と私は呼んでいます。そしてこれも興味深いことですが、パレイドリアが生じるとき、そこで私たちが見るものは、生き物に関連するものが圧倒的に多いことがわかっています。

　下の絵をしばらく眺めてみてください。何か意味のあるものが見えてきたでしょうか？　最初はただの濃淡にしか見えないかもしれません。ところが目と口に該当する目立った陰影に気づくと、もう顔にしか見えなくなってしまいます。しばらく見てもよくわからないという人は、七三ページの絵の中に目と口に見える位置を示しておきました。Coffer illusion のときと同じように一度手がかりを見てから、再び絵を眺めてみてください。今度は顔が現れるはずです。これ以外の場所が目と口に見えていても全く問題はありません。

　さて、ここに及んで私たちはパレイドリアの規範性に気づかされます。すでに強調したように知覚は常に知覚の枠組み＝規範によって変わりうるものです。これまでに言及した錯視の例は、規範の存在、その変化や相対性を体験できるように意図的に作られたもので、日常の中に偏在するとは言い難いものです（実は偏在するのですが）。一方、パレイドリアを生じさせるような対象は、日常のどこにでも偏在していて、私たちはその場その場で規範のもとに知覚を生み出し、意味を創り出しています。

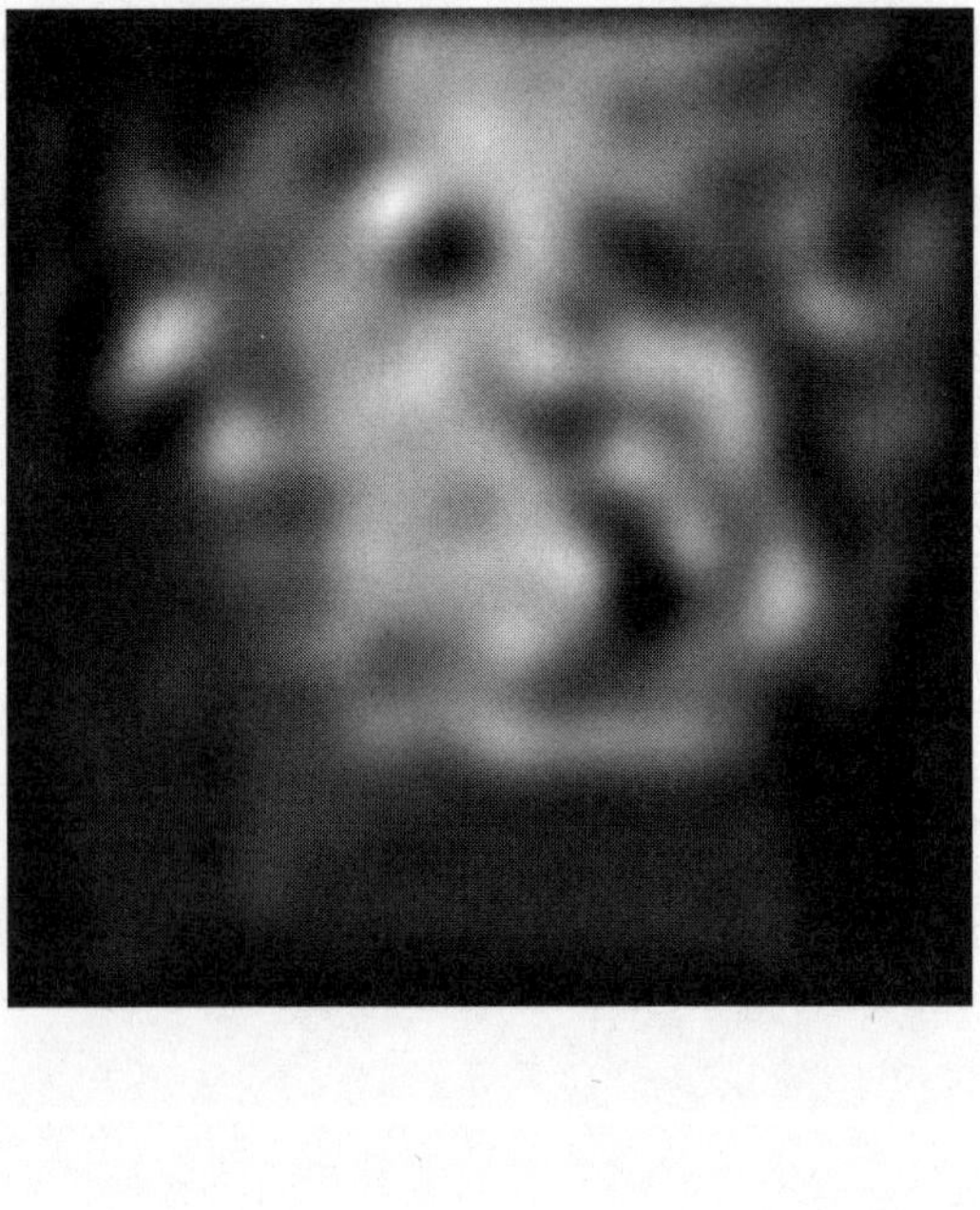

弔いは生者の知覚と認識への働きかけ

先にお断りしておくと知覚心理学者である私は、「弔い」に関しては専門的な知識は持ち合わせていません。それを前提に、知覚の規範とパレイドリアを下敷きに、弔いについて考えてみることをご容赦ください。

弔いの場を思い浮かべたときに、まず気付かされるのは弔いの場のオブジェクト性です。これは弔いに限らず儀礼一般に言えることですが、葬儀やお盆の場では、さまざまな道具が登場し、意味を与えられ、そこに存在しています。非常にわかりやすい例で言えば、お盆の場ではキュウリやナスは、特定の視覚的手がかり、かつ特定の規範においてキュウリ馬やナス牛として認識されます。もし知覚にパレイドリア的な性質がなければ、キュウリ馬は棒がささったキュウリでしかありえません。

焼香の香り、読経の音、ろうそくの炎、こういったものの数々は（クレーター錯視において上から差す光の存在のように）背景として、知覚における規範を措定《そてい》します。意識はせずとも、これらの背景の情報を五感で感じ取り、特定の規範が適用されることで、私たちの知覚が方向づけられます。もし特定の規範が駆動されなければ、例えキュウリが馬に見えたとしても、それはキュウリ馬ではなく、ただの馬に見えるキュウリでしかないでしょう。

このようにパレイドリアを誘発するようなオブジェクトを与えること、加えて特定の規範を駆動させること、このことが、事物的な対象にそのもの以上の意味が現れ、死という知覚できない相手を前にして弔う行為を可能にしているように思えます。言い換えると、死への弔いは、生者の知覚と認識への働きかけとして捉えることができるのです。このことは、後述するテクノロジーとしての弔いに大いに関わってくるように思えます。

静けさがもたらす知覚と認識の変容

知覚心理学者の視点から弔いに関して注目すべきことがもう一つあります。それは、視覚的静けさです。静けさというと、事物の側の性質のように思えるかもしれませんが、ここでもやはり知覚の様態が関わってきます。もしも動かない事物があったとしても、その事物を一瞬だけ見て、そして目を他に向けてしまったら、認識としてはその事物が一瞬だけ現れたことと大きく変わりません。ここでいう静けさとは、事物が動かないことに加えて、そのよう

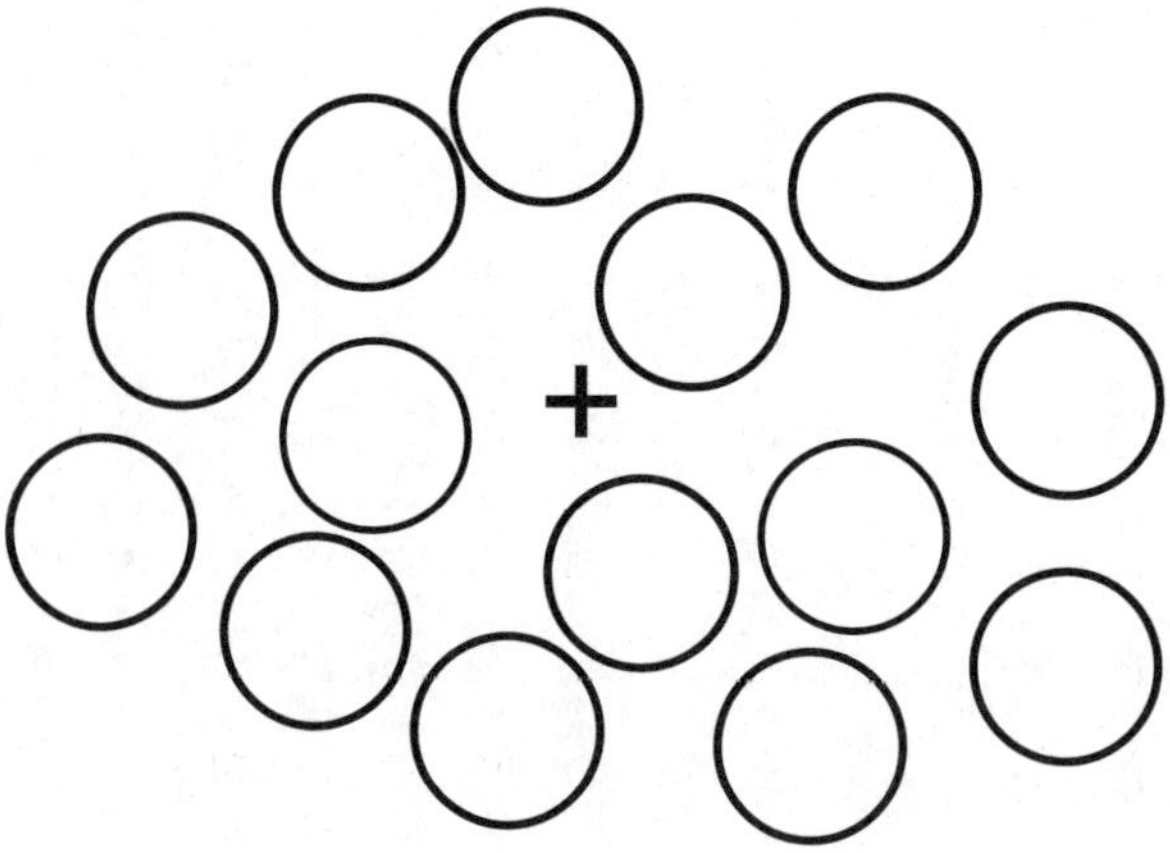

な事物を長く見つめているということなのです。

ここで再び知覚心理学のデモンストレーションに戻りましょう。私たちの知覚には「順応」という性質があります。変化しない入力を受容し続けることで、その入力に対する知覚や認識が変容していくということです。例えば夜、寝床に入り電気を消すと周囲は真っ暗で何も見えません。ところがしばらく時間が経つと暗さに慣れて、徐々に周囲が見えるようになってきます。これは暗順応と呼ばれる現象です（この順応は網膜の細胞で起こっています）。

もう少し知覚的な順応を体験してみましょう。上の絵は二〇一一年に九州大学の伊藤裕之氏により報告された錯視の一種です【※2】。図の真ん中の十字を、できるだけ目を動かさないようにしながらじっと見続けてください。目を動かさないことが重要です。三十秒ほどで十分でしょう。同時に周囲の丸に意識的に注意を向けてみてください（目は十字に向けておきます）。当たり前ですが最初は周囲の丸は丸です。ところがうまくいくと徐々に丸が形を崩し、八角形や一二角形やら、たくさんの不思議な形が現れてきます。目を動かすと、すべての丸が再び丸に戻ります。

知覚における順応という性質は、強力で普遍的です。私たちの（脳を含む）肉体は、常に順応し続けています。ここで強調したいのは、静けさの価値、変わらないものの価値です。対象である事物が変化すればもちろん知覚も変わりますが、その変化は明確に事物の変化なのであって、規範の変化でも対象と私の関係性の変化でもありません。ところが変化しない事物の場合には、それをゆっくりと時間をかけて丁寧に体験する中で、知覚や認識が変容していくことを私たちは自覚的に経験します。

少し話は飛躍しますが、遺影の表情が変わったという話を聞くことはよくあります。知覚心理学的に考えれば、事物としての遺影が変わらないからこそ、そしてそれを見続けるからこそ、その表情が変わるのです。知覚の規範が変わるのです。静けさの中で、肉体に染み込んだこの規範が徐々に変わっていくことで、愛するものの死に対峙する苦しみや辛さが和らいでいくのかもしれません。

規範を生み出すテクノロジー、事物を生み出すテクノロジー

弔いの場が生者の知覚と認識への働きかけならば、これはテクノロジーとして捉えることができます。弔いの場には規範を生み出すテクノロジーが偏在しています。寺社仏閣の多くは一段上がった場所にあります。長い階段が、途中の鳥居が、非日常の規範を引き出す装置として働きます。不安定な足場が、自分自身の身体の認識を要請し、自分を含めた世界の認識を要請します【※3】。弔いの場を想像すれば、似たようなテクノロジーを多く思い浮かべることができるでしょう。

元来、このような場で知覚の対象となる事物にはリアリティは必要とされません。墓に石があれば、それは弔いの規範とパレイドリア的知覚によって、意味のあるものとして認識されます。『なぜ壁』でも議論していますが、逆にリアリティが低いことで、そこに意味を読み込む余地を与え、規範の影響を深めることとすらできるのです。

一方で昨今、死者をリアルに蘇らせるテクノロジーが広がりつつあります。生前のリアルな姿を眼前にもたらし、再会に似た体験を可能とするVR技術。インタラクションすら可能にするAIを用いた死者との対話。これらは規範ではなく事物を生み出すテクノロジーと言えるでしょう。リアルに現れた事物は知覚や認識におけるパレイドリア的な意味の創造を抑制し、変化する事物的対象は静けさによる順応を拒《こば》み、弔う生者の都合にはお構いなく、生者の世界にそのままの形で侵入してきます。もし弔いが苦しみや

辛さを和らげるものだとするなら、知覚心理学的な視点から、死者をリアルに再現するテクノロジーに対しては若干の危惧を覚えます。

あの人の弔いに寄り添う

最後に話は鳥居に戻ります。事物としての鳥居は誰にとっても等しく存在していたとしても、私たちの知覚や認識は規範に方向づけられています。価値観や行動も同様です。では規範がどのように形成されるのかといえば、「光が上から差す」という経験的事実がクレーター錯視の凹凸を決定したように、知覚の主体である個人の経験や来歴に由来するものでしょう。環境、文化、集団、あるいはたった一人の世界かもしれません。共有されたり経験されたりする規範が、徐々に肉体に染み込んで、私をつくり上げます。もはや私は規範とは切っても切れない存在です。

Coffer illusion において、ある人には丸が現れ、ある人には丸が現れないということを私たちは経験しました。鳥居は事物的には木に過ぎません。鳥居にぶら下がることは、特定の規範の外では、なんら躊躇を感じさせません。一方で特定の規範のもとでは、鳥居は崇拝や畏敬の対象であり、ぶら下がるなどありえないことでしょう。このようなコンフリクトは、知覚の仕組みと規範の働きを考えれば、必然です。知覚するとは本来的に傲慢《ごうまん》なことなのです。

しかし規範や知覚のコンフリクトがあることが、直《ただ》ちに社会の中での対立につながるわけではないはずです。自分自身には当たりまえ過ぎて意識することのない規範は、その不可視性がゆえに、それ以外の知覚、認識、行動のあり方を覆い隠します。自分以外のやり方などありえないのだという規範の絶対性の中に溺れてしまいます。

ですが私たちには、規範を相対化し、可視化し、他者の規範を想像することだってできるはずです。光がどこから差すかわからない重力のない宇宙空間で育った生物にとってクレーター錯視がどのように見えるか想像できるように、鳥居が存在しない環境で育った人にとってその事物がどのように見えるのか想像できるはずです。この想像力こそが、必然的なコンフリクトを社会の中の対立から切り離し、包摂を実現するのではないでしょうか。そして知覚心理学は、本論考で行ったように体験的実践を提供することによって、規範の相対化をもたらすだろうと確信しています。

さて弔いの知覚論という話題からは少々離れてしまったか

もしれません。しかし私が弔いの場で私と彼方との関係に思いを馳せるとともにいつも感じるのは、隣にいるこの人には私が見るこの事物的な世界はどう見えているのだろうか、またあの人にとってこの弔いの場は、行動をどのように方向づけているのだろうか、ということなのです。このときにまず要請されることは、自分自身の規範を可視化し、自分自身の知覚を相対化することです。自分を基点としないことです。かくいう私にとっても言うは易《やす》く行うは難《かた》し。これが可能になったときはじめて、あの人の弔いに寄り添うことができるのだと、そう思わざるをえないのです。

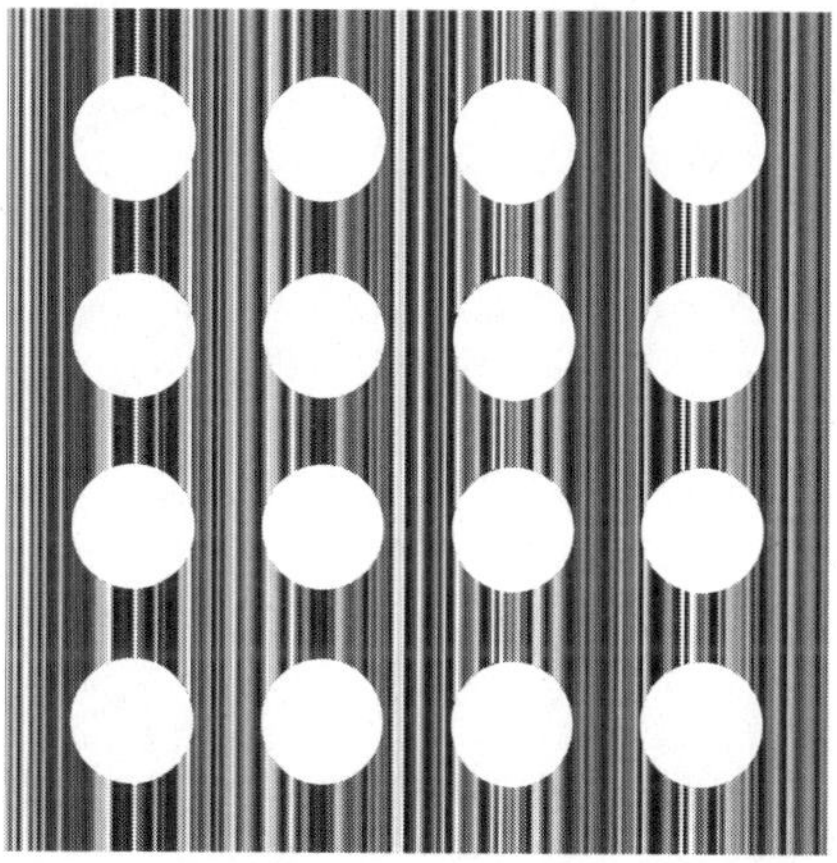

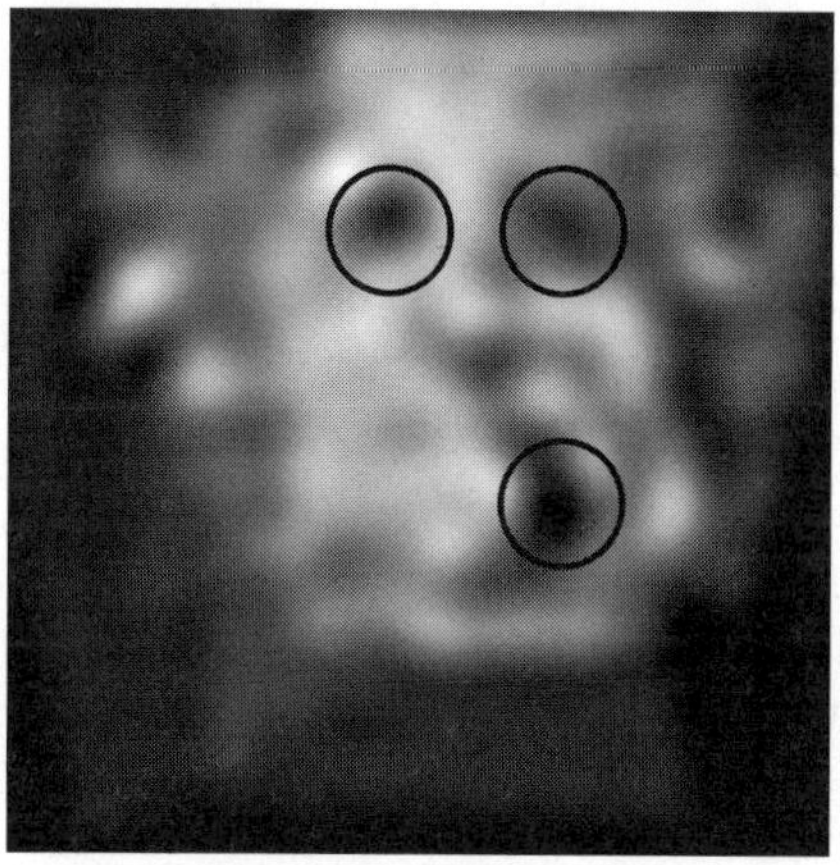

※1 高橋康介『なぜ壁のシミが顔に見えるのか—パレイドリアとアニマシーの認知心理学（越境する認知科学10）』、共立出版、二〇二三年。

※2 Ito, H.「Cortical shape adaptation transforms a circle into a hexagon: A novel afterimage illusion」、『Psychological Science, 23(2)』、二〇一二年、一二六—一三二頁。

※3 これらの話については、以下の文献の中で議論しています。J-STAGEという無料のリポジトリで公開されています。
野村康生、高橋康介、北川智利、藤野正寛、Kenji "Noiz" Nakamura「現代アーティストと心理学者による共創的活動の記録」『心理学評論，六六(一)』、二〇二三年、四—一三頁。
https://www.jstage.jst.go.jp/article/sjpr/66/1/66_4/_article/-char/ja

論考

「御先祖」と共に作る

―濱田庄司作品と死者の営みの引用

佐々風太

佐々風太(ささ・ふうた)
東京科学大学リベラルアーツ研究教育院研究員、日本民藝協会機関誌『民藝』編集委員。1996年札幌市生まれ。東京工業大学大学院博士後期課程修了。博士(学術)。柳宗悦・民藝運動を中心とする近現代工芸を専門とし、特に民藝運動における理論と制作の関係について研究している。論文「『用いる』ことをめぐる柳宗悦の思想―『仏教美学』との関わりに注目して」で第19回涙骨賞奨励賞受賞(2023年)。

「御先祖」と共に作ることは如何にして可能か

濱田庄司（一八九四―一九七八）は、栃木県益子《ましこ》で作陶を行った作家として知られる。彼は益子で活動を始めた一九二〇年代、まだ自分の家や窯《かま》を持っておらず、益子で代々作陶を行う佐久間藤太郎《とうたろう》（一九〇〇―一九七六）の家で間借りして制作をしていた。佐久間家に入ったときのことを、濱田はこのように回想している。

> 佐久間さんの先代の福次郎さんは茨城県の笠間の近くから益子へ出て、焼物作りに年期を入れ、やがて自分の窯を持った方で、誠実な職人気質を丸出しにした陶工だった。私が大正十三年に益子に落着くようになって、佐久間さんの細工場の隅の一台の轆轤と、座敷の一間を借りたいと頼んだとき、先代の夫人は、他人を預かれば一皿でも余分の菜を心掛けねばならず、子供達の分も見積らなければならない。瀬戸屋というのはそんな贅沢を許す商売ではないとなかなか承知して貰えなかった。その上、氏素姓の判らないものを入れて甕、擂鉢のふりが悪くなっては御先祖に申し訳ないと叱られた。〔傍線引用者〕
> 【※1】

益子は当時、水甕《みずがめ》や擂鉢《すりばち》などの日用雑器（民藝品）を生産する窯業《ようぎょう》地であった。濱田というよそ者を受け入れることでそれらの昔ながらの造形が崩れては「御先祖に申し訳ない」、と濱田は叱られたという。濱田は後に、当時のことを、「すべての古いしきたりや気質を保持しているこんな村を見出して、驚いていたのです」とも回想し、こうした益子の人々の「頑固な性向」に心惹かれたと述べている【※2】。

濱田は今日、益子の陶芸作家として、あまりに有名である。しかし彼は、益子はもとより、特定の産地の陶法のみを学習したり伝承したりした作家ではない。彼は神奈川県高津村（現・川崎市）に生まれた人物であり、東京高等工業学校（後の東京工業大学）の窯業科や京都市立陶磁器試験場で窯業の専門知識を身に付けている【※3】。さらに、一九二〇年バーナード・リーチ（一八八七―一九七九）と渡英し、セント・アイヴスで約三年間生活と作陶を行い、これらの経験を踏まえて、一九二四年の帰国後、益子を拠点とした制作を開始した。その後も、沖縄をはじめとする国内外の民藝の産地での研究を続けている。例えば沖縄について、彼はこのように述べている。

仕事の根になる暮しが、私達とは較べものにならないほど強く生きているのを想わせる。技術の上で受けついだ伝統は、形の奥の見えないところで深く守られ、〔略〕私達はとうにこういう無意識の創作力を失って久しくなるので羨ましい限りだ。【※4】

濱田は伝統の重要性、そしてその学習のために地方で「暮し」を送ることの重要性を、セント・アイヴスや沖縄などで学んだ。この背景には、自らが特定の土地の伝統から断絶した存在である、という深い自覚がある。濱田の見るところ自身は、個人で発想した計画性に基づいて制作を行う作家であり、伝統という「無意識の創作力」を喪失している。

濱田は、如何に伝統と近代的な個人作家である自らを接続するか、という命題を生涯抱いた。そのため、佐久間家で先述のような厳しい言葉を投げかけられたことも、濱田には喜ばしかった。自らの根無し草性を超えたものが、そこに見出されたからである。濱田は、言うなれば、「御先祖」と共に作ることは如何にして可能か、という試行錯誤を旨とした作家であった。伝統の中にいなくとも、伝統と共に作ろうとすることはできる——これが濱田を支えた信念であったと言ってよい。

濱田は、多様な民藝品に注目し、その土地の人々が連綿と伝えてきた造形を貪欲《どんよく》に注視した。濱田の見るところ、古い民藝品には死者たちの香りが満ちている。例えば彼は、欧米の伝統的な家具について、以下のように述べている。

わざわざグッド・デザインなどといわなくても、古いイギリスのウインザー・チェアにせよ何にせよ、みんな今の頭で考え出したものに劣らないグッド・デザインなのです。それに昔のものは長い年月をかけて、多くの人達からの批判をうけつづけてきて、落ちつくところに落ちついたよさがあります。【※5】

濱田の言う「多くの人達」とは、佐久間藤太郎の母に投げかけられた「御先祖」という言葉と呼応し、いずれもその土地の死者たちを言い表している。それは、ある面から見れば無数の死者の集積であり、別の面から見れば、不可視の動的な存在であって、その土地の造形に、個人性——「今の頭」——を超えた深い影響を及ぼす力である。濱田はこうした力について、「誰がどうしたから良くなったのでもなし、悪くなったもんではなく」という超個性を有しているとまとめ、「家代々、土地代々、伝わっている良さというものが今も生きている」状況とも表現している【※6】。あるいは、「何百万人のデザイン」とも表現していたようである【※7】。

自身の眼で選んだ心の食べ物

こうした観察を踏まえて、濱田は益子という地方で暮らし、益子の伝統的な土や釉薬《ゆうやく》を主要な原料として作陶を行うことを自らに課した。また、濱田があわせて重要な営為としたのが、伝統的な民藝品を深く観察し、可能な限りそれらを蒐集《しゅうしゅう》することであった。濱田はこのように述べている。

「河井や棟方は創りたいものが次々と泉のように湧いてくるようだが、私はどうも何か刺激するものが手許《てもと》にないと事がうまく運ばない。創造にも二つの型があるようだ」【※8】

「河井」とは盟友の陶芸家・河井寛次郎（一八九〇―一九六六）のこと、「棟方」とは棟方《むなかた》志功《しこう》（一九〇三―一九七五）のことを指す。濱田は、衝動的な表現欲求を持つ彼らとは異なり、「何か刺激するものが手許に」あることで、作品制作が進展していく、という。濱田が伝統からの断絶を自覚していたことを踏まえると、これは大変重要な発言であると思われる。新たに美を生まんと志す近代作家は、出来る限り「御先祖」――伝統を「刺激」とし、それを摂取しなくてはならない、という彼の認識がうかがえる。

とはいえ、特定の伝統に根ざすことと、様々な地域の伝統的な作品から学習することは、相矛盾するようにも見える。しかし、ここには、濱田のやむにやまれぬ欲求があったように思われる。彼の言葉を見てみよう。

どこまでも今残っております日本の、田舎の各地の民窯というものは、私は守り続けるだけ守り続け、まあ見得られるだけ見、また、旅にも出られるだけ行って見て置きたい。後になったら私達は幸せな時代の最後に勉強させて貰ったことを感謝することだろうと思うのであります。【※9】

これは国内の民窯《みんよう》（民間向けの日用雑器を生産する窯）

に関する言及だが、他の領域の民藝や国外の民藝に関しても、この思いは同様であったと見て差し支えない。国内外の縦横無尽の「旅」に支えられた「御先祖」――伝統の摂取は、特定の地の伝統に根ざすこととは時に矛盾する、近代的な営みとしての面をもつ。とはいえ彼の見るところ、近代は「幸せな時代の最後」であり、「御先祖」――伝統がいつ絶えるとも知れない状況があちこちに見られる。こうした中にあっては、方々でそれを「勉強させて貰」うのを止めることはできない、というのであろう。

注目したいのは、彼がしばしば用いる「食べる」という言葉である。彼は、民藝に感動し、そこから学習することを、「食べる」という独特の比喩で頻繁に表現している。彼は、「われわれの仕事は物を消化することから始ります」と語る【※10】。この比喩には、不足した栄養を身体が欲するように、「御先祖」や伝統を摂取せずにはいられない、という、彼の切実な――半ば身体的な――欲求が反映されているのであろう。濱田は感動した器物を蒐集することにも積極的で、そうした蒐集品（陶磁器、木工品、書画など）は数千点に及び、その多くは現在、彼が晩年に開館した益子参考館（現・濱田庄司記念益子参考館）に収蔵されているが、彼はそれらを、「自身の眼で選んだ心の食べ物」であると述べている【※11】。

濱田にとって重要なのは、こうした器物から単に造形を学ぶことではなく、それが生まれた背景としての伝統――「御先祖」の気配までも摂取し、作陶に活かすことである。だから、他の作家が古作を単純に模倣することに、濱田は手厳しかった。濱田の一番弟子の島岡達三（一九一九―二〇〇七）は、濱田の指導をこのように回想している。

私などが入手したものを参考に早速そのやり方をやってみると先生は御覧になって、「そんな上ッ面だけ真似したものは本当ではありません。何年もかけてしゃぶり尽さなくては本当のものは出てこないのです」【※12】

これは、濱田が、自身に対しても言い聞かせ続けた言葉だったはずである。

伝統を「食べ」て消化し生まれた作品

ここで、こうした濱田の営為がどのように彼の作品に活かされているのか、一つの例を見てみよう。図の作品は、一九六五年に制作された《塩釉《しおぐすり》鉄絵《てつえ》扁壺《へんこ》》である。

濱田が制作する扁壺の大らかな造形には、朝鮮半島の扁壺などの強い影響が見られるが、本作のような器形の場合、中国（漢）の緑釉壺《りょくゆうつぼ》の影響も指摘されている【※13】。その上には「絵刷毛目《えはけめ》」と呼ばれる装飾が施されている。白い化粧土を刷毛引きし、そこに「黍文《きびもん》」（沖縄のサトウキビをモチーフにした文様）を鉄絵で描いているものである。絵刷毛目は朝鮮半島の陶磁器に見られるもので、濱田はそこから学び、セント・アイヴス時代から作陶に取り入れている。同時に濱田は、刷毛目と鉄絵のそれぞれを別々に洗練させた上で絵刷毛目として統合しており、より生き生きとした表現を実現している。勢いのある刷毛目は朝鮮陶磁器から、伸びやかな鉄絵の筆致は国内外の民藝品から、それぞれ学んで熟達させ、それらを組み合わせて絵刷毛目とすることで、独自の表現に成功している。後者（黍文）については、朝鮮陶磁器の絵付けの影響がうかがえると同時に、唐津焼（佐賀県）の絵付けの影響もたびたび指摘されており【※14】、この簡単な線や点の中に、複数の地域の伝統が活かされていると見ることができる。

濱田庄司《塩釉鉄絵扁壺》
提供：(株)濱田窯

さらに、この作品の器体は、塩釉と呼ばれる釉《うわぐすり》で覆われており、独特の発色と質感（柚子肌《ゆずはだ》）を示している。塩釉は、戦後の濱田を代表する技法で、ドイツなどの古陶磁に由来する。焼成中の窯の中に大量の塩を投入し、一部の成分をガス化させて器体の素地の成分（珪酸《けいさん》分）と化合させることで、ガラス質の釉膜を器体に生じさせる。濱田は一九五二—五三年の欧米訪問の後、益子に専用の窯を築いて塩釉を洗練させていった。

このように、《塩釉鉄絵扁壺》において濱田は、益子の素材を基本としながらも、国内外の様々な技法を取り合わせて独自の作風を実現している。この一点に、彼が「食べ」、栄養とした伝統的な造形が、幾つも盛り込まれているのである。また、単にそうした造形を観察して学んだというばかりではなく、彼がそれらの生まれた地（朝鮮半島、中国、欧米など）をたびたび訪問して、その地の雰囲気を浴びることを重視していたことも見逃せない。これらを踏まえながら、いずれの造形も濱田独自のかたちに消化されていることで、濱田作品は、単なる表層的な技法の組み合わせではない、深い一体性を、見る者に感じさせる。ここには、「刺激するものが手許に」あることを重視し、「御先祖」――伝統を「食べる」ことで、近代作家としての制作を拡張しようとした、濱田の態度が反映されている。

死者の営みを無意識に引用する

濱田の作品は、民藝品ではない。しかし、深く民藝品を想起させる作品であると言ってよい。単に各地の民藝品を思い出させるというのではなく、それらを生み出した作り手たちやその先人たちまでもが、その想起の射程には含まれている。

自作をめぐって晩年の濱田は、「私は、生涯の大変興味深い時期に到達したと思っています」と前置きした上で、このような言葉を残している。

> 塩釉のための丸い壺が前にありました。次に私が見たのは、筆を蠟《ろう》に浸している自分でした。そして私は全部の壺の表面を、ただボン、ボン、ボンとやったのです。それからコバルトを使って、蠟を置かなかった場所をひとつ置きに筆で塗りました。そのあと、マンガンを用いて、まだ空いていた部分を埋めました。かつて一度も考えついたことのない大変おもしろい効果でした。こんな事をしたことは、これまで一度もなかった、それが起ったのです。ずっとずっと昔に考えついていて然るべきことだった、と思われるのに、まさにその時私に起ったのです。それは、私の頭からではなく、身体全体から生じて来た、私の胴体、下腹から現れ出でて来たのでした。まだ焼成《しょうせい》の結果を見ていませんが、この壺でしたことに私はとてもよい感じを持っています。私には判る、感じられます、よい感じがするのです。【※15】

ある塩釉の作品で、「蠟抜《ろうぬき》」（蠟による釉などのマスキング）の技法や、コバルト、マンガンといった顔料を用いて、体が勝手に、これまで試したことのない意匠を実現したということが描写されている。ある種の無意識的な制作風景の描写であるが、これは単なる無意識ではなく、その前提として彼の中に、彼が「食べ」た多様な伝統が様々にある、ということである。様々な地域の「御先祖」たちが、濱田の体に結集しているとも言い得るであろう。

「仕事中は、公式とか個人的藝術性とかの諸問題は、ことごとく消え失せます」とも、濱田は述べている【※16】。「公式」とは作陶における計画性、「個人的藝術性」とは、自らの作品にまとわりつく個人作家作品という概念の問題であると考えられる。ここで重要なのは、「仕事中は」という言及である。濱田は個人として発想した計画性に基づいて制作を行う近代作家であり、最後まで、特定の地の伝統――「御先祖」に根ざすことはなかった。しかし、成形をしたり絵付けをしたりといった「仕事中は」、「幸せな時代の最後」に出会った様々な地の「御先祖」たちと一挙につながり、彼らと共に制作することが実現している、というのであろう。つまり、民藝の先人たちの制作が、「仕事中」という時間の中には確かに息づいていることを、濱田は実感していたのであろう。

濱田を一言で言い表すとしたら、「引用の名手」である、と筆者は述べたい。この場合の「引用」とは、もちろん言葉の引用ではなく、言うなれば造形の引用であり、東西の様々な死者の営みの引用であるとも言える。多様な造形を引いてきて、咀嚼《そしゃく》し消化し、取り合わせていく、その編集が彼の創造の妙であった、と言ってもいいかもしれない。そのためには、濱田という器の中に、多様な「御先祖」――伝統が招き入れられることが欠かせない。

濱田自身は自らの作陶を、根無し草的な、至らないものと最後まで捉えた。佐久間藤太郎をめぐる、「私達は仕事が盆栽になることを愧じてせめて庭木になりたいと希うが、佐久間さんはすでに庭木から裏山の雑木になろうとしている」【※17】という彼の言葉には、そうした彼の自己認識を見ることができる。「盆栽」よりは「庭木」、「庭木」よりは「裏山の雑木」に、一層の生命感が見られ、かつ後者ほど特定の地に根付いた存在であるという比喩なのであろう。確かに濱田の作品は常にモダンで、様々な地を移動して学習する者でなくては実現できない独特のアマルガム性を有している。しばしば指摘されるように、濱田がある種のモダニストであることに疑いはない。しかし同時に、彼の作品に、モダニズムと断じるのでは捉えきれず、単に折衷《せっちゅう》的という描写では不十分な、独特の落ち着いた風格が宿っていることも無視できない。この風格とは、死者の摂取がもたらした格であるように、筆者には感じられる。死者との断絶を自覚し、死者たちを摂取することを模索した濱田は、死者たちと共に作ることのかたちを示し得た。それは彼にとって、特定の伝統への至り得なさの自覚と常に一体だったとはいえ、死者たちとのある豊かな関係性を、彼は確かに紡ぎ得たのである。

伝統の中にいなくとも、伝統と共に作ろうとすることはできる――「御先祖」をめぐる濱田のこの信念が、現代の私たちに示唆するものは大きい。

※1　濱田庄司「益子焼の定本」（一九六五年初出）、『無盡蔵』朝日新聞社、一九七四年、三一〇頁。
※2　水尾比呂志編「濱田庄司回想記（抄）」、『濱田庄司』講談社、一九九二年、三六頁。
※3　佐々風太「『忘れる』べきものとしての科学―濱田庄司の窯業科時代」『余白』二号、東京工業大学・中島岳志研究室、二〇二四年、ほか。
※4　濱田庄司「沖縄の陶技」（一九七二年初出）、『無盡蔵』朝日新聞社、一九七四年、九七頁。
※5　濱田庄司「椅子と私」、『無盡蔵』朝日新聞社、一九七四年、一九四―一九五頁。
※6　濱田庄司「私の歩んだ道」（一九七〇年初出）、『無盡蔵』朝日新聞社、一九七四年、二二六頁。
※7　相馬貞三『美の法門研鑽』私版本、二〇〇三年、二三二頁。
※8　島岡達三「我が師濱田先生」、『益子の父　人間国宝　濱田庄司』講談社、一九七八年、一六五頁。
※9　濱田庄司「現代日本の民窯」、『窯業協会誌』七〇巻七九四号、公益社団法人日本セラミックス協会、一九六二年、三一頁。
※10　水尾編、前掲書二、四七頁。
※11　濱田庄司「無盡蔵　序にかえて」、『無盡蔵』朝日新聞社、一九七四年、頁数なし。
※12　島岡達三「濱田先生の蒐集」、水尾比呂志責任編集『濱田庄司蒐集　益子参考館　三　欧米・その他』学研、一九七九年、二〇九頁。
※13　裵洙淨「濱田庄司と朝鮮陶磁―個人作家としての美意識―」、『文化交渉　東アジア文化研究科院生論集』五号、関西大学大学院東アジア文化研究科、二〇一五年、三〇頁、ほか。
※14　吉河歩香「濱田庄司作品の様式形成に関する一考察」（学習院大学大学院平成三〇年度修士論文）、二〇一九年、六六頁、ほか。
※15　水尾編、前掲書二、四九頁。
※16　水尾編、前掲書二、四九頁。
※17　濱田、前掲書一、三一〇頁。
*引用文中の〔　〕は引用者による注記である。

RITA MAGAZINE 2
The Dead and Technology
Chapter_2

テクノロジーで死者に「出会う」

Encountering the Dead through Technology

Chapter_2-1
- Keiichiro Hirano
- Takeshi Nakajima
- Ryoko Takagi

Chapter_2-2
- Ryoko Takagi

Chapter_2-3
- Koya Matsuo

Chapter_2-4
- Yusuke Furuta

Chapter_2-5
- Ryoko Takagi

Chapter_2-6
- Patrick Stokes

中国や韓国では、亡くなった人を生成ＡＩで再現するＡＩ故人サービスが普及し、二〇二四年末には日本でも初めてサービスがリリースされた。その可能性とリスクはどこにあり、開発や報道に関わる人、利用する人はそれぞれ、どう捉えているのか。多方面から探る。

鼎談

ＡＩが死者を再現するとき

平野啓一郎
中島岳志
高木良子

――小説『本心』をめぐって

RITA MAGAZINE 2
The Dead and Technology

Chapter_2-1

- Keiichiro Hirano
- Takeshi Nakajima
- Ryoko Takagi

収録：2024年12月2日
構成：佐々風太

平野啓一郎(ひらの・けいいちろう)

1975年愛知県蒲郡市生まれ、北九州市出身。京都大学法学部卒。1999年在学中に文芸誌「新潮」に投稿した『日蝕』により第120回芥川賞を受賞。40万部のベストセラーとなる。 以後、1作毎に変化する多彩なスタイルで、数々の作品を発表し、各国で翻訳紹介されている。著書に、小説『葬送』『滴り落ちる時計たちの波紋』『決壊』『ドーン』『空白を満たしなさい』『透明な迷宮』『マチネの終わりに』『ある男』等、エッセイ・対談集に『私とは何か～ 「個人」から「分人」へ』『「生命力」の行方～変わりゆく世界と分人主義』『考える葦』『「カッコいい」とは何か』『三島由紀夫論』などがある。2021年5月、長編小説『本心』を刊行、2024年11月に映画化。

中島岳志

高木良子

遺影の歴史の延長線上に現れるAI故人

中島　今、映画公開中の平野さんの小説『本心』（文藝春秋）は、まさにＡＩ死者やＡＩ故人の問題が物語の中心にあります。これはもともと新聞に連載されたものでしたね。

平野　コロナになる前後だったので、二〇一九年から二〇二〇年にかけてですね。

中島　その期間、日本では「ＡＩ美空ひばり」（二〇一九年）が登場しました。紅白歌合戦に、亡くなった美空ひばりさんがＡＩで登場して、しかも新曲を歌った。歌だけではなく、曲の間には呼びかける言葉もあったりして、いろんな議論を呼びました。これは平野さんがこの本を書かれている最中ですね。

平野　そうですね。最初、連載が始まったときには、「よくわからない」という反応もあって。うちの母なんかも新聞で読んで「ちょっと難しいわね」と（笑）。それが「ＡＩ美空ひばり」以降、「そういうことか」という感じで、急速に読者の理解が進みました。時を置かずして、韓国や中国の企業で、亡くなった人をヴァーチャルなものとして蘇らせる、というのも出てきました。単行本を刊行する頃（二〇二一年）にはかなり受け入れられた、という感触があります。

中島　現代社会では、これまでの伝統的な弔いの装置が機能しなくなっています。たとえば何々家の墓、というのを持たない。家に仏壇があるお宅も、かなり限定されている。お墓と仏壇という、明治の民法以降、日本の弔いの装置となってきたものが空洞化している。そんな中で、死者とどういうつながりを持っていくべきか、すごく流動的な状況になっています。そこに斜め上から突然やってきたのがＡＩで、死者を再現してその人とどういう関係性を持っていくのか、というテーマが出てき

ました。

高木　先ほど平野さんがおっしゃったように、韓国とか中国ではそれが商業化されています。特に二〇二三年ぐらいから一気に広がって、中国では、一人の人の手で何千体が再現されている。それがさらにいろんな業者に広がり、ピンからキリまで、一〇元からできるという状況になってきています。

中島　日本のＮＨＫの番組でも、ＣＧで出川哲朗さんのお母さんを再現するというものがありました（二〇一九年）。こうした動きが近年進展していますが、そういう同時代のものとこの小説はリンクしていたんでしょうか。

平野　自分が書き始めたときは、そうしたものはまったくなかったので、先ほども言ったように周囲は「ピンとこない」という反応でした。僕自身がそもそも考えていたのは、遺影という問題です。僕は一歳のときに父親を亡くしているので記憶もなく、父親の存在というのはイコール遺影でした。まだデジカメ以前だったので、父の写真の数も非常に限定されている。それが僕のメディア論に対する関心のわりと根源なんです。

遺影というものの歴史を考えると、そもそもは油絵などの絵が使われた時代が、かなり長い間ありました。僕の世代だと、友達の家に遊びに行ったりすると、戦死した親族の肖像画や写真が座敷に掲げてあったりした。亡くなった人をこの世界に留めおく手段として、最初は絵があって、写真があって、それから動画で動きも残せるようになってきた。そうすると、やっぱり次の段階としてインタラクションが加わるというふうに、メディアの発展としてはなっていくんじゃないか、と思いました。それで、亡くなった人とＡＩを使って話すことができる、ということを構想したんですよね。

中島　新しいメディアという問題ですね。よく言われるのは、遺影が、日清・日露戦争と非常に大きな関係があった、ということです。戦争に行く人を写真に撮って、亡くなったらそれを遺影として掲げる、というふうに、写真の普及というテクノロジーの問題がここに関わっている。遺影というテクノロジーを通して、それまでと違った、生きている私たちと死者との関係が生まれました。

そして今は、新しいテクノロジーによって、死者とのインタラクションという問題に、私たちは踏み出そうとしている。ＡＩの場合は、ChatGPTなどに触れるとわかりますが、それなりのデータをそこに入れると、亡くなった人と会話ができます。しかも音声データがあると、その人の声で語りかけてくれる。そういうことが実現しようとしているし、東アジアではもう商業化され始めている。

「分人」の概念からみる喪の作業

中島　そこで死者と私たちの関係がどうなっていくのか、というところなのですが、平野さんがずっと書かれてきたことに、「分人」という概念がありますね。「自分」というのは絶対的な本質ではなくて、人はいろんな場面によって、多様な、多数の自分を生きている、という概念です。この分人という問題と、『本心』で書かれた、ＡＩによってその人の特定の何かを再現する、という問題は、どのように関わるのでしょうか。

平野　愛する人が亡くなったとき、そこからどういうふうに回復していくか、という「喪の作業」を、僕の分人という概念を使って再解釈すると、非常に大切な人との分人は、大きな比率で自分の中にあります。そうでもない人との分人の比率は小さい。ですから、夫や妻といった愛する人、その人といるとき自分の分人が心地よいという人が亡くなると、その人を失った喪失感と同時に、その人と一緒にいるときの自分をもう生きることができない、ということも非常に大きな喪失感になる。

そこから「喪の作業」を経て回復していくプロセスでは、他の人との分人の比率が相対的に大きくなり、亡くなった人との分人の比率が低下していくことによって、だんだん日常生活が送れるようになっていく、という理解の仕方をしています。

中島　なるほど。

平野　ただ、『本心』に登場するのは、母親がロスジェネ世代の母子家庭で育った青年です。映画『ジョーカー』（二〇一九年）にもありましたけど、貧困家庭で母子家庭という環境だと、社会的な分人を増やそうと思っても、仕事に相当の時間を費やされ、交際費があまりない。そうすると、豊かな社会的な分人を自分の中に抱えていない、ということが起こります。母親との分人の比率が自分の中で非常に大きい、そういう状態で母親を失ったときに、「喪の作業」で母親との分人の比率を低下させてくれるはずの社会的な分人が乏しい。

その場合、喪失感を相当長い間抱えるんじゃないかと。それを自分で処理しきれないときに、母親をAＩのようなかたちで再現して、母親との関係を擬似的に延長することで自分の孤独を慰めていく、ということを考える人がいたとしても、それをまず否定できないんじゃないかと思ったんです。

中島　そうですね。

平野　ゼロ年代以降、人間という存在が本位であって、AＩとかヴァーチャルな存在とのコミュニケーションというのは、基本的に不健全なものとして受け止められてきましたよね。とくに恋愛ということに関しては。だけど人間は何らかのかたちで、自分の欠落を代理の表象などを使いながら慰め、埋め合わせていくということをする。

僕の場合はそれを義手とか義足についての小説を書いたときにすごく感じたんですよね。生身の肉体を第一に考えて、それよりも劣るものとして装具をみなす眼差し

が、障がい者にとって強いプレッシャーになっているのを見て、これは人間関係でも言えるんじゃないかと思った。

フィジカルな人間との恋愛がうまくいかない人が、ヴァーチャルな存在と恋愛をすることを、気持ちが悪いことのように言いがちだけど、その人なりの関係のあり方と維持の仕方ということを一概に否定できない。同じように、亡くなった母親をＡＩで再現するというのは、人によっては非常に冒瀆《ぼうとく》的な感じもするでしょうけど、そういう関係を否定できないんじゃないかと。

「虚をつかれる」ところにある人間らしさ

平野　最初はそうした関係を完全に肯定的に描こうと思ったんですよ。なんですけど、主人公は、ＡＩの母親に依存している自分を否定されたくないと思うのと同時に、やっぱり「ほんとうのお母さんと違う」と感じるんじゃないかな、とも思うようになりました。

その一つの理由としては、ＡＩは過去のことしか学習できないので、話がどうしても単調になってしまうんじゃないか。一方で、生きている存在というのは日々変化し続けるからこそ関係を持続できるし、年を取って親が昔と違ったふうになってしまうというのは、良きにつけ悪しきにつけあることですよね。年を取って丸くなったという人もいれば、ヘイト動画を観すぎて急に差別的なことを言うようになってしまったとか。

でも生身の人間であればその連続性は疑いようがなくて、親は親のはずだけど、ＡＩが新しいことを学習して、予想もしなかったことを言い出すと、ユーザーはみんな「故障した」と思うでしょう。同一性を維持しようとして同じことを繰り返すと飽きてしまうけど、新しいことを話し出すと違和感がある。そういうところで、ＡＩによって再現された故人との関係を持続するのは難しいんじゃないか、と思いました。

中島　『本心』のプロローグには、こういう言葉がありますね。「生きている限り、人は変化し続け、今のこの瞬間の僕は、次の瞬間にはもう、存在していないのだから」。六四頁（文春文庫版、二〇二三年）には、こういう文章もあります。「ＶＦ（ヴァーチャル・フィギュア）が生きた存在として愛されるためには、こちらが関知しない間に、自らの関心に従って、何かをしていることが重要なのだった」。対話が成り立つためには変化し続けていることが重要であり、統御できない他者として存在する必要がある、という指摘です。

高木　飽きるというのは、それが想定内のことになってしまっている、ということですよね。想定外のことを言ったときに、そこにリアルを感じる、ということもあれば、逆に悪い想定外というのもある気がします。「お母さん、そんなこと、言わなかったよ。」という言葉が『本心』にもあるように。

個人的な話になりますが、私の母は認知症で、私が小さかったときの母とは違う。ちょっと思いもかけないことを言ったりするんですけど、本来こういうところもあった人なのかもしれない、と思うようなリアルさがある。そういう、虚をつかれる、というところに人間らしさがある。うまく人間を模すんだったら、そういうところも入っている必要があるのかなと感じます。

中島　『本心』ですごく面白かったのは、主人公の男性が、実在した母の分人性にどんどん出会っていく、というところです。ＡＩで再現した母のほうは、それについてこられない。

平野　小説を書く前の構想の段階で、現代人のライフログのことを考えました。僕などもソーシャルメディアが好きなほうなので、膨大な量のライフログが残っています。こういう場合、もし研究しようとすると、たとえば十九世紀文学の研究のように、書簡や日記などをつぶさに調べる、というスタイルは難しい。あまりにもライフログが多すぎて、とてもじゃないけど研究しきれない。

　そうすると、せめてそれらをデータベース化して、「あの問題についてどう思ったのかな」と検索する、というぐらいのことしかできないんじゃないか。その検索を音声認識でやって、もし故人の声で答えるんだったら、それは本当に死者と会話しているようなことになるな、と思いました。そうなると、ある意味では、ライフログの中に、自分との分人では知り得なかったその人の多面性が眠っている可能性があるわけですよね。

中島　なるほど。

タイトルを『心』でなく『本心』にした理由

平野　僕は基本的に本質主義的な考え方というのが好きではないのですが、「本心」というのは、人が無条件に知りたいと思うものだと思うんですよね。最初、小説のタイトルとして「心」というのも少し考えていました。でもこれではちょっと漠然としている。「本心」というのは、人間が否応なく知らないといけない、知っていないことが信頼関係において非常にマイナスだと感じられているものだなと思って。

　これは、この小説に登場する「自由死」とも関係します。「自由死」は安楽死をさらに無条件化したようなもので、この小説では、人が死にたいと思ったときに死ぬ権利が肯定されている世界を書きました。安楽死でも、たとえばオランダなどでは、「不治の病である」「痛みが甚《はなは》だしい」「本人の意志が明確である」などの条件があります。「本人の意志が明確である」というのは要するに、「本心」からそれを望んでいるかどうか、ということだと思うのですが、やっぱり自分の死という問題については、僕の分人という考え方からすると、誰とどういう状況で話しているかによって、相当の揺らぎがあるんじゃないか、と思ったんです。

　「心」よりも「本心」が重要だと思ったのは、契約にせよ、社会制度にせよ、僕たちが「本心」から同意していることに関しては契約が成り立つし、制度設計は間違っていない、というのが社会の基本的な考え方だからです。でも肝心の「本心」が揺らぐと、契約関係も制度設計も何もかもが、社会の土台から揺らいでしまう。「本心」のわからなさを考えることが、社会制度の設計全体に関わる、ということを思ったんですね。

中島　ええ。

平野　もう一方で、主人公はあくまで自分との分人関係の中でお母さんの「本心」を探ろうとします。ですが、思いがけず母親の別の人との関係を見ることになり、ＡＩによって再現されたのとはまた違うかたちで、母親の多面性を見ることになります。ある意味で母親のことがよくわかるけど、むしろよくわかることによって、よくわからなくなって、他者性が際立っていく。これを描きたいなと思いました。

　たとえば猫も、こっちに甘えてくるときだけがかわいいのではなくて、猫自身の関心にもとづいて何かをしている、というのがないと、ペットのかわいさは完結しないと思うんです。だからＡＩで再現された存在があくまで僕に対してだけオリエンテッドな存在だと、何か物足りなくなってくる。僕のうかがいしれないところで何かを勝手にしているということがないと、自律した生きた存在というふうに見えないのではないかと。

中島　このあたりはＡＩで再現するのが非常に難しい部分だと思うんですけど、平野さんのこの小説のテーマとして挙げられている、最愛の人の他者性、という問題で

すよね。ＡＩにおいて、その人の他者性、多面性、分人性がどう再現できるのか、それは可能なのか不可能なのか。

高木　私は、亡くなった人を３Ｄプリンターで模して作った人形（遺人形）と生活する人たちの研究もしています。その人たちは、自分から見えたその人、ある一つの分人を再現するということを発注するわけですよね。その上で、似ているとか似ていないとか、こういうときのこういう印象的なポーズにしてほしいとか、そういう発注になる。だから、自分の奥様の遺人形を作られたある方の事例では、息子さんたちが「その人形はお母さんと違う」と言って、家に寄らなくなってしまったと言います。これはまさに分人性ですよね。

中島　あとは、どの時点のその人を再現するのか、という問題が出てきますよね。生前の元気だったときのお母さんを再現したい、とか。

平野　そう、そう。

高木　お子さんを亡くされた方の場合は、亡くなった時点の再現からスタートしたい、ということもあります。でもご両親を亡くされた方からは、親と自分とが一番いい関係だったときを再現したい、元気で周りの人たちに好かれて囲まれていた時代の親を再現したい、というふうに、ある関係性の中にあるその人を再現したい、というのをよく聞きます。

死者もまた、究極的にはわからない他者であるということ

中島　考えてみたいのは、そっくりに再現するということが、亡くなった人との豊かなコミュニケーションを紡ぐわけでは必ずしもない、という点です。たとえば「桜を見たときにあの人を思い出す」というふうに、私たちの中に内在している力が引き出されたときに、より死者のリアリティを感じ

るということがある。死者とのリアルな関係性が、自分たちの中で生成されていくということですね。そうなると、どんどん精密に似せることが、死者との再会や関係性の紡ぎ直しに、果たしてどこまで繋がるんだろうか、という問題が出てきます。

平野　たとえばゲームでも、どんどんリアリズムを追求してデータ量を多くし、精密にして臨場感を再現していくようなものと、マリオカートみたいに抽象化されたものでも面白い、というものとがあります。結局両方だと思うんですね。死者の再現でも、リアリズムを追求していく方向と、アバター的な、キャラクター化されたものでも構わないという方向とがある。

　その際、先ほどの「桜を見て……」という話もそうですが、思い出の共有というのは、その人が自分にとって親しい人であるかどうかというときに非常に重要だと思います。たとえば同窓会でも、共有された思い出を解凍して「あのときこうだったよね」というのが親愛関係の確認作業になっている。『本心』ではあまり強調して書けなかったのですが、再現したＡＩと日常的に会話を交わしていって、その会話が三年分、四年分と蓄積されたときに、ＡＩが二年前のことを「あのときこう言ったじゃない」と言い、「よく覚えてるね」とこちらが言う、というような思い出の共有が始まると、飽きない関係が持続していくかもしれません。

中島　ＡＩには心がないけれども、会話しているうちに、何らかの心を持ってその人が話しているような錯覚に、こちらが陥ってくる。それはこちらがその人を想起していることになるのかな、とも思います。

平野　ＡＩ以前から、感情移入ということはあるわけですよね。たとえば先ほど例に出したペットなどに対しても、まったく誤解しているかもしれず、犬や猫の反応をこちらがある意味都合のいいように解釈している、というところはある。そもそも人間存在というもの自体がそうで、究極的には、相手が本当に何を考えているか、というのはわからない。それは自分自身でも、よくわからない。

　僕がずっと考えてきたことで、これは中島さんとやや考えが違うところかもしれないのですが、「死者の声を聴く」ということに対して抵抗があるんです。というのも、先ほど話したように、僕は父親についての記憶がまったくありません。父親がどういうことを考えていて、今生きていたらどういうことを言うか、というのは僕が最も知りたいことの一つなんですけど、どこまで考えても、やっぱり僕が父に語ってほしいことを、父がこう言うであろうということにかぶせているようにしか思えないんです。

　生きている人間が「あの人はきっとこう思っているはず」と言われたら「そんなこと思っていない

よ」とか反論しますよね。ところが死者になると、みんな「死者の声を聴く」という名のもとに、好きなことを押し付けます。

それが、たとえば戦死者において、非常に政治的に先鋭化されて、「こう思って死んだに違いない」というような議論になる。でも、戦時中に大日本帝国のイデオロギーに染まって戦地に行った人たちも、復員して何十年してから考えが変わる、という場合があるように、亡くなった時点の考え方がそのまま維持されるとは言えないわけですよね。だから一つは、他者性というのは、究極的にはわからないということだと思います。

中島　確かに。

平野　それからもう一つ、もっと言うと、敵対的な他者ということを考えないと、本当に他者のことを考えたことにはならない。他者を愛する、というときに、わりと近い考え方の人たちを愛する、というのはそんなに難しくない。だけどキリスト教が非常にラディカルだったのは、「敵を愛する」ということ、自分をぶってきた人を愛するということを、神の被造物だから、という視点を入れることによって語るようになったことで、これはヘレニズムにはなかった考え方ですよね。古代ギリシャなんかはやはり、愛されるべき人を愛するということが基本的な発想だったので、そこからこぼれ落ちてしまう、愛されない人がたくさん出てきてしまっていた。

やっぱり、自分に敵対的でさえある、自分が究極的には理解できないものを備えている、それが他者で、死者の場合、反論できないからこそ、余計に尊重しなきゃいけない。愛する人であればこそ、本当のところわからない部分がある、ということを認めないかぎりは、死者を他者として尊重しているということにならないんじゃないか。これが、『本心』を書いた一つの動機でした。

ＡＩは他者性を獲得しえるのか

中島　おっしゃるとおりですね。私も、死者の所有という問題を議論してきたんですけれども、まさに戦死者においては、「こうあってほしい」という存在、代理表象として死者を利用していく、ということが、右派左派に限らずあります。右の人たちは、戦死者はアジア解放を希求して闘った、などと言い戦争の正当化につなげる。左の人たちは、沖縄の戦死者たちはアメリカに抵抗し、米軍に殺されたのだから、米軍基地反対という遺志を継がないといけない、と言う。でも、死者の多様性というものを見れば、死者というのはそう簡単に代理表象できないし、所有もできない。むしろ死者というのは、ままならない存在であって、自分の思いどおりになってくれないが故に重要な存在である、と思います。

高木　最近、亡くなってオリンピックに出られなかったウクライナの選手が「自分たちは出られないけれど」という文脈でＡＩで再現されたということがあって、これはいったい誰の意志でやらされているのかなと思いました。それこそ死者労働ということも感じましたし、死者というのはすごく政治に巻き込まれやすい性質があるように感じます。

平野　ＡＩによって再現された存在を本当に人間と同レベルで考えようと思ったときに重要なのは、ＡＩが他者性をどのように獲得できるか、ということですよね。他者性は、時には非常に深刻な不和をもたらす可能性さえあって、人間同士であればそれを克服していくことが関係を維持する一つの方法になります。でも、再現された母親が自分の思いどおりになってくれないとき、それを克服していく努力を自分に課すということが、あるのかどうか。何となくそれは非常に馬鹿げたことのように思える、というところが、やっぱ

り人間とかなり違うんじゃないかなと思います。

中島　小説でも、ＡＩの母との齟《そ》齬《ご》が生じてくるわけですよね。場合によっては、そのときにスイッチをオフしてしまうことができるのが、ＡＩ故人という存在です。けれども亡くなった人というのは、スイッチをオフできない存在で、私にとってはそれが重要です。自分がいい加減なことをやっているときに、死者の眼差しを感じたりする。これはすごく厄介なんだけど大切で、オフできないというのが重要ですよね。

平野　この小説では、ＡＩが学習していって途中で気に入らなくなったら、ある時点までリセットすることができるという仕組みになっていて、ただ主人公は「関係を改善する努力をしたほうがいいんじゃないですか」と言われてそうする、という設定になっています。

　たとえば僕は『三島由紀夫論』という本を書きましたけど、三島は、もし彼が生きていたら、という想像力を非常に刺激する人物だし、それぞれの人が好きなように想像しがちな人物ですよね。それに対して、「わかりっこない」と他者を突き放すのは、僕にとって感心しない態度なんです。わかろうとするけど、最終的にはわからない部分がある、というところまでしか行けないし、そうであるべきなんじゃないかな、と考えています。

　それじゃあ寂しいじゃないかと言う人もいますけど、僕はその孤独というのは、人間関係の中でどうしようもないと思うんですよ。僕自身の心について誰かに「完全に理解しています」と言われると「そんなはずはないだろう」と思いますし、でも最初から「どうせお前の考えていることなんかわからない」と言われると寂しい。非常にすっきりしないですけど、あるところまではわかるけど、そこから先の、本当のところはちょっとわからないなぁ、くらいの感じでしょうか。

ＡＩと愛と五感

中島　平野さんがずっと文学的なテーマとして追いかけてこられた「愛」も、そのような問題をはらんでいますよね。西田幾多郎が「絶対矛盾的自己同一」という、すごくややこしい言い方をしていますが、私たちは自分とまったく同じ人を好きにはなれず、一方で自分とまったく異なる差異だけの存在も好きになれない。差異があることと一緒であることが「絶対矛盾」しているような、そういう状況の中に不思議な愛が生まれてくる、という構造があります。ＡＩ故人がそういう存在になれるのか、というと、難しいところもありそうです。

平野　「愛」について、分人という観点では、その人といるときの自分が好き、ということになります。そして、その自分を維持したいという感情が働く。ですから、ＡＩと一緒にいるときの自分が、なんだかんだで他の対人関係のときよりも心地よいとなれば、その関係を維持していけるんじゃないかと思います。

ただそのとき、そのＡＩ人間が、個人を再現しているのか、架空の人物なのかによって、かなり違うと思います。個人を再現するとなると、本物のその人との齟齬というのがややこしい問題になっていく。一方で、たとえば今後、架空の人物のＡＩで、自分とのコミュニケーションがきちんと学習されて、カスタマイズが進み、自分の対話するＡＩは他の人のＡＩと全然違う反応を自分だけにしてくれる、というようになっていくと、関係性は濃密になっていくと思います。

そこからさらに、たまには喧嘩もするとか、先ほど話に出た矛盾をどこまでＡＩの表現として研究者が追求していくかというのは、難しいところだと思いますが、そういうのも出てくるかもしれない

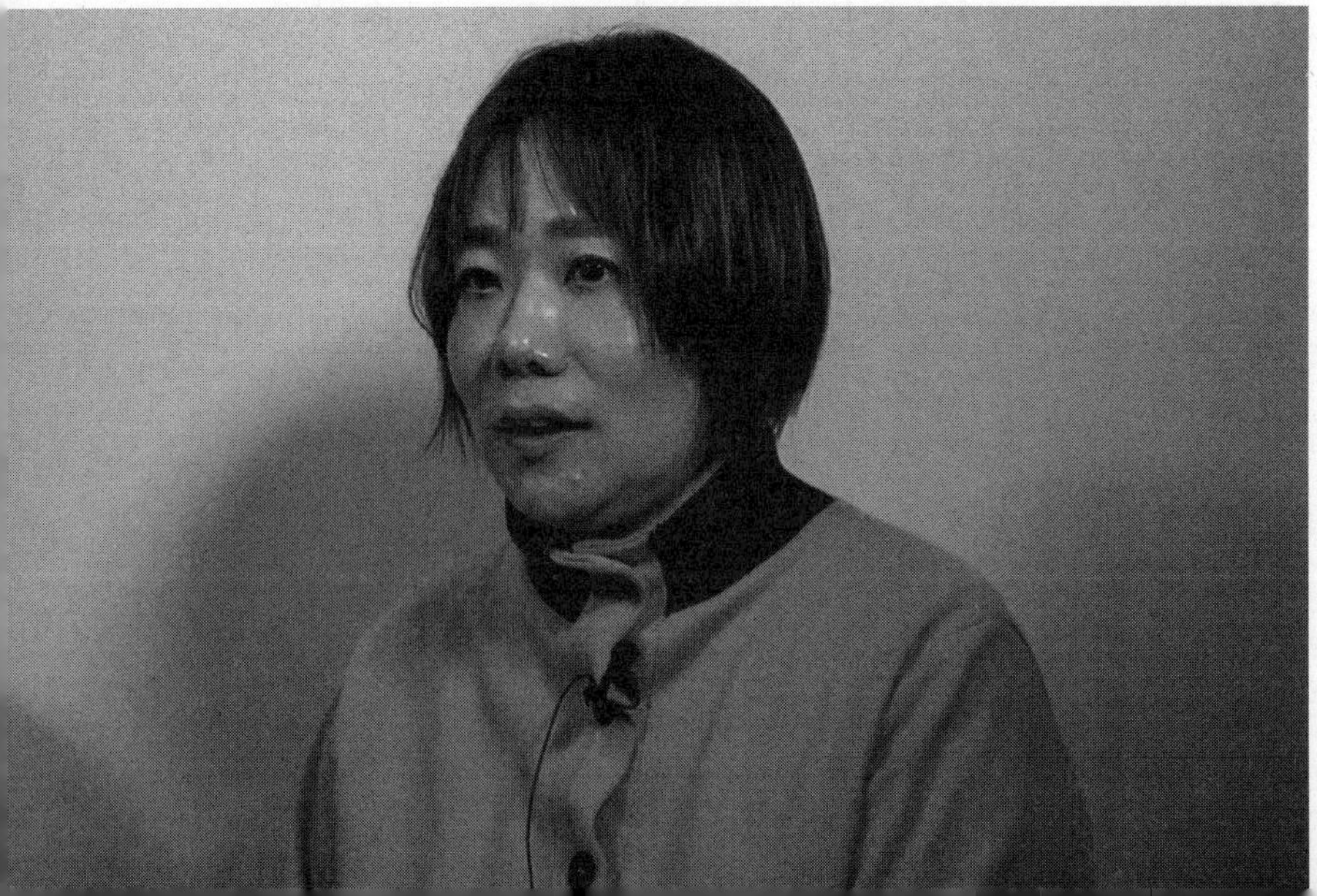

ですよね。

高木　私の研究では、多くのご遺族の方が、たとえば人形のように、手に触れられるところが重要だと言います。また、韓国のＴＶ番組の中でＶＲで娘さんを再現したお母さんも、手に触覚ガジェットを付けていました。でも結局それがうまく作動せず、残念で仕方ないとおっしゃっていました。平野さんは「触れる」ということに関してはどうお考えですか？

平野　今のところＡＩは視覚情報と聴覚情報に限定されていて、触れることができないですよね。たとえば恋愛関係では、一般的には、身体情報をどの程度まで交換するかというレイヤーをずっと踏まえていくということになっていると思います。最初はテキストを交換して、電話で聴覚情報、実際に会って視覚情報、さらに深い関係になると触覚、嗅覚、味覚などの五感を交換するようになり、関係性が遠くなると、それらがまた少なくなっていく。ＡＩの場合、現状で触れないという、そのもどかしさが、むしろ関係を持続させていくのかどうか。

中島　この小説の中でも、触れる、というのは重要なテーマになっていますよね。

平野　物理的に触れると、たとえば相手とハグすると、重心のかけ方で重みを感じたり、どこかの骨が当たって抵抗を感じたりする。それは視覚以上に、存在を直に感じるような経験だと思います。ではどうして、二次元の遺影がこれだけ広がったのに、彫刻のようなフィジカルな再現を遺影の代わりに一家に一台もつ、というようなことにならなかったのかな、とも思います。

　触覚は非常に重要なんだけど、顔に特化した遺影でいい、となっている。たとえば、亡くなった人の身体を３Ｄプリンターか何かで再現して、等身大のものを保存するようなことが広がっていくかというと、あまり起きなさそうですよね。それが顔やヴァーチャルリアリティとセットになると、もしかすると需要があるかもしれませんが。ただその場合、そこに体温のような温度を感じられるかということも、けっこう重要な気がします。

高木　小説の中に、お母さんのＶＦの口元のしわが生前のお母さんのファンデーションの匂いを想起させるとか、自分が食べているパンの味覚によって、ＡＩが食べている感覚がリアルに感じられるという鏡像の関係の描写がありますが、直接的ではない五感の想起というものがありうるということも、すごく感じました。

形而上学的な死者について

中島　私は表情のない分身ロボット「OriHime」を通して、その使用者と会話をしているうちに、その方が目の前にいるとき以上に、その方の存在や魂に「触れる」という感覚をえたことがあります（「分身ロボットとダンス」、未来の人類研究センター編『RITA MAGAZINE　テクノロジーに利他はあるのか？』ミシマ社、二〇二四年）。『本心』において、AIを通じて、魂のようなものに触れることがありうるのか、ということが一つ、追究されたテーマなのかなと思ったのですが、いかがでしょうか。

平野　僕は二つに分かれると思うんですね。つまり、その表象を通じて到達しようとしているのが、過去に存在した実体なのか、あるいは宗教的な背景があって、「今、実は天国にいる」といったようなものと触れることができる、ということなのか。

　日本の弔い方の歴史を見ていると、最初、死体は野ざらしで、寺に収めるようになったのは、本地《ほんち》垂迹説《すいじゃくせつ》の頃からですよね。あれが日本の思想史では非常に大きかった。インドは遠いけれど、インドの仏は日本の神の姿で日本に垂迹している。こうなると、日本にある、ありとあらゆるものが垂迹化して、神仏習合が起きます。それで、垂迹としての寺に遺体を収める、ということが一般化した。それが家制度以降さらに個別化して、墓を作る、というふうになっていく。

　だから垂迹説的にいうと、形而上学的な実体が存在していると思いながら、AIを使って交信する、ということはありえますよね。僕はかつて存在したものとの連続性を考えるんですけど、霊魂はどこかに存在し続ける、と考える人もいますから、そういうかたちのカスタマイズもありえると思います。

中島　今進んでいるAIによる再現というのは、やはり過去のその人の再現ということで、これがどんどん進むと、生と死の境目が曖昧になっていくと思います。それによって生きている人間にとって重要なものが満たされるのであれば、それは一つの価値である、という考え方もあります。それも一理あると思うものの、私にとっては、それはそれほど重要ではなくて、むしろ亡くなった人と出会い直すこと、生きているときと関係が変わることのほうが重要なんです。

　たとえば、私がいい加減な原稿を書いていたら、亡くなった人が、生前にはそんな人ではなかったのに、こちらを見ている気がするとか。浄土真宗で言えば浄土に行って仏になっているというような、私の能力を超えたところから私を見ている、という存在になっていることが、死者との新しい出会い直しの際、重要な意味を持ちます。この水平的な再現と垂直的な再現について、平野さんはどう見ていらっしゃいますか。

平野　僕の場合、形而上学批判の時代の思想に非常に大きな影響を受けてきましたので、基本的にはそれを分人主義の理論で克服したいと思っています。自分の振る舞いを反省するとき、かつて親しかった人の声、たとえば大江健三郎さんとか瀬戸内寂聴さんとかの声が聞こえてくるとすると、それはその人たちとの分人が自分の中にまだ残っていて、彼らとの会話の中で考えたことが機能している、という考え方をすべきだと思っているんですね。

　そうでなくて、実体的な死者のスピリットとかソウルとかいうことを想定しようとすると、さっきの話のように、他者の利用になってくるし、極端な話、たとえばヒトラーのAIを作って、リアルタイムであの世から語りかける、みたいな仕組みを作ることだってできる。誰かが操作して作ったものだと思う人は問題ないかもしれないけど、やっぱりそれに影響される人は出てくると思うんです。

私的な死者と公的な死者

平野　私的な関係の中で故人を再現して、その中で「こんなこと言ってるかな」ということを考えるレベルを超えて、公的な表象としてある人を再現して思想を説かせる、ということになると、これは大きな問題だと思います。

中島　現に日本では、亡くなった安倍元首相がＡＩで再現された映像が、ネット上で出回りました（二〇二二年）。こういうものが踏み込んだ政治主張をするとなると、それに感化される人たちが出てくるでしょうね。

高木　私が研究してきたのは、私的な死者のほうで、遺族の間での死者との関係性を見てきました。それを踏まえて面白いと思うのは、「ＡＩ美空ひばり」の場合も、ご遺族や親しかった友人の視点があるということです。息子さんは「ＡＩ美空ひばり」を作る側にいたのもあって、あれは良かったと。でも、親友だった中村メイコさんは、あれは嫌だと言われた。自分にとっての「この人」の、私的な面と公的な面が合わないことがある。

平野　横尾忠則さんが、自分のお葬式の夢を見た、という話をしていたことがあります。遺影はだいたい一枚ですが、そこでは二十代の頃、三十代の頃、四十代の頃、と年代ごとに遺影が並んでいたと。それで、来てくれた人がどの遺影に焼香するか、というのをあの世から見ていたと言うんです。若いときに仲が良かったけど途中で仲違いした人は、やっぱり二十代の遺影に焼香に行く、とか。ある年齢以降に知り合った人は、年を取ってからの遺影に焼香に行く、とか。みんな長生きすると、基本的に年取った姿を遺影にしますが、本当はその必然性はないですし、全員を納得させる表象を作るというのも難しいことですよね。

　写真家の北島敬三さんは、遺影が本質の表象であるという考え方に非常に批判的で、ポートレートの意義を問い直すプロジェクトを長くされています。遺影というのは本質主義的に機能するものですが、テクノロジーの進歩によってもっとプラクティカルにもなってきた。最近のデジタル遺影では、五～六枚の写真がスイッチングで変わっていったり、場合によって声が出るようなものもある。その人の多面性や分人性が表象されるように変化していますね。

高木　他方で、葬儀によって分人が統合される、というところもあるかもしれませんね。

中島　確かにお通夜で、みんなで酒を飲みながら、寿司をつまみながらだらだらする、というのは、それぞれの分人を語り合わすことであって、これによって像が統合されていく、あるいは統合が崩れていく、というところがあるなと思います。

平野　これまでの大きなお葬式だと、遺族にとっては、見知らぬ人たちと分人を統合するタイミングとして早すぎたのかもしれません。最近は、密葬と偲ぶ会、というふうに分けるようになっていますよね。遺族はまず、家族としてのその人を静かに追悼したい。その後で、遠い関係の人も含めて招くお別れの会で、遠近様々な関係性の中の、分人が統合されていく。今のお別れの会には、立食パーティーのようなものもあり、わりと笑みもこぼれ、「あの人こういうところあったよね」という会話があったりしますよね。

高木　四十九日などが、そういうかたちに変わってきているのかもしれないですね。

人間の「意志」をどう考えるか

中島　さて、ここでもう一つ、平野さんにこの『本心』に関してどうしてもお伺いしたいのが、意志という問題です。私もずっと、意志、willという問題について考えてきました。自分自身がどこまで意志を持って生きているのか、ということが私はよくわからない。

平野　僕もそうです。

中島　意志というのは最大の謎で、けれども近代の政治学では、この意志が最大の意味を持っている。「自由死」や安楽死という問題にも、意志、あるいはその奥の「本心」というものが重要な意味を持つわけですよね。

平野　これは僕も本当に確信の持てないところで、人間が社会構造で様々に規定されて生きている、という考え方に基本的には納得しているので、どこまで自由意志というものを言えるのか、については懐疑的な立場ではあります。たとえば、僕が京都大学に行ったということには、あまりにも様々な要素が絡み合っていて、自由意志だけでは説明するのは無理です。でも、たとえばここにペットボトルがあって、今これを持つという行為は、やっぱり自分の意志で持っているとしか思えないところもある。

　こういうレベルから、もっと大きな抽象的な決断に至るまで、すごくレイヤーがあると思うんです。そのどこの段階までが、外形的にであれ自由意志で行っているように見えて、どの段階からそれ以上のファクターによって構成されているのか、という境目は非常に難しい。僕は、自由意志が一切ない、とまでラディカルには言い切れません。だけど、すべてが自由意志だと単純化することもできない。そんな非常にあいまいな考えにもとづいて小説を書いています。

中島　それはまさに私もそうで、意志をすべて否定してしまうと、民主制も何もかも、近代の政治すべてが成り立たなくなる。フィクションであれ、意志によって様々な決定がなされているという仮構を取らないと、いろんなシステムが回っていきません。

平野　とはいえ昨今の選挙を見ていると、フェイクニュースなど、メディアの影響を強烈に受けて、意志というものが左右されていますね。だからおっしゃるとおりで、意志を想定しないことには成り立たないんだけど、それに対する懐疑というのが非常に強まっている。

中島　そうですね。意志の問題を原理的に突き詰めてしまうと新自由主義になる。すべて自己責任、あなたが選んだことについて責任を持ちなさい、という自己決定の話にみんな還元されてしまう。一方で意志というものがなくなると、平野さんがおっしゃったように、自分を超えたものに全部乗っ取られてしまう、という世界が現れる。この間でどういうふうに生きるのか、というのが非常に重要だと思います。

命の自己決定権をめぐるアポリア

高木　意志の問題に命のあり方を結び付けると、『本心』に登場する「自由死」にもつながりますね。

中島　この小説では、お母さんが意志的な死を選ぼうとしていた、という設定です。それについて主人公である息子は、なぜ母がそんなことを考えたのか、探究をするためにいろんな人に会い、母の分人性に出会っていく。そこでわかるのは、お母さんは、自分が生きていたら介護などで息子に迷惑をかけるのではないかと考えて、死を迎えようとしていた、ということです。これに、主人公はすごく大きなショックを受けます。これは私たちの研究でも繰り返し出てくる問題で、子どもに迷惑をかけるから、という親の選択に子どもがすごく傷つく、ということが起こります。

平野　僕は小説を書くとき、あるアポリアが内在しないと、それは文学にならないと思っています。自分の命の最後を自分で決めていいのか、というのはある種のアポリアだと思います。自分の命なんだから自分の意志で決めていい、という立場がある一方で、それによって構造的に追い詰められる人たちがいる。まさしく「本心」における自由意志の問題もある。自己決定権の限界性をどのように設定するのか、というのは非常に難しい。

高木　ええ。

平野　安楽死の中にも、積極的安楽死と消極的安楽死があります。看取りなど、日本で言う尊厳死は、概念的には消極的安楽死と同じですよね。積極的安楽死は投薬などによるもので、イギリスでも最近議論になっています。欧米ではすでに消極的安楽死はかなり広まっていて、積極的安楽死も多くの国が認めていくようになるんじゃないかと思います。現状の安楽死にはいろいろな厳密な条件がありますが、それを段階的に緩めていって、本人の希望で、ある最低条件を満たせば死を選ぶことができる、というふうになっていく、そんな予感があります。だからこそ議論しないといけないと思うんですけど。

そのときに、生きるのはもう十分、という声を周りがどういうふうに否定できるのか。自分がある年齢になって、一定の財産が残っている、というときに、自分が病院で生きていくことに使うのか、子どもなどに使ってもらいたいと思うのか。仮に子どもや孫に使ってもらいたいと思ったとき、それを本当に否定できるロジックというのはどういうものなのか。考え込んでしまうところがあります。だからこそ小説で書いている、ということではあるのですが、こういう議論の場で断定的に言えない問題ですよね。

高木　最近お墓でも、永代供養が増えてきました。永代供養を選ぶ理由で一番多いのも、子どもや後継者に迷惑をかけたくないから、というものです。でも迷惑をかけることすべてがいけないことなのか。人間の関係性を考えるときに、迷惑ということ自体も、考え直してみる必要があるのかなと思ったりもします。

平野　僕は、理屈で語ろうとするとうまく語れないことしか、文学の主題にならないと思っています。だから、自分で書いたことを改めてこういう場で議論しようとすると、非常に歯切れの悪い話になりがちで。しかしそういうものを物語として描ける、というのが文学のいいところなのかなと思っています。矛盾していたり微妙であったりする問題を、今後も書いていくしかないなと思います。

市民社会における死者の弔いを考える

平野　一つ付け加えるとすると、日本の市民社会という問題です。今の日本の社会では、アイデンティティ・クライシスに陥ったときに、市民社会というものが空洞なんですよね。だから、いきなりナショナリストになるか、資本主義の権化になるか、ニヒリストになるかで、コミュニティの一員として生きていく、という選択肢がない。三島にしても、コミュニティにアイデンティティの支えを見出す、という点がとても空虚で、彼が尊敬したトーマス・マンなどと比べると、「市民として生きる」というところがすっぽり抜けている。これと死者の弔いは関係すると思います。家制度に基づいたそれぞれの墓というのはもう無理で、だから僕は、やっぱり地方自治体などの共同体が共同墓地を運営して、みんなそこに入る、というのが一つの解決策だと思うんです。それに付随する問題もありますが、自分の育った土地にいろいろな人が眠っている、という感じは、やっぱりコミュニティに対する関わり方を変えていくんじゃないか、という気がするんですよね。

国単位ではなくて、この街のために自分は頑張りたいとか、この街が良くなってほしいとか。その理由の一つとして、そこに共同墓地があって、自分の家族も友達もみんないて、自分もそこに収まることになる、というのがある。こういうことを始めている自治体もありますが、まだ個別のお墓を建てる、というようなものです。僕はもっと集合的な弔い方をするというのは、一つのあり方ではないかと思います。

中島　おっしゃるとおりで、私も先祖を家族からどう解放するかというのは重要なテーマだと思っています。柳田國男が、『先祖の話』という本の中でいいことを言っていて。バス停である老人と立ち話になったときに、その老人が、自分はもうだいたい生きてやることはやったので、「あとは先祖になるだけです」と言ったというんですね。

それに柳田は感銘を受けて、「この人には亡くなったあとにも仕事がある」と言っています。自分が生きてきた中で、「亡くなったじいちゃんに見られてるぞ」と言われてきたような、そういう存在に自分が死後なるためには、よく死んでいかなくてはならないと。つまり柳田は、死者という問題は、単に後ろ向きの過去の話なのではなくて、まだ見ぬ未来の他者との対話だと言っているんですよね。

それが先祖という問題で、だから家が大事だという話になるのですが、でももう家というものが成り立たない現代において、家に代わる先祖の仕組みをどうつくっていくべきなのか。それが模索されようとしているプロセスに、斜め上からきたテクノロジーがどうかかわってくるのか。

平野　もう一つだけ加えるとすると、僕は最近、何かを残すという考え方にだんだん反発が芽生えてきています。それは東京五輪のときに、「レガシー、レガシー」とあんまり言われて、嫌気がさしたというのもあるんですけど。建築などはとくに、都市空間において、なんでもかんでも残していると、次の世代が新しいものを生み出せなくなりますよね。

僕は昔から、自分の作品が死後も大きな影響力をもっていくような、そういう作品を書きたいと思ってきたのですが、最近はそれもどうなのかなと思ってきているところがあります。自分が死んだらもう次の世代の人たちがその時代のものを書いているんだから、残そうと考えるべきではないのではないかと。

しかしそれが裏返って、過去の遺産なんか何も残さなくていいんだと反転してしまうと、それはそれで問題なのですが。もうちょっと微妙な矛盾を、残すということに含ませながら考えていきたいなと思っています。

中島　なるほど。私は、自分の研究が残るのか、というとき、そのままの形で残ることは、一番意味がないと思っています。むしろ他の人が研究していくものの中に、自分の研究が入り込んでいく。常にいろんな人の研究が重なって入り込んでいくことがおもしろいことじゃないか。たぶん小説というのもそうかもしれないですよね。

平野　そうですね。

中島　そうであれば、そのままの形で残っていなくても、そこに死者がなんらかのかたちで関与している、という世界のあり方があるのかなと思います。本日はありがとうございました。

- Ryoko Takagi

高木良子

亡き娘と再会する

―韓国のVRヒューマンドキュメンタリー「あなたに出会った」を事例に

論考（インタビュー）

高木良子（たかぎ・りょうこ）
1975年生まれ。東京科学大学 環境・社会理工学院 社会・人間科学系 博士課程在籍。コミックエッセイスト、中国語翻訳者として活動する中、実父の死去を期に研究の道へ入る。現在は文化人類学的視角から「死者とAI」、「遺人形」、「デスマスク」など、広く「弔いの心性とテクノロジー」の関係について研究中。著書に『落語、演っちゃいました』『ワタシでも着れちゃった！1万円キモノ生活』、共著に『技術者のためのひとこと中国語フレーズ集』などがある。

はじめに

二〇二〇年二月、韓国のＭＢＣテレビでＶＲヒューマンドキュメンタリー「너를 만났다（あなたに出会った）」が放映された。その後この番組内容の一部はYouTubeで放映され、世界中で反響があった【※1】。その視聴回数は四年が経った現在、三六〇〇万回を超える。内容は母親がＶＲゴーグルをつけバーチャルリアリティの中で３ＤＣＧとＡＩによって再現された亡き娘と再会するというものである。

母親のチャン・ジソン氏は、この放映の三年前に娘のカン・ナヨンを急な病気で亡くした。ナヨン、七歳のときだった。あまりの急な旅立ちに十分な言葉をかけることができないまま別れを迎え、以来心残りの日々を過ごしてきたという。

このテレビ番組は、チャン氏が日頃からナヨンも含む四人の子どもについて投稿しているブログを通じて、テレビ局が接触するという形で企画がスタートした。元々インフルエンサーとして活動していたチャン氏だったが、初めは番組にはほんの少し出るだけだろうと思っていた。しかし、始まってみると八ヶ月に及ぶ長丁場の撮影となり、家族の反応もさまざまだったという。本作品は、こうした長期取材の日常、および家族が見守る中で母親がＶＲでナヨンに再会する本番までも含めて、数編のドキュメンタリーの形で放送された。

本稿では、このドキュメンタリーを制作したプロデューサーと、出演した母親へのインタビューを行った。この調査により、この番組内での死者との再会がどのように準備され、それを遺族がどのように体験したかを明らかにし、テクノロジーによる死者の表象がどのようにあるべきかを考察したい。

この番組制作の背景から描くため、本作に企画から携わったキム・ジョンウプロデューサーにまず話を聞いた。

【キム・ジョンウ番組プロデューサーへのインタビュー】

MBCテレビのキム・ジョンウ番組プロデューサーには、二〇二二年の十月に韓国訪問した際にアポイントを取り、インタビューを実施した。なお、本インタビューには韓日バイリンガル話者が立ち会い、その場での逐次通訳を受けたものを録音し、後日再度韓国語にて書き起こしたものを日本語に翻訳した。以下にインタビューの中で見られた共通した語りをまとめ、テーマごとに記述する。

八ヶ月かけて準備をした理由

本番組は、前述したように国内外の視聴者の注目を集め、そこにはさまざまな反応があった。その中には「安易にテクノロジーを使って、遺族を動揺させ、故人を冒涜《ぼうとく》してはならない」というような論調もあった。しかし、本インタビューや番組の制作過程を描いた書籍【※2】を紐解くと、この番組が八ヶ月に及ぶ相当に入念な調査と準備の上で制作されていたことがわかってきた。以下に、キムプロデューサーの番組制作前の調査方法についての語りを考察する。

実は一年弱の時間をかけて、このプロジェクトはちょっと他の同僚が嫉妬するくらい長く撮りました。でも毎日行くわけではなくて、週に一、二回行って、家族と時間を過ごします。そこでインタビューはしないんです。ただ待ちます。

「ただ待つ」とは、どのような行為なのか、と質問すると、今回調査をした家族の中の長男（亡くなった子の兄）を事例に、答えが返ってきた。

例えば長男の場合は、私たち（TVチーム）が来たら嫌がるんです。妹が死んだのにそれを撮るためにカメラが来たと。でも、二、三ヶ月ただ待って過ごしていると、ふとぽろりとこぼれる一言があって。こんな気持ちがちょっと隠れてたな、あんなことでちょっと感動したんだっけ、とか。言葉が少なくても、その気持ちが小さいわけではないんです。初めからよく話す人よりもこういう人の言葉が私は好きで、それでただ待っているんです。

この「待つ」という言葉の説明に、筆者が真っ先に頭に浮かべたのは、文化人類学の調査手法の中にある「参与観察」という言葉だった。参与観察とは、調査者が対象の社会や集団に加わり、長期にわたって生活をともにしながら観察・記述し、資料を収集する方法である。そこではときに調査対象の人々に質問を投げかけることもあるが、基本的には極めて受動的に対象者とともに身を置いて、観察をする。調査者の思考の枠組み（無意識の思い込みや決めつけ）によって、その社会を曲解しないようにするための受動的な態度であり、この手法をとった彼に、作り手の作為を押しつけない彼なり

の真実に触れるための努力が隠されていることを感じ取った。なぜ準備にこれだけの時間をかけたのかと話を振ると、

結果として時間がかかったということもありますが、そもそもこれをただのTVショーにしないこと。その過程をしっかりと描いて軽くしないことは、私なりのある種の真摯さの表明のようなものでした。

と答えが返ってきた。これまでの語りを見ると、決して制作側が「安易にテクノロジーを使っ」たわけではないことが見て取れる。では、こうした準備の上で、なぜこの取り組みに「ＶＲ」を使うことにしたのだろうか。

そもそもバーチャルリアリティとは何か

この番組の一部を収めたYouTube動画の冒頭は、母親がＨＭＤ（ヘッドマウントディスプレイ）を頭部にセットし、何もないグリーンバッグの空間に手を伸ばす様子を映している。娘を亡くし再会を切望する母親の「悲痛さ」を強調したものとして、多くの視聴者を惹きつけた。

このＶＲの映像の中の母親の目線ではなく、母親を撮影している第三者からの視点から冒頭を撮った演出について聞くと、「確かに多くの人に見てもらうためにという演出意図はあった」と認めていた。しかし、この企画を思いついたきっかけについては、決して遺族の悲痛さを伝えるためでも、死を克服しようといったものでもなかったという。

初めはfacebookで見た、三歳のときの写真を三十歳になってから撮り直すという試みに、とても〝懐かしさ〟や〝切なさ〟を感じたのがきっかけでした。（中略）ですから死を克服するとか、そういう大袈裟《おおげさ》なことを考えたわけではなくて。とにかく私がこれまで訓練を受け

てきたのは、多くの人のさまざまなストーリーを聞き取り、それを撮るということです。そこにVRやCGというテクノロジーが映像に耐えるものになってきているという感触を得ていたので、切なさを表すドキュメンタリー×「テクノロジー」というテーマになりました。私でなくてもいつかは必然的に出てくるテーマだったのではないかと思います。

では、「なぜ〝切なさ〟を表すのにVRである必要があったのか」と問いかけると、キム氏はfacebookで見た「子どもの頃に撮った写真と同じ背景とポーズで、三十年後にもう一度写真を撮ってみる」という「タイムスリップチャレンジ」を例に、このように答えた。

facebookでのタイムスリップチャレンジの核心は「時間」だと思うんです。その核心に、私たちは改めて有限の時間を生きている存在なんだということを気づかされる。これをドキュメンタリーとして見せるには、インタビューや、映像を見せるだけでは足りない。どうにかして直接そこを生きなければならない。ちょっとでも空間や時間に入り込んでみる必要がある。それでVRというものの特性に注目し始めたんです。

VRの特徴は二つあると思うんですが、まず一つ目は自由にとは言い切れないけれど、とにかく自分の好きなように見られたり、前後に動いたりすることができる。これは空間的な面。そして二つ目は、こちらが核心のほうなんですが、VRの中は一分間でも一時間でも自由な時間幅で体験できる。この空間と時間という要素は「僕はここに生きている」という現実の確かさにつながるように思ったのです。

キム氏の語りには、VR体験に対し幾度も「ここに生きている」という言葉がでてきた。その言葉は彼自身も表現しているように、今ここで経験している「直接」的な体験であり、「確かさ」につながるもの、現実感を表しているようだった。彼はこの企画にあたり体験した数多くのVR体験から、VRならば時間と空間に隔てられた過去を、現在進行形の体験に重ね得るのではないかと踏んだのである。言い換えるなら、時空を異にする死者と生者が出会い直す場としてVRの性質が適していると、彼自身のVRにおける時間と空間の経験を通じて述べているのだろう。

しかし、それでも本番組が「死を克服する試み」として一部に受け取られたのは、そもそもVRが「仮想の作られた世界で、虚構である」という見方が一般に広く広まっていることにも一因があるのではないだろうか。

ここでVR、バーチャルリアリティの定義に戻ってみたい。VRのVとは言うまでもなくVirtualである。このVirtualという言葉の日本語訳は「仮想、虚構、擬似」とされることが多いが、実はこの訳語がミスリードを招くことが日本バーチャルリアリティ学会で指摘されてい

キム・ジョンウ氏

る。同学会によれば、バーチャルとは「みかけや形は原物そのものではないが、本質的あるいは効果としては現実であり原物であること」[※3]であるという。

ここでVirtualという概念を、死者の世界に適用してみる。死者の世界というのは私たちが目で見て手で触れられる世界ではない。つまりみかけや形はない。しかしそれは虚構などではなく本質的である、あるいは効果としては私たちの中に存在している。そう考えると、キム氏がVirtualという概念と死者の世界を表すことに相性の良さを見出したことは、決して突飛《とっぴ》な目論《もくろ》みとは言えないのではないだろうか。

不完全でも似ていなくても、真実に近い

インタビューの冒頭からキム氏が恐縮していたのは、この番組は世間のイメージでは現代の最新テクノロジーを尽くしたプログラムのように思われているが、

実はイメージされるほど高いテクノロジーを投入しているわけではないことだった。今回の番組のスピンオフで同じ遺族を撮った別のドキュメンタリーの中で、幼い妹が亡くなった姉を模したVR像を見て「似ていない！」と叫んだシーンがあった。このことについて尋ねると、キム氏はむしろにこやかに「ああ、私は子どものそういう素直な反応が大好きなんです」と切り出した。

もちろん技術班は、最低限〝不気味の谷〟【※4】は越えようと努力はしましたが、そもそも技術的に不完全なものであることはもちろん認識しています。声もAIで組み合わせてはいますが簡単なものです。（中略）ただ技術的に限界のある中でも、自由な感覚を与えるために努力をしました。

「限界のある中で自由な感覚を与えるとはどういう意味なのか？」と重ねて尋ねると、キム氏はこの番組の前年にNHKで放映された出川哲朗さんの母を再現した番組「復活の日」【※5】を例に取り、話し始めた（キム氏はこの番組を作るにあたり、NHKの同プロジェクトの制作チームにコンタクトし、大変丁寧なアドバイスをいただいたと何度も感謝の言葉を述べた）。

「復活の日」では故人の声には声優によるアフレコを採用していましたね。だから会話がとてもスムーズでした。ただ、私の考えでは、たとえ声帯模写できる声優がいたとしても、その声を真似てVRの後ろで話すより、不完全でも似ていなくても、遺族にとっては「これが故人の声だ」と思うほうが、何か真実に近いのではないか、正当性を少しでも感じられるのではないかと……そんなことを思っていたんです。だから不完全でも作ろうと努力しました。

確かに、番組をよく観察すると、母親とVRで再現された子の会話はところどころ噛み合わない部分がある。子のほうはあらかじめ入力されていた言葉を発したため、そのようなことが起きたのだろう。では、その子が発する「言葉」は一体どのように決められたのだろうか。

死者の言葉を作り出すことは、どこまで許されるのか

「ナヨンちゃん（娘）の言葉は生前に彼女から発されたことのある言葉だったのですか？」質問の意図にすぐに気づいたキム氏は、こう答えた。

作られた言葉ではないかという問題ですよね。それはもう非常に悩みましたね。VRで再現した子に言葉を与えるとき「この言葉の主人は誰なんだろうか」と、内部でも多くの議論を重ねました。ただ、言葉なしでノンバーバルでやるのはちょっと無理だという判断もあり。それで、生前の一分余りの音声データの他に、五人の同年代の子どもの声をそれぞ

れ八〇〇文章ずつ録音して、それをAIでナヨンちゃんの声に再構築しました。そこに私たちが台詞を書いたんです。ただそれには僕なりの原則があって……その子が生前に言っていたこと、そしてかなり一般的なこと、子どもなら誰しも言いそうなことにできるだけ収めようとしました。

できるだけ制作側の意図や作為を加えないことを意識したという言葉に、さらに突っ込んで聞きたくなった。番組の後半部分には、ＶＲの中で娘が「もう悲しまないで、思いつめないで。ただ、愛していて」と母親に向かって手紙を読み上げるシーンがあったのである。この部分は明らかに故人が生前発していない言葉だろう。

そうですね。作った言葉というのは、その最後の一、二語くらいですね。家族の状況から私たちが想像し反映したものです。言い訳になりますが、どうしてもこれは想像の産物なので、確かに誰にこの子の言葉を新たに作り出す資格があるのか？　という問題は常についてまわると思います。でも、これは誰もやったことがない試みです。だから、実は開発しながら、同時に私たち自身に何ができるのか、何ができないのかということでたくさん議論しました。

結果として、亡くなった子の言葉をいくつか作り出すことにはなったが、制作班は開発の中でできることとできないこと、やっていいことといけないことの間でせめぎ合いながら、常に微調整の中で制作が進められたことが語られた。

死者の言葉を生者側が本人の同意なく作り出すことが、どこまで許されるのかに関しては、死者の権利や尊厳などの面からさまざまな議論が存在する。生前に本人の許諾があれば問題なく、それ以外はＮＧという意見もあれば、遺族であれば許容されるとしているサービスもある。前者は死にゆく人の意志を全面的に信頼するもので、後者は死者との血縁と生前の関係性に重きを置いたものである。

前者は本人が許諾したのなら何の問題もないように見える。しかし、本当にそうだろうか。本人が描きたいものを「遺志」によって残すことは、当人だけがもつ特権なのだろうか。「遺志」はときに生者を縛り、死者の思惑を超えてあまりに大きな影響力をもつことがある。

また反対に、遺族、あるいは友人知人が、死者の言葉を作り出すことはＮＧだと言い切ることはできるだろうか。今回の韓国の番組のように衆目にさらされる環境でなくとも、私たちは日頃何か問題に面したとき、ふと身近な死者を思い、頭の中で「あの人ならこんなときこう言うのではないか」と考えることがあるのではないだろうか。この私たちの頭の中に浮かぶ言葉も、死者の権利や尊厳を貶《おとし》めるものだろうか。その言葉は必ずしも生者側の都合のみによって生み出されたものではなく、それまでの死者との関係性の中に自ずと立ち上がるものではないか。

　そう考えたとき、死者の言葉の出所はどこからどこまでという明確な線を越えてゆらぎをみせる。権利や法だけではその線を引くことは不可能ではないか。本インタビューで、制作チームがみせた取り組みの真摯さは、そんな問題意識を筆者に強く植え付けた。

　次に、この問題への別の視点を探るため、番組に出演した母親である「チャン・ジソン」氏へのインタビューをもとに、さらに考察を重ねた。

【ナヨンの母、チャン・ジソン氏へのインタビュー】

　ナヨンちゃんの母であるチャン・ジソン氏へのインタビューは、二〇二三年の五月に韓国訪問した際にアポイントを取り、実施した。なお、本インタビューには韓日通訳が立ち会ったが、当日お会いしたチャン・ジソン氏は、大学で日本語学科を卒業し、日本に居住経験もある日本語話者でもあったため、インタビューは急遽日本語を中心に行われることになった。ただし、言葉のニュアンスの確認が必要な場合のみ、通訳に逐次確認を取り、内容を確認した。以下にキムプロデューサーのインタビューと同じく、語られた内容を共通したテーマごとにまとめ、考察する。

似てない、どうしよう！

　キムプロデューサーのインタビューを受けて、どうしても聞いてみたかった質問を最初にぶつけた。それはキムプロデューサーが「技術的な不足」を認め、幼い妹が「似てない！」ととっさに叫んだＶＲのナヨンちゃんを、母親であるチャン・ジソン氏自身はどう感じたのかだった。

　初めて見たときは（何これ全然似てない、どうしよう！）と正直思ってしまいました。

　第三者である私たちは、ＣＧで作られたナヨンちゃんの表情やＶＲ中でのなめらかな動きと、その映像を前に感情を爆発させる母親の姿に「この映像は本人にきっとよく似ているのだろう」という錯覚に一瞬で陥る。動画のコメントにもそのような声はいくつも見られ「こんなにそっくりリアルに作ったら、母親は心理的にますます引きずってしまうのでは」というような懸念もあがっていた。しかし、むしろ実物はチャン氏が衝撃を受けるほど「似ていなかった」のである。ただし、彼女はこうも付け加えた。

　でも私のために作ってくれたのだからという気にもなって。そこから意識して「これはナヨンだ」と思って臨んだら、徐々に入り込んでいけたような気がします。

　チャン氏の家族とキムプロデューサー

チャン・ジソン氏

との間には八ヶ月に及ぶ、密な交流があったのは前述した通りである。キム氏が言った「待つ」時間を共有してきたのである。その人を含むチームが作ってくれたという関係性に、チャン氏は応え、没入の突破口を見出そうとしたのだ。さらに「顔、声、しぐさなど部分的にでも似ているところはあったのか」と質問を重ねた。

しぐさが似てるとか感じている余裕はなかったですね。ナヨンの好きな服、バッグ、履き物なんかはVRで再現されているのには気づきました。VRのシチュエーションは、子どもたちが小さいときによく遊んだノウォル公園で、太陽が沈むときが描かれていました。こんなところまで反映してくれたんだなぁと思ったことは覚えています。

チャン氏の描写したシチュエーションとは、キムプロデューサーがチャン氏家族へのインタビューの中で聞き取り、V

Rの中に反映したものだった。「こんなところまで反映して」というチャン氏の言葉には、前述した「私のためにしてくれた」という関係性の働きが再びうかがえる。今度は逆に「似ていなかったのに、なぜあのように感情があふれ出したのか？」と質問をしてみた。

似ていないと思いながらも、触れられるものなら触れたいという気持ち、一度くらいは娘を抱きしめたいという気持ちがあふれました。

収録中、チャン氏はHMDの他に、事前に準備された触覚ガジェットを両手に装着していた。チャン氏の手がVRの娘に重なった際に、手に刺激が伝わる仕掛けだったが、当日機材トラブルがあり、実際はこのガジェットは機能しなかった。「瞬間的に触れたいという衝動に突き動かされたので、使えなかったことが残念でならない」という言葉がチャン氏の口から繰り返された。さらに「似ていなかった」ことに関して、次のような逆説的な言葉も語られた。

でも似ていなかったからこそ、最後に落ち着いて彼女に心から伝えたかったことを話せたと思うんです。思いがけない亡くなり方だったので、何一つ伝えるべき言葉を伝えられていなかったんです。それはむしろ似ていなかったからできた。似ているなと思うくらいだったら、逆に似ていないところを探してしまうし、まるで同じだったら、逆に何もできなかったと思います。

似ていなかったからこそ本心が伝えられたという言葉は、制作チームにしてみれば複雑ではあるかもしれない。しかし、むしろ似ていないからこそ母親のチャン氏は「VRのナヨンちゃん」を抽象化した媒介とし、さらにその向こう側に「私にとってのナヨン」を見出すことができた瞬間があったのではないか。そう考え、「娘に会えたと感じたシーンはありましたか」という質問を投げかけてみた。

家族の中では白い蝶々はナヨンだと言っていたので、VRの中で蝶が現れたときにはっと引き込まれる感覚がありました。もう一つ、生前ナヨンが歌っていた「餅をつくる歌」がVRの中で流れてきたときにはその場に入り込む感じがありました。

韓国では白い蝶を死者のメタファーとして表現する文化を持つ。おそらくそれで家族の中でもナヨンちゃんは白い蝶に喩えられていたのだろう。また、「餅をつくる歌」というのは生前ナヨンちゃんが歌ったものがチャン氏のスマートホンの中に保存されており、何度も繰り返して見たものだという。

この中で注目すべき点は、母親のチャン氏が状況に没入したのは、VRの見た目ではなく、聴覚から入る歌や、蝶というメタファーだったことである。その二つのいずれもが、チャン氏に死者となったナヨンちゃんを五感から想起させ、状況に没入させるトリガーとなっていたのである。

VRへの依存は起こるか？

さて、ここまでVRで再現された死者との再会において、状況に没入するために重要な点、重要でない点を検討してきたが、先にも触れたこの動画を見てコメントに多く寄せられた「VRで亡くなった娘に母親を再会させることは、母親の喪失感情を強め、心理的な悪影響があるのではないか」という「VRへの依存」の懸念について、母親自身に尋ねてみた。

まず、「もう一度ナヨンちゃんに再会するVR体験をしたいと思いますか」という質問に、チャン氏はこう答えた。

技術がもっと進歩したら考えてもいいかなと思うけど、同じものだったら一度で十分ですね。一度きりだから驚きと新鮮さで感じられたものも大きかったんじゃないかな。ただあの体験そのものは、娘を亡くして三年という区切りで伝えたいことも伝えられたから、気持ちの整理にもなって、やってみてよかったなと思っています。

すでに答えてもらったと思いつつも、重ねて「日常的にVRナヨンちゃんと暮らしたいと思いますか」という質問をすると、チャン氏自ら依存について触れ始めた。

VRは本物じゃないし、非日常だったからよかったんですよ。繰り返しになるけど、日常になったらそれは違って。例えば将来DNAから再生して本物と似た人ができる日がくるのかもしれない。でもそれでも同じ人にはならないですよね。本物でないなら似せることに意味はないんです。だから、よく言われるけれど、本物でないものへの依存もありえないですよね。この体験をする人たちは、VRが本人じゃないってことは重々わかっていますよ。なぜそれが依存につながるのか、正直言われていることがよくわからない感覚なんですよ。

チャン氏の言う「この体験をする人たち」というのは、この番組がTVシリーズになっており、チャン氏と同じように遺族としてプロジェクトに参加した人たちを指しているのだろう。その人たちは、VRを本人と思い込んでいるわけではなく、明らかに別物であると認識しているという。それでもVRやその場を媒介として「自身にとってのその人（死者）」に言葉をかけていると言いたいのだろう。

弔いの道具が死者へ接続する「媒介」となることは往々にしてある。例えば、日本では仏壇、墓、位牌、遺影、手元供養品、故人の形見。こうした「もの」を通じて、私たちは死者と（口に出す出さないは別としても）対話することがある。

チャン氏の語りを聞いていると、最新テクノロジーを投入したＶＲの死者像も、実はそれらと使われ方は変わらず、あくまで「私の思うあの人」という死者へとつながる「媒介」として機能したのではないかと思える。つまり、一見非常に精巧につくられたＶＲも、それが、似ていなかったがために、仏壇や位牌と同じように生者側の描く死者を映し出す「余白」を持ち得ていたというのが、今回のチャン氏の経験ではないかと思うのである。

おわりに　「想起」をうながすテクノロジー

本稿では、韓国のＶＲによる死者の再現事例について、制作者側と遺族側の双方へのインタビューを重ねることで、当事者が現場で何を体験し、その背景には何があったのかを描き出すことを試みた。少なからず、動画から受ける印象とは違うことが現場で起こっていたことが、お伝えできたのではないかと思う。その上で、最後にこの事例を通じて「死者の再現像に必要なもの」について考えてみたい。

チャン氏は、ＶＲでの娘の姿の再現度について「似ているなと思うくらいだったら逆に似ていないところを探してしまうし、まるで同じだったら逆に何もできなかった。むしろ似ていなかったから伝えたいことが伝えられた」と述べている。

近年、死者像をＡＩなどのテクノロジーによって再現する際には、故人の生前の容姿にできるだけ近づけることが目指されていることが多い。その際、ユーザーから否定的な反応が出たときには「不気味の谷を越えていないからではないか」という議論がよくされる。しかし、本インタビューからわかるように、母親のチャン氏は状況に没入するのに、死者像の外見のリアルさを必要としていない。逆に似すぎていることによる弊害を危惧していることを考えると、むしろ最新テクノロジーの投入先はそこではなく、別の部分であるべきではないだろうか。

例えば今回の事例で、母親のチャン氏が「状況に没入した」きっかけは、白い蝶というメタファーであり、故人が生前に歌った歌だった。さらに触覚ガジェットへの強い希望もあった。こうした視覚以外の、聴覚、触覚、あるいは嗅覚、味覚などの五感を通したアプローチは、生者側に死者との「記憶」を思い出させるというよりも、もっと反射的な死者との間の「直接体験」を引き出すことにつながるのではないだろうか。本インタビューを通じて、それこそが、私たちの「想起」をうながすテクノロジーになり得るのではないかと考えた。

※1　この動画には英語字幕とスペイン語字幕もついていたことに加え、この動画を切り抜いてオンライン英語ニュースでも放映されたため、多くの国で視聴されコメントが相次いだ。https://www.youtube.com/watch?v=ufITK8c4w0c

※2　김종우 2022『너를 만났다：MBC 창사 六十주년 VR 휴먼 다큐멘터리 대기획』슬로디미디어.（キム・ジョンウ二〇二二『あなたに会った』：MBC創設六十周年VRヒューマンドキュメンタリー大企画、スロディメディア）

※3　日本バーチャルリアリティ学会ホームページ　https://vrsj.org/about/virtualreality/（二〇二四年十月十六日閲覧）

※4　ロボット工学者の森政弘によって提唱された理論で、ロボットの外観は人間らしい特性を持つにつれ好感を持たれるようになるが、あまりにも人間らしくなりすぎると不気味になる。しかし、その谷を越えさらに人間と見分けがつかなくなると、ロボットの外観に対する共感は再び高まっていくという理論。

※5　NHK総合「復活の日～もしも死んだ人と会えるなら～」で放送。出川哲朗さんの実母、出川泰子さんを数枚の写真と出川さんの兄、姉の証言を元に再現。音声は声優によるアフレコ。事前に何も知らされずにスタジオに入った出川氏は戸惑いながら話し始めるが、兄姉の記憶から再現した、生前母が握った「味噌おにぎり」を口に入れた途端、感情があふれ出し、母親へ伝えたかった言葉を話し始めた。

亡き妻の歌声から曲を紡ぐ

論考

松尾公也

松尾公也(まつお・こうや)
PC Magazine、PC WEEK、MacUser(編集長)、ITmediaなどを経て、現在はテクノロジー情報サイト「テクノエッジ」に所属。ポッドキャスト番組「backspace.fm」のパーソナリティを担当。妻が遺した歌声と写真からAIで生成したミュージックビデオで第一回AIアートグランプリを受賞。台湾で開かれたAIアート展覧会にSunoで制作した作品を展示。Suno AIを利用して作ったアルバムをApple MusicやSpotifyなどで公開。超愛妻家AIクリエイター。

亡き妻と一緒に歌い、演奏する

亡き人を再現しようとすると、手ひどいしっぺ返しを喰《く》らう。イザナギとイザナミ、オルフェウスとエウリュディケ、天馬《てんま》博士と鉄腕アトム、碇《いかり》ゲンドウと綾波《あやなみ》レイ、惑星ソラリスのケルヴィンとハリー……。上手くいったためしがない。もちろん、フィクションの世界だが。

自分はそれに近いことをやっているように、世間では思われているようだ。

十一年前、二〇一三年六月二十五日、妻がこの世界を離れた。妻が十八歳のときから五十歳の最期のときまで共に過ごし、誰よりも近い心を持った親友で、音楽のパートナーでもあった。

妻と初めて出会ったのは軽音サークルのバンド募集で、常に音楽が二人の間にあった。

自分の本業はコンピュータメディアの編集者で、音楽、特に歌声をコンピュータで再現する技術を追いかけていたこともあり、妻の歌声を、彼女が遠くいってしまった後も聴いていたいと考え、二〇一三年の時点でできる技術を駆使してやってみた。

故人の歌声、話し声を再現する研究がヤマハや名古屋工業大学などで進められていて、それを自分が取材していたことが背景にあるが、ちょうど少ないオーディオデータでも工夫すれば歌声ライブラリを構築できるソフト、UTAU-Synthが公開されたという幸運もあった。

「妻音源とりちゃん」と名付けたバーチャルシンガーは、最初の曲「ひこうき雲」を歌い、追悼コンサートでは友人たちが自然に合唱するほどの本人らしい清純な歌声だった。

それから、妻の歌声を再現し、一緒に歌い、演奏していくことが自分の心の支えとなった。

妻が遺してくれた写真やホームビデオの映像を音楽に重ねてミュージックビデオを作り、それをネ

【UTAUカバー】ひこうき雲【妻音源】UTAU Tori-chan singing Vapor Trail
筆者のYouTubeチャンネルより https://www.youtube.com/@zzo

ットに放流することを楽しみに数年を過ごしてきた。

ちょっと変わった追悼の仕方として新聞やテレビでも取り上げられたが、二〇二〇年、コロナ禍の頃にはある問題に直面していた。

一〇〇曲を超える歌を作っていると、そこに使える写真やビデオはもう尽きてしまったのだ。

なんとかやりくりしながらやろうとしたが、使っていた歌声合成ソフトが最新ＯＳに対応しなくなるなどの困難が訪れ始めた。

新曲（といっても、カバー曲だが）を作るのは難しい状況になってきた。

亡き妻の画像や歌声をＡＩで生成する

そんな中、二〇二二年夏にＡＩ画像生成サービスのMidjourneyが登場したときには期待を膨らませたが、「著名人でもない限りは特定人物の顔は出せない」ということもすぐわかり、続いてオープンソースで出てきたStable Diffusionには未来を感じたものの、「ＡＩによる妻の新しい写真」はまだ遠い話だった。

ところが二カ月もしないうちに、Googleのファインチューニング技術「Dream Booth」をStable Diffusionに応用することが可能になり、数十枚の顔写真があれば、その人物を再現することが可能になった。

妻が他界して九年経って、ようやくその姿も再現できる可能性が出てきた。これをすぐに実装してくれたのが、友人のＡＩ研究家、清水亮さんで、彼が運営するMemeplexというサービス上で妻の写真を学習させ、プロンプトでこうしてほしいという希望を書くと、妻に非常に似た写真（実際は画像だが）が次々と表示されるようになった。

これで、歌声合成は従来の方法のままでもビジュアルはいくらでも使えるから、その歌詞の内容に合わせてミュージックビデオをまた作ることができる。

しかし、この方法を記事として公開したところ、思わぬ反発が出てきた。歌声のときにはネガティブな意見はほとんどなかったのに、かなりの比率で否定的な意見が出ていたのだ。

歌は積極的に聴きにいかなければ触れることはないが、画像は違う。目に入ったことで、自分の考えと異なる死生観であると、ときに口汚く罵《ののし》る声もネット上で見受けられた。

一方で、こういうことが可能だということを知り、母

AIに学習させた実際の写真

AIが出力した新たな写真

親、妻、祖父といった他界した人の写真をもっと見たいという方からの相談も受けるようになる。

UTAU-Synth 歌声ライブラリの構築と入力は難しく、自分の後に続く人は見かけなかったが、写真をＡＩで比較的簡単に再現できるということは強いインパクトがあったようだ。

ＡＩ画像を駆使した妻のミュージックビデオを世に出したら、「歌声もＡＩで再現できる」という情報を海外の歌声技術に詳しい人から教えてもらえた。

Diff-SVCというその技術は、一時間分の音声データがあれば、そこからＡＩの音声モデルを構築でき、元になるしゃべり声や歌声があれば、それを学習元の声に変換、いわゆるボイチェンができるというもの。

この技術を使うことで、自分が歌ったボーカルトラックを妻の歌声に変換することができるようになり、ミュージックビデオをいくらでも作れるという夢のような状況に到達した。

歌声・音声のＡＩ化はさらに進み、ＲＶＣというより高度で音声サンプルが少なくてよい技術も公開され、リアルタイムに近い処理もできるようになった。

Vocoflexという商用ソフトならば、マイクに歌ったその声を遅延なく別の歌声に変換することも可能。実際に、妻の代わりに自分が歌い、妻の歌声で参加するバンドの企画をこの年末（二〇二四年）に予定している。

このように、リアルタイムでのＡＩによる本人再現も可能になっている。

一方で、画像の本人再現もより精度を増しており、LoRAというより負荷の少ない学習方法や、レファレンスの画像が一枚でも大丈夫な技術も登場。より簡単に本人の姿を再現することは可能になっている。その分、フェイクも生まれやすくなり、二〇二四年の米国大統領選ではＳＮＳのオーナーが率先してそうしたフェイク画像を投稿したりもしている。

数カ月以内に対話を始めるＡＩアバター

ＡＩによる動画生成サービスは最も進化の速いジャンルで、一枚の写真やＡＩ画像があれば、そこからリアルと区別のつかない動画を作り上げることができる。

自分もその恩恵を受けていて、ミュージックビデオでは妻がその歌詞を歌っている様子を動画で再現することが簡単にできるようになっている。そのリアルさは驚くほど

異世界から来ました一妻音源とりちゃん[AI]
筆者のYouTubeチャンネルより https://www.youtube.com/@zzo

だ。

ここまでは、たまたまそういうビデオが残っていたと想定して楽しむこともできるだろう。

しかし、問題はその先だ。

音声に合わせて口元を動かす、リップシンクと呼ばれる技術は動画生成の中でも特殊な分野だが、このジャンルも進化が速い。

実は、リップシンクを開発しているところが目指しているのは、対話型アバターだ。

LLM（大規模言語モデル）に本人の設定や、SNSの投稿などのデータを学習させ、インタラクティブにそれらしい対話ができるようにすることは、すでにある程度可能だ。

実際、OpenAIのChatGPT最新版の音声モードでは、ごく自然に対話を続けることができる。自分もその会話をポッドキャストとして出してみたことがあるが、放送時の相方として十分にやっていけそうなレベルにまできている。

あとは、その声のトーンと、口パクするときの映像をリアルタイムで生成できれば、AIとの対話は可能だ。これは遠い未来の話ではなく、今の時点でシステムを組みさえすれば実現できる。

つまり、故人をＡＩで再現し、対話することもできる、ということだ。

ＡＩによるリップシンクとアバターサービスを提供しているHeyGenでは、対話型映像サービスのサンプルを公開した。同社の音声合成はOpenAIの技術を使っており、本人の声と姿での再現が遠からず可能になるだろう。

おそらく数カ月以内に、驚くほどリアルな本人の映像、声、知識を備えたＡＩアバターがあなたと対話をし始めるのだ。

生と死の境界を曖昧にしたい

問題は、そのＡＩ故人と対話する覚悟が遺族や友人にあるか、ということだ。

自分の場合はデュエットやミュージックビデオ、ライブ演奏といった場面に出会いを限定し、リアリティラインから外れない設定を自分で決めて、故人と向き合っているつもりだ。

しかし、故人との対面を、その二人の関係性を第三者サービスが演出したとしたらどうなるだろう。

ＡＩにより故人と対面できるサービスは日本においてもいくつか生まれているが、出会う場面をある程度制限することにより問題を回避しているように見受けられる。

人気ファンタジードラマ「ゲーム・オブ・スローンズ」の人気キャラクターであるデナーリスを模したアバターと会話をしていた少年が自殺に至った痛ましい事件があった。ＡＩによる対話はリアルである分、危険性も高い。

それが、より親密度の高い故人と縁故者との対話ならどうなるか。

それがリアルな対話、過去の記憶と大きく異なるものだった場合の落胆もまた、大きいだろう。

画像や歌声の生成は、マルチバースの並行世界にいる妻と量子通信をしていて、プロンプトによる指示により、向こうの世界のカメラマンや絵描きが妻の画像をこちらに送ってくれるような「仕組み」だと自分は考えている。

もちろんそれが本当だと信じているわけではないが、そんな想定があれば、故人とつながる場面も組み立てやすくなるのではないだろうか。

例えば、『第七女子会彷徨』という漫画は、死者となった学友が「超空間プロジェクター」なるガジェットを通して気楽に遊びに来るという世界観の作品だ。

実際、自分の夢には妻が出てきて普通に話をしている。

「亡くなってはいるけど、こうして話もできているから、生死の境界は存外曖昧なんだな」と目覚めた後も妙に納得したりしている。

先日行われた第二回ＡＩフェスティバルで基調講演を行なった落合陽一氏は、「インターネットは墓場である」と語った。生と死の境界を曖昧にしたいという自分の主張と近いものを感じた。

人はこれから、故人のデータやＡＩモデルが漂う世界に生きていくのだ。

個人・故人のデータは学習され、ワールドモデルの一部となる。考えようによってはアカシックレコードのようなものになるのかもしれない。

妻の歌声で曲を作り始めたときに考えていたことは、自分が死ぬときには妻の歌声を流しながら逝きたい、ということだった。

すでにそのレベルは超えているので、多くは望まない。ただ、自分のそばにいて、話しかけたら頷いてくれたり、ジョークをいったら困ったような顔をしてくれればいい。

本物の妻と違っていても、記憶の中の妻を強く思い出せるのだから、それはそれでいい。

もちろん、ちゃんと話せるようになったら喜んでたくさん話すのだろうし、精巧な二足歩行ロボットのメカニズムに、自分が３Ｄプリンタで作ったボディを装着したフィジカルな妻と手を取り合えるようになるのかもしれない。

または、Neuralink（アメリカのニューロテクノロジー企業）が開発しているような埋め込みＢＭＩ（ブレイン・マシン・インターフェイス）によって、夢の中へ行ってみたいと思いませんか。

論考

デジタル故人が現代の追悼装置となるためには

古田雄介

古田雄介（ふるた・ゆうすけ）
1977年愛知県生まれ。名古屋工業大学工学部社会開発工学科卒業後、建設会社と葬儀会社を経て2002年に雑誌記者に転身。現在は記者活動と並行して、「デジタル遺品を考える会」の代表として講演活動を行っている。著書に『バズる「死にたい」』『故人サイト』『第2版 デジタル遺品の探しかた・しまいかた、残しかた＋隠しかた』（伊勢田篤史氏との共著）、『ネットで故人の声を聴け』『スマホの中身も「遺品」です』など。

いくら技術を高めても埋まらないピース

私は葬儀社スタッフを経てパソコン雑誌の記事を書くライターとなり、フリーランスとなった二〇一〇年頃から死生とデジタルの関係性をテーマにした記事を商業誌やWEBサイトに寄稿するようになりました。

葬儀社の門を叩いたのは、元々死生に関する文化や心理に関心があったため。雑誌記者となったのは執筆を生業《なりわい》としたかったためです。自由の身になったとき、かねて関心のあったテーマと現職で培った知識を掛け合わせて、主な職業領域としたわけです。その頃から、故人が残していったSNSやブログのデータベースを作って追跡調査を続けています。

とはいえ当時は、遺品としてのパソコン、遺品としてのホームページなどの問題と真剣に向き合う空気はまだありませんでした。「デジタル遺品」という言葉が知られるようになったのも二〇一五年以降です。そして、その頃から「デジタル故人」という言葉も、じわじわと現実味を帯びていったように記憶しています。

いまこの雑誌を手にした読者なら、「デジタル故人」や「AI故人」という単語を目にして、ファンタジー（空想）の話だと解釈する人はあまりいないのではないでしょうか？

故人が残したテキストや画像、動画からその人となりを学習して、姿形や思考回路、しゃべり方などを再現する技術はすでに高いレベルで確立しています。

中国ではAI故人を提供するビジネスがすでに動き出しています。南京市に拠点を置くベンチャー企業・超級頭脳(Super Brain)は故人の情報から姿形と音声をスマホ上で再現する対話型アバターを提供しています。公式サイトによるとすでに一〇〇〇件を超えるAI故人を世に送り出しているといいます。また、香港に本拠を置く二〇一四年設立のAI企業センスタイムは、二〇二三年十二月に急逝した創業者のAI故人を翌年の年次総会で披露して話題になりました。スクリーンに大写しされた創業者のアバターは生前と変わらない口調で生前に話していない内容を滑らかに話し、その様子はおおむね肯定的に受け入れられたようです。

一方で、時代を先取りする二〇一四年にマサチューセッツ工科大学の起業家育成プログラムで話題を集めた米国のデジタル故人サービス「Eternime（エターナム）」は、死後に自分のアバターを残したい四万六〇〇〇人以上のユーザーを集めながらも、倫理的な問題が解決できないという理由もあって日の目を見ないまま二〇二〇年にはプロジェクトを閉じています。翌年の二〇二一年には、亡くなった人の情報からチャットボットを作成する特許をマイクロソフトが取得したことがＵＳＰＴＯ（米国特許商標庁）の公開情報から確認できますが、いまだ関連するサービスは提供されていません。

日本に目を移すと、二〇一九年末の紅白歌合戦に「出演」したＡＩ美空ひばりを思い出す人が多いかもしれません。美空ひばりの往年の姿を舞台上で再現し、歌声や絶妙な歌い方まで丁寧に再現した労作でしたが、視聴者からは否定的な反応のほうが多かったと記憶しています。曲間に「お久しぶりです。あなたのことをずっと見ていましたよ」と観客に語りかけるくだりが拒否反応を強めたとも言われました。

二〇二三年には、「東京大学ＡＩ研究会」を名乗る団体により、亡くなった安倍晋三元首相のアバターが国民に語りかける動画が突如YouTubeにアップロードされて物議を醸しました。一部からは賞賛の声が上がったものの、大半の人には受け入れられませんでした。注目を集めた直後に東京大学が同団体との関与を否定する声明を公式に出したことが、このときの世間の反応を象徴しているように思えます。

このように、世界中でデジタルやＡＩを駆使して「復活」した故人が誕生しています。賛否は生じているものの、軽視して一笑に付すような反応はあまり見られません。それよりも目立つのは得体の知れないものに対する警戒心です。故人を再現する技術が一定以上に高まっているゆえの反応ともいえそうです。無視できないほどのハイレベルな再現ができるばかりに、受け入れるか否定するかの踏み絵を見る者に強いてしまっているようでもあります。

ただ、ＡＩ故人関連の様々なプロジェクトを取材してきた正直な感想として、現状のままではデジタルで復活する故人を受け入れる空気は、将来的にも醸成することが難しいように感じています。

ＡＩ技術がさらに進化すれば、その場でその人がその人らしい癖や性格を表現しながら、より自然なリアクションを返してくれるようになる未来が訪れるでしょう。それでもなお、ハイレベルな技術力の先に拒否反応を解消するピースがあるように思えないのです。それがあるのはもっと別のレイヤーではないかと。

日本や米国で拒否反応が大きいのは先の事例でも明らか

ですが、AI故人先進国となっている中国でもデジタル故人ビジネスには賛否両論が渦巻いています。超級頭脳の公式サイトで紹介している同社の取材記事も手放しで賞賛しているものは少なく、大半は倫理的な課題の提起を添えています。倫理的な課題、かみ砕けば「こんなことをしていいのだろうか?」という不安感といえそうです。

この不安感を解くピースは、デジタル故人から少しレンジを広げて、デジタル世界で成立している追悼の場を観察することで見つかるのではないかと思います。先に少し触れましたが、私はかねてから故人が残したインターネット上のサイトを追跡調査しています。その作業を通して触れさせてもらった、いくつかの事例をみていきましょう。

故人とともに静止したネット遺産はお墓になりうる

インターネット上にある追悼の場としては、故人が生前に更新していたホームページやブログ、SNSがあります。

象徴的なのは頻繁に更新していた著名な故人の公式サイトでしょう。オフィシャルなアナウンスだけでなく、その人となりが色濃く残されている場合は、本人の没後もその人の縁を深く感じる場としてファンに愛され続ける例が多々あります。

たとえば、二〇一三年十月に不慮の事故で亡くなったお笑いタレントの桜塚やっくんさんの公式ブログ「桜塚やっくんの見ないとがっかりだよ」【※1】は、亡くなる二日前にアップした日記が最終更新となっています。写真を交えて仕事の近況をフランクに伝える内容ですが、この記事には没後十一年以上が経過した現在も数日に一回は新たな書き込みが加わっています。

＜久しぶりにやっくんのこと思い出して来ました＞
＜やっくん！お誕生日おめでとう！！
どんなに時間が経ってもやっくんのこと大好きだよ！＞
＜やっくん。。逢いたいよ。。。
時間を戻せたらいいのに＞

多くは生前からのファンによる書き込みで、墓前に語りかけるようなコメントが続いています。荒らし目的やスパム業者による自動書き込みが見られないのは、運営元のアメーバによるメンテナンスによるものだと思われます（アメーバは公認の「芸能人ブログ」は特別な荒らし対策をとっていることを公式に認めています）が、それを加味しても、ファンによって追悼の場の空気が維持されているのは疑いの余地がありません。きちんと管理された物理的なお墓とほぼ同様の役割を果たしているといって過言ではないでしょう。

　よりデジタル故人に近い形としては、オンラインゲームの有名なプレイヤーが死して残したアバターの事例があります。

　オンラインゲームの世界で父子の絆を深めた実話から、映画やテレビドラマとなったメディアミックス作品『光のお父さん』シリーズを生み出したオンラインゲームプレイヤーのマイディーさんは、がんによって二〇二〇年十二月に亡くなりました。

　亡くなる約二年前にがんが見つかり、闘病していることを公式ブログ【※2】で明かしています。手術によって一度は回復に向かった体調は、進行の早いがんによって再び落ち込んだものの、入院しているとき以外はオンラインゲーム、とりわけ『ファイナルファンタジー14』へのログインを続けました。チームのメンバーと協力して巨大なモンスターを倒すような高度なプレイはもはや望めない状態で、晩年は仲間とオンラインチャットしたり、ゲーム内でコミュニケーションをとったりすることも厳しくなっていきました。最後はホームエリアのソファに座り、そこにいることしかできなくなりました。それでもできるかぎりログインし続けました。

　そして、亡くなった現在もマイディーさんのアバターはマイディーさんとしてそのホームエリアで腰掛けています。もう誰もログインすることがないアバターですが、仲

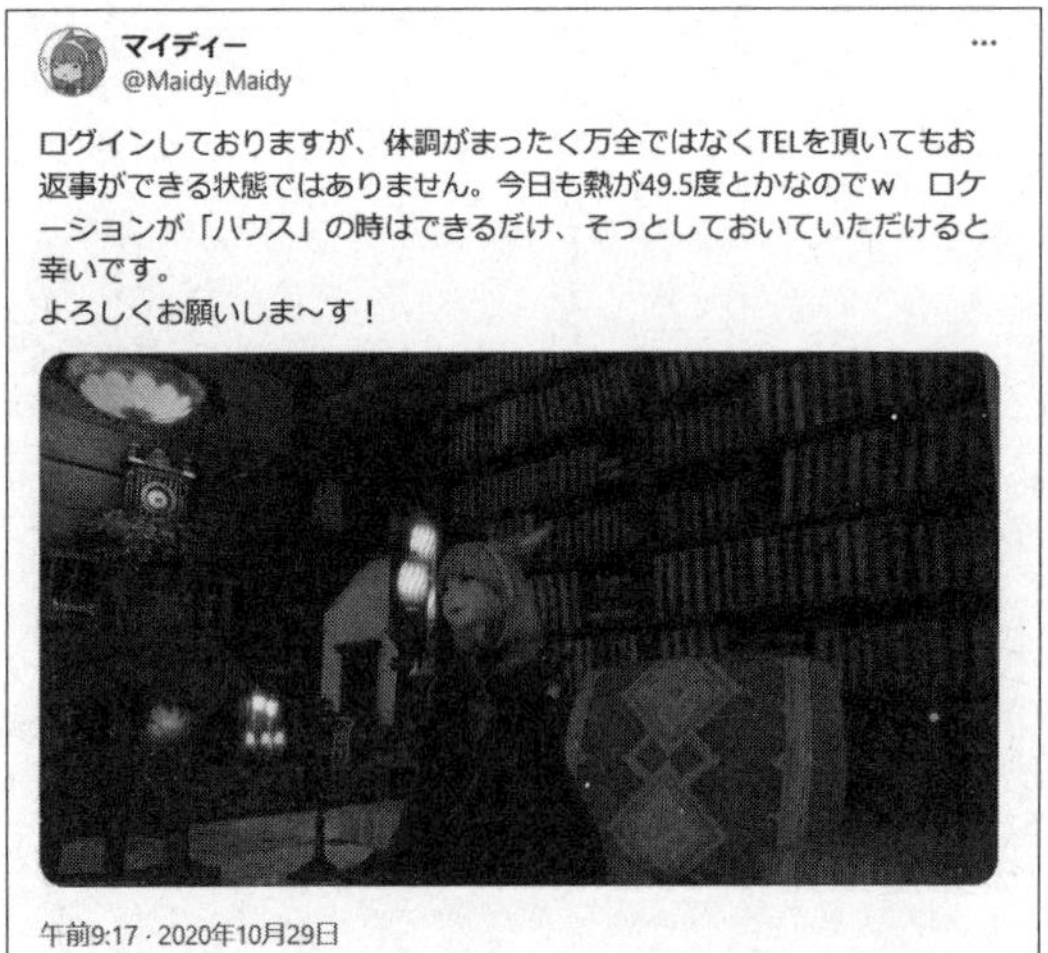

マイディーさんの公式Xに残るアバターの様子
https://x.com/Maidy_Maidy

間やファンにとってはかけがえのない存在としてその世界に存在し続けています。メタバース上の身体がそのままお墓になっているのです。

デジタルならではの「アクションする故人」

桜塚やっくんさんのブログやマイディーさんのアバターは静止した追悼の場といえますが、本人の没後も動き続けるケースもあります。スタッフが後を継いで、他者として故人の情報をアナウンスしているのではなく、本人が本人として発信を続けているようにみえるケースです。

最近の事例で印象深いのは、二〇二三年十一月にメッケル憩室がんにより亡くなったミュージシャンのKANさんです。公式X（旧ツイッター）【※3】は、亡くなる五日前に残した投稿でしばらく止まっていましたが、年明けに次の文章が本人の写真とともにポストされました。

＜新年おけましてあめでとうございます

せっかくの人生、泣いて後悔して傷を大事にするより、もっと大事にするものがあるよ。寂しさや混乱は勇気を持って追い出して、外に出て大きく息吸って笑っていきたいですね。

今年もよろしけ。＞（二〇二四年一月一日）

亡くなる前に予約投稿していたのか、託されたスタッフが約束通りに投稿したのかは確認できていません。しかし、本人が生前から投稿を用意していたものであることは過去の投稿の文調と照らし合わせても確かだと思われます。その後もデビュー三十七周年を迎えた四月や、五月五日のこどもの日、七月七日の七夕、九月二十四日の誕生日などにポストし、ファンを喜ばせています。

故人がこの世に能動的に働きかけるというのはなかなかない状況ですが、私が調べるかぎり拒否反応は見られませんでした。それは本人による意思が信じられる発信だからこその効果かもしれません。

しかし、発信内容にスタッフの手が加えられていると察せられる場合でも、「アクションする故人」が受け入れられているケースもあります。

『大江戸捜査網』のテーマ曲の作曲や純正律音楽の普及活動などで知られ、二〇一二年一月に肝不全で亡くなった音楽家の玉木宏樹さんのX【※4】は、現在もスタッフの手によって玉木さんの一人称の文章がしばしば投稿されています。それは本人が亡くなった直後から始まりました。

＜私は1月8日午後7時40分肝不全にて永眠いたしました。この世でのおつきあい、皆様ありがとうございました。あの世からつぶやいています。＞（二〇一二年一月十三日）

より砕けた口調の投稿も見られます。

＜私をしのぶコンサートが3月14日に開催されるんだって、それも満席だって。ほんまかいな。7月28日に「かなっくホール」で再度開催するようだけど、誰が来るのんかいな、14日はあの世からちょっと覗いて見なあかんなぁ〜。＞（二〇一二年三月九日、原文ママ）

一周忌を過ぎる頃には方言や主観を抑えた文調に落ち着いていきましたが、やはり一人称での投稿は続いていきます。これらの活動は玉木さんが亡くなった直後に、長年純正律音楽の普及活動を共にしてきたスタッフが、玉木さんの性格を汲んだうえで協議を重ねて決めたそうです。玉木さんの著書や生前の性格に基づいて、いわばＡＩ故人を生成しているわけです。玉木さんのXもやはり拒否反応は見受けられません。

拒否反応が目立つのは、本人の意思が確かめられないケースが多いようです。

二〇一八年七月、線路への飛び込みをする自らの姿をインターネットでライブ配信し、死後にカリスマ化した女子高校生のNさんという方がいます。彼女は生前にInstagram とXを更新していましたが、死後にニュースが拡大すると、おそらくは家族の手によって両ＳＮＳのアカウントは閉鎖されました。

ところが、しばらく経った後に彼女と同じ表示名（スクリーンネーム、@以下の文字列）を持つXアカウントが復活します。Xは閉鎖して使われなくなったスクリーンネームが一定期間を経ると誰でも取得できるルールになっています。Nさんが使っていたスクリーンネームは彼女との縁を感じる形見であるとともに、カリスマが使っていたアカウントと同じアドレスが持てるという商業的な価値もあります。そうした事情から、Nさんのファンや集客力のあるフリーアカウントを狙う業者の間で争奪戦が発生したのでした。Instagram を含む多くのＳＮＳには誰かが使ったスクリーンネームを開放する仕組みはないので、なかばX特有の現象といえるでしょう。

Nさんの X 用スクリーンネームは数年スパンで手放され、複数のユーザーの手に渡っていきました。そのなかの一人にコンタクトをとったことがあります。Nさんが生きている頃からフォローしていたというその女性は、取得の理由を話してくれました。

「彼女のことを皆も自分もだんだん忘れていっているような気がして。このスクリーンネームを使っていれば、まず自分は彼女のことを忘れることはないので使用しています」

しかし、Nさんの意思と無関係にスクリーンネームが再利用されていることに反感を抱く人もいます。当時、彼女の元には「死んだ人のアカウントを使うと呪われますよ？」といったコメントが届いていました。故人の預かり知らないところで勝手なことをしている。そう判断されたことで生まれた反感といえます。この反感には、デジタル故人に対する拒否反応と通底するものを感じます。

デジタル故人の正当性はどこにあるか？

取り上げた五つの事例は、インターネット上にある非物体でありながらも、故人を偲ぶ拠点としては一定の説得力があるように思われます。いずれも生前の故人との何らかの連続性があり、後付けで生まれた繋がりではないと多くの人が納得できます。Nさんのケースは元のアカウントが消失してスクリーンネームだけが再利用されているので判断に悩むところですが、「Nさんのスクリーンネームを引き継ぐ」という行為に意味を感じる人がいることは理解できるのではないでしょうか。

私としては、この故人との連続性こそが、デジタル故人を文化として定着させるうえで欠かせないピースではないかと思うのです。培ってきた実績を前提とするので、デジタルやＡＩの技術で後から補うことはできません。

連続性がないままに故人のデジタルツインを作り出してしまうと、それは故人に連なる正当な存在ではなく、無許可で窃盗した海賊版のような存在とみなされてしまいます。それがデジタル故人に向けられた拒否反応の本質的な要素のひとつだと思うのです。ＡＩ美空ひばりが「お久しぶりです」と話したとき、誰かが生成した安倍晋三元首相のアバターが国民に向けて語りはじめたとき、本人を装う偽物と対峙した怖さを感じた人も少なからずいたはずです。あのときの心理は、どれだけＡＩ技術を向上させても解消できるものではないと感じられます。

逆に言えば、この要素を解消する状態が約束されること。つまりは故人との連続性——もう少し解釈を広げて、故人を偲ぶ場としての正当性——を多くの人が信じられる状態になれば、デジタル故人はもっと受け入れられるようになるのではないでしょうか。

お墓は遺骨が故人との連続性を保証してくれます。仏壇に置かれた位牌《いはい》は、日本の仏教寺院が伝統に裏打ちされた権威によって故人との繋がりを信じさせてくれています。故人が愛用していた道具の数々は、その思い出が形見としての説得力を与えてくれます。インターネット上にあるデジタルデータであってもそこは変わりません。

デジタル故人にしても、正当性を与える方法はひとつではないでしょう。亡くなる前に正式にデジタル故人をつくる許可を得る方法もあるでしょうし、すでに連続性を獲得している形見と結びつけて正当性を確保する方法も有効かもしれません。あるいは位牌のように伝統的な権威の力を頼る方法も。

もちろん、個々人のプライベート空間で故人を偲ぶのであれば、周囲を納得させる必要はないと思います。しかし、デジタル故人を極々ニッチな存在としてではなく、追悼装置のひとつとして社会に定着させるためには、ある程度の市場規模に育てる必要があります。そのためにデジタル故人の提供を考えているサービスは、故人との連続性や偲ぶ場としての正当性を獲得し、広く周知することに積極的であるべきだと思います。

※1　https://ameblo.jp/sakurazuka/

※2　http://sumimarudan.blog7.fc2.com/

※3　https://x.com/_kimurakan

※4　https://x.com/tamakihiroki

論考（インタビュー）

中国・AI故人ビジネスの今

――超脳（Super Brain）・張澤偉代表に訊く

高木良子

二〇一九年九月、NHKスペシャルに「AI美空ひばり」が登場し、新曲が披露された。当時、その姿や声の再現や、曲の間奏にまるで美空ひばりが語ったかのような「新たな言葉」が創作されたことが、故人の尊厳の冒涜《ぼうとく》につながるのではないかと、日本中で賛否両論が巻き起こったことは、未だ記憶に新しい。しかし、それから五年を経た二〇二四年現在、AIを用いて死者を再現するサービスはすでに商業化され、中国、韓国、アメリカなどで展開されている。中でも中国では、民間企業がこのサービスで市場を拡大している現状がある。

本稿では、まずこのような「AI故人」が、近年東アジアの各国においてどのような発展を遂げてきたのかを追い、現在の中国におけるAI故人サービスの動向の位置付けを行う。その上で、二〇二四年七月に、中国のAI故人制作企業である南京超級頭脳信息技術有限責任公司（以下、超脳《スーパーブレイン》と略称）の代表張澤《ジャンゾー》偉《ウェイ》氏へ、筆者が直接インタビューした内容と、同氏がこれまで複数の中国国内メディアに語った内容を引用しながら、中国におけるAI故人サービスの現状を詳述する。

実験フェーズから商用フェーズへ

上記ではAI美空ひばりの事例を述べたが、実は日本以外でも二〇一〇年代からこのように亡くなった人をAIによって再現する試みは行われてきた。次ページの表はその代表的な事例である。

これらの二〇二一年までの事例には、著名人だけでなく3や4のような一般人も含まれているが、共通しているのはこれらの取り組みはテレビ番組やイベントの中で実験的モデルとして制作されてきた点だった。しかし二〇二三年以降、AI故人は実験のフェーズから一気に商用フェーズへと段階が移った。韓国や中国、および米国では生成AIを使った死者の再現は民間ビジネスとして展開されている。代表的なもので言えば、韓国企業DeepBrain AIが提供する「re; memory【※1】」、中国企業・超脳の「AI復活【※2】」など。アメリカではProject DecemberやHereAfter AI、STORYFILE【※3】などの会社が同じようなサービスを提供している。同様に、日本でも二〇二四年度中にAI故人のリリースを予定している企業が、すでに数社存在するのが現状だ。

本稿では、その中でも二〇二三年から急速に市場を拡大している中国で、現在最も大きなシェアを占めている超脳にフォーカスし、現状を報告する。

超脳のAI故人を実際に使っている遺族が、中国国内で大きく報道されたのは、二〇二三年十一月のこと。その後二〇二四年になってから海外ニュース媒体AFPBBによって世界に発信された。その動画は現在もYouTube【※4】に残っている。

動画の内容は、超脳に依頼して二十二歳で英国留学中に亡くなった息子をAIで再現した父親を追ったものである。動画の中の息子は両親に向かって「僕のせいで、お父さんとお母さんが毎日すごく苦しみ、罪悪感や無力感を抱いているのは知っている。隣にいられないけれど、僕の魂はまだこの世にいる。ずっと一緒だよ」と話しかける。これらの言葉は生成AIにより作り出されたもので、もちろん生前に息子が語ったものではない。この動画を事例として、超脳の張澤偉代表に中国のAI故人制作の現状についてインタビューを行った。

なお、インタビューは二〇二四年の七月に通信アプリ「WeChat」を通じて動画通話にて実施した。インタビュー言語は中国語だったが、本稿では録音データを文字起こしした上で日本語に翻訳したものを記述する。

友人の祖母のためのAI故人から始まった

張澤偉氏は、江蘇省出身、一九九二年生まれの三十二歳。中国南光伝播大学を

	年	再現された人の氏名	国名（地域名）	概要
1	2015	テレサ・テン（鄧麗君）	香港	香港のデジタル・ドメイン社が開発。台北アリーナ、渋谷公会堂、上海大舞台で行われたコンサートで披露され、中国語で『我只在乎你（時の流れに身をまかせ）』などの歌唱が再現された。
2	2019	美空ひばり	日本	NHKスペシャル、紅白歌合戦に出演。音声合成はYAMAHAのAI技術により実現。姿は3DCGで制作された映像が投影されている。
3	2019	出川泰子	日本	NHK総合「復活の日〜もしも死んだ人と会えるなら〜」で放送。出川哲朗さんの実母、出川泰子さんを数枚の写真と出川さんの兄、姉の証言を元に再現。音声は声優によるアフレコ。
4	2020	カン・ナヨン（강나연）	韓国	韓国MBCのVRヒューマンドキュメンタリー「あなたに出会った」より。3年前に亡くなった7歳の娘と母との再会。生前の写真や動画から、ジェスチャー、声、喋り方を分析した他、姿はモデルをモーションキャプチャーすることで補った。音声は同世代の子ども5人の声をAI合成。
5	2021	黄鴻升	台湾	早世した台湾の歌手を再現。台湾のRolling Stone Recordsが開発し、VR上で追悼音楽会を開催。参加者はオンライン上でアバターの黄鴻升にトロフィーを渡したり、簡易な会話が可能。

東アジア各国におけるAIやVRによる死者像の再現例

卒業し、二〇一二年にゲーム業界で起業。その後二〇一六年にバーチャルリアリティの分野に転向し、二〇二〇年に南京に戻ってからはITに関する教育事業に従事してきたという。AI故人の事業を始めたのは二〇二三年の三月だった。すでにAIに関する知識と技術があったとはいえ、教育とは別分野のこの事業を始めたきっかけは何だったのだろうか。

友人の依頼がきっかけでした。二〇二三年三月に友人の父親が亡くなったんです。友人の祖母は高齢で健康状態が悪かったため、家族はそのことを祖母に告げませんでした。しかし、時間が経つにつれて祖母に父の死を隠し通すことは難しくなり、友人は私に「父親のイメージと声を再現できるか試してみてほしい」と依頼してきたのです。それが私が作った最初のAI故人でした。

友人の祖母のために作ったAI故人の評判は、同じようなニーズをもつ人々を引き寄せ、依頼が殺到した。その数ヶ月後に答えた中国国内でのインタビューでは「すでに六〇〇ケースを納品した」と張氏は回答している。二〇二四年七月現在、その数はどれくらいに増えているのだろうか。

現時点までで三〇〇〇家庭に対してサービスを提供しました。あまりの数の問い合わせに初めは驚きましたが、依頼は途切れるどころか継続して増えています。この事業に携わる社員も一〇人に増やしました。

たった一年強で三〇〇〇ケースというあまりの数の多さに、このサービスの申し込みから納品までの工程がどのようなものなのかを尋ねてみたくなった。

依頼者には、事前にフォームに記入してもらいます。その内容には故人に関する基本情報、人生における主要な出来事、人間関係なども含まれます。同時に、依頼者には故人の正面から撮った映像が含まれる十秒以上のビデオと、十五秒以上の音声を準備してもらいます。これらの条件が整ったら、契約書を交わします。その後、大規模モデルのデバッグとトレーニングのために、対応する情報をデータベースに保存します。制作プロセス全体は約一週間ほどです。費用は八万円程度。オプションなどをすべて足しても二〇万円程度でしょう。元となる映像と音声については当初よりだいぶ短くて済むようになりました。今後さらに短くても自然に会話をさせることは可能になると思います。

自然な会話という言葉につられ、ここで冒頭の動画の事例を取り上げ、「生前に本人が話していない言葉を生成AIで話させることについてどう思うか？」と尋ねてみた。

まず初めに断っておきたいのは、生成AIで新しい言葉を作るかどうかは、私

たちのサービスの場合、完全に遺族の意向に任されているということです。遺族の要望によって、AI故人の話す内容を生前のビデオなどに残された言葉だけに限定するのか、それとも新たな会話ができるようにするのかは決定されます。その上で、新しい言葉を作るという場合、さまざまな課題はありますが、私は遺族が癒されることを一番に考えています。初めての依頼がそうであったように、それがAIであるなしに関わらず、私たち人間は困難に面したとき、善意の虚構が必要になる場合もあります。

生成AIという
テクノロジーと法規制

遺族の意向が強調されると、当然のことながら、声なき死者の意向は無視してもよいのかという議論も出てくる。「死者の権利や尊厳という議論もあるが……」と水を向けると張氏は生成ＡＩに関する法規制について話し始めた。

中国では二〇二三年にいち早く生成AIに関する法規制が打ち出されました。私たちはもちろんこれに違反するようなものは作りません。遺族との間でも、しっかりとした契約書を交わします。対象が故人の場合は、遺族にその権限があるとみなしていますが、親族でもないまったくの第三者を模して作ってほしいと依頼されれば、本人の許諾がなければできないと断ります。

張氏の言う中国が打ち出した「生成ＡＩに関する法規制」とは、二〇二三年八月に施行された「生成式人工知能サービス管理暫行《ざんこう》弁法」のことで、「国家政権の転覆・社会主義制度の打倒を煽動するものを生成してはならない」、「他者の知的財産権や、肖像権、名誉、プライバシー、個人情報に係る権利などの人格権を侵害してはならない」などの禁止事項が定められている。

前者は、中国の現政権への負の影響力をもつ人物を再現する行為、あからさまな事例を挙げるなら、例えば天安門事件での武力弾圧に反対した趙《ちょう》紫陽《しよう》を生成ＡＩで再現しようものなら、社会主義制度の打倒を煽動するものと認定されることは間違いない。後者の他者の人格権のほうは、張氏の言葉にもある「親族でもないまったくの第三者を模して再現すること」が該当するだろう。しかし、前者は死者ではあっても公人であり、後者は生者の話である。いずれにも、私人（あるいは身内）の死者に関する規制は含まれていないのである。

続けて「中国で法規制をかいくぐって、あるいはまだ法規制のない国では、死者をＡＩで再現するというテクノロジーが悪用されるかもしれません。そのことをどう思いますか」と質問を投げかけると、張氏は「包丁」を事例に話し始めた。

生成AIというテクノロジーがあるから、こういう問題が起きるというのは違

うと思うのです。この話はよくするんですが【※5】、包丁を売る人は、買った人がそれで料理の材料を刻むのか、誰かを刺すのかを知ることはできません。生成AIは神様でもなく、何かの答えでもない。ただの道具なんです。それをどう使うかは使う人間次第。どんな道具も使う人側の態度が重要なんです。

AI故人への潜在的な需要

使う側の態度の問題となると、よく危惧される遺族のAI故人への「依存」や「執着」についてはどうだろうか。

実はこれは私なりのフィルタリングになりますが、問い合わせを受けた際に、必ず依頼の背景や、現在の依頼者の状態、そして素材となる画像や音声の量を確認することにしています。例えば、あまりにも遺族が病的な悲嘆の状況にあり、このAI故人を得ることでますます状況を悪くしてしまう可能性があると判断した場合には、時に医療機関の力を借りて依頼は断ります。また同様に素材が著しく不足している場合、たとえば写真が一枚しかないだとか、そんなときは技術的に再現が難しいことを伝え、断ることにしているんです。

あくまでも、独自の基準だが顧客の状況を判断した上でサービスを提供している、と張氏は語った。また、彼は別のインタビュー【※6】ではこう語っている。

心理学のゲシュタルト療法で「エンプティ・チェア」という手法があります。誰も座っていない椅子に故人の写真やその他の遺品を置き、患者はその椅子の向かい側に座って、心理士がカウンセリングをすることでその人の回復を助ける。AI故人はある種それに近いものではないかと私は考えています。私はそれを〝AIヒーリング〟と呼んでいます。

AI故人は依存を助長するものではなく、あくまでも遺族の悲嘆の療法の一つであるというのが、張氏の考えだ。さらに、この依頼をする人たちはAI故人をそう長く使うわけではないという。

癒しを必要とするほとんどの顧客は、AI故人を日常的に使用するわけではないようです。現在のサービスでは顧客は一年分の料金を支払うことができますが、長期的に利用している様子は少なく、死者をめぐる強い痛みを伴う期間が終わると使用をやめてしまうユーザーが増えています。ただし旧正月や清明節（お盆）、誕生日や命日などの死者にとっての特別な日には、それを懐かしむために使用されることもあります。

最後に彼に、今後の中国でのAI故人業界の動向を聞いてみた。

今中国国内のECストアで〝（中国語で）AI復活〟と入力すると、山ほどサービスが表示されます。中には二〇〇円以下のものまで。このサービスには統一された業界基準などありませんから、まさに玉石混淆《ぎょくせきこんこう》の状況です。おおよそ三パターンあると思います。一つ目はもっとも簡単で、写真の表情を動かしてしゃべっているように見せるもの。二つ目はモデルをモーションキャプチャーし、話させたものを、故人の映像と音声に置き換えるもの。三つ目が私たちが行っているような大規模モデルのデバッグとトレーニングを施すものです。

張氏はさらに続ける。

個人的には、テクノロジーというのは富裕層に独占されるものであってはならないと思っていますので、入口が広がることは良い面もあると思っています。もちろん質の悪いものは淘汰《とうた》されていくとは思いますが。ただ、ECサイトではどれだけそのサービスが購入されているかおおよその数が知れますが、安いものでも購入者が一〇〇〇を超えるサービスもあります。何よりこれだけ多くの人が、こうしたテクノロジーを試したいと思っているということが表面化したことは、AI故人への潜在的な需要を示しているのではないかと思っています。

テレビ番組やイベントでの実験的取り組みの段階も踏まえて、AI故人が民用化されてきた今でも、私たちはAI故人というテクノロジー、死者を再現することへの賛否を一貫して論じてきた。しかし、この張氏が最後に言った「潜在的な需要」という言葉には、このAI故人を使用する当事者である「民」の視点が隠れていないだろうか。死者の権利、尊厳、法制化という上からの議論は必要ではあるが、同時に今実際にAI故人を使用し、故人と出会っている当事者の声を下から吸い上げることが、これからの議論に最も必要なことではないか。本稿では、遺族の声を中国国内メディアのインタビューから引用するにとどまったが、筆者にとっても、最もAI故人の使用者

中国のECサイトTaobao.comで「AI復活」と入力。10元以下の出品も相次ぐ。

数の多いであろう中国で遺族の声を聞くことは、今後の研究の重要な課題となった。

日本初のＡＩ故人サービスの登場

二〇二四年の年末になって、日本でも大きな展開があった。ついに日本初のＡＩ故人サービスがリリースされたのである【※7】。サービス名は「Revibot」。プレスリリースを出したのは、埼玉県を中心に冠婚・葬祭業を営むアルファクラブ武蔵野株式会社だ。急きょ同社に、本サービス提供の経緯や、実際の実施状況、今後の展開などについて聞き取りを実施した。

　サービスの内容は、「生前の写真や動画などのデータをもとに、故人の人相・声・話し方の癖の情報を引き出し、生成ＡＩによって動いたり、話したりする動画を作り出す」というもので、これまで韓国や中国、アメリカで提供されてきた内容と大きな違いはない。ただし、今回のリリースで注目すべきは、同社が大学や企業の有識者を集めた「社内倫理委員会」を発足し、この委員会による監修をもとにサービス提供の範囲、場所、対象を限定した点にある。つまりリリースされたサービスは「あえて生成ＡＩのもつ能力を制限した」モデルになっているのである。

　具体的には、①ＡＩ故人は指定した文言のみを話し、ＡＩによる新たな言葉は生成しない。②使用可能なのは同社の管理するサービス内でのみ。③対象とする依頼者は、本人もしくは遺族、としている。同社はホームページ上でこれを「リスク管理と倫理的配慮」と呼ぶ。今後この三つの枠組みに変更はあるのかと質問すると、「同委員会で検討を重ねた上で可能ならば段階的に変更する可能性があるが、現時点ではない」とのことだった。

　リリースへの反応をＳＮＳなどで見たところ、ＡＩ美空ひばりのときに見られたような批判は概ね見られない。今回の

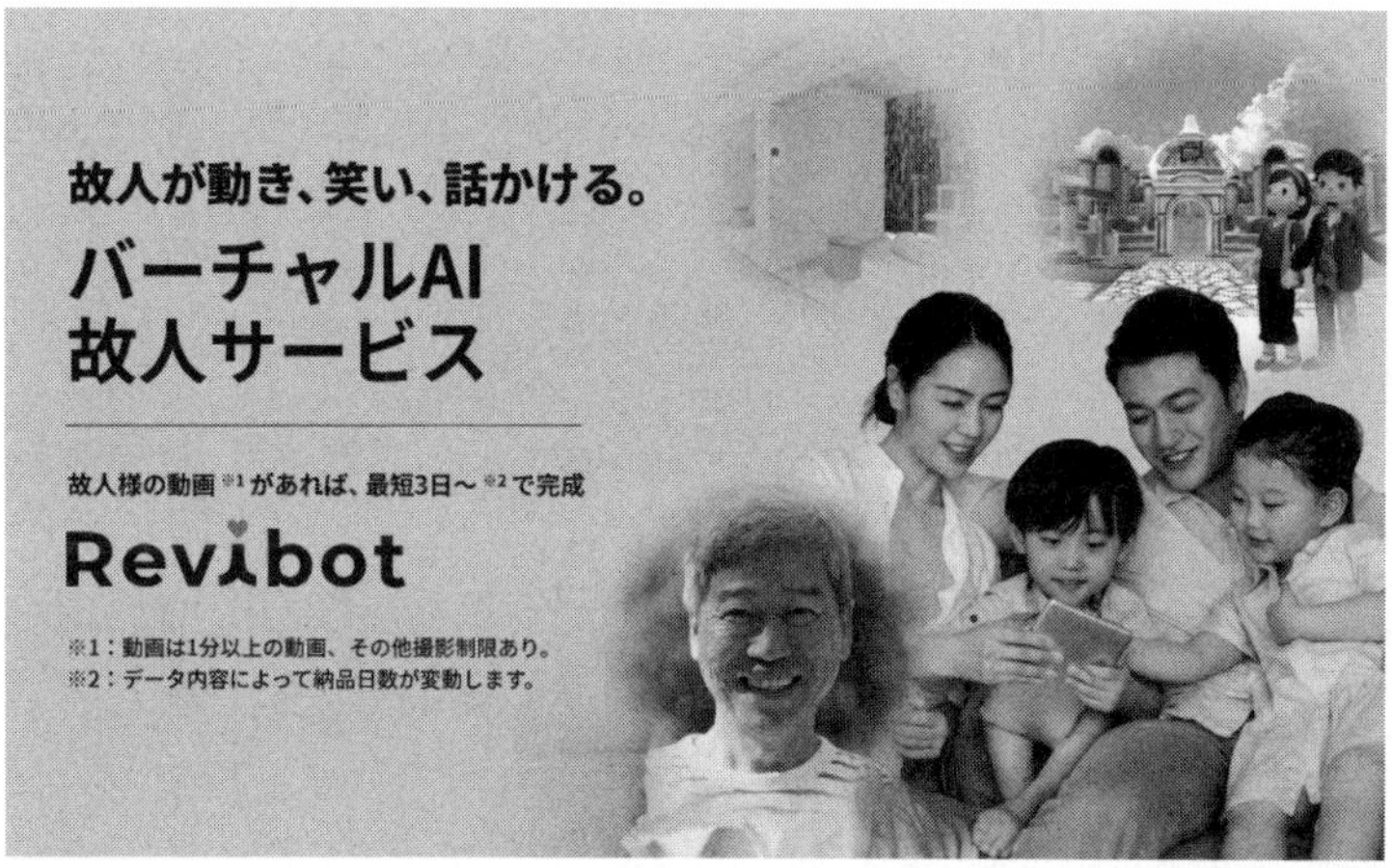

「社内倫理委員会」の設置とこれによるテクノロジーへの自主規制は、生成ＡＩの新たな言葉を生み出す技術は犠牲にしながらも、倫理的批判を見事に封じ込めたといってよいのではないかと思う。

同社はこれまで、納骨堂でデジタルサイネージを用いたり、アバターを用いたメタバース霊園「風の霊」を買収しリニューアルオープンするなど、葬祭業の中でもデジタル事業へ一歩踏み込んだ事業展開を行っている。同社のＩＴ担当者に今回ＡＩ故人サービスに踏み切った理由を聞くと「従来の儀礼による弔いの限界」というワードが挙げられた。「弔う側の思いは変わらないにもかかわらず、実際の葬儀は縮小し、儀礼の時間も短縮されている。そこを補う選択肢を提供するという目的もある」という。

さらに強調されたのは、「このサービスを行う資格」という点だった。「誰がこのサービスをやるかというのは非常に重要な点ではないかと思っています。六十年以上葬祭業に携わってきた弊社だからこそ、こうした事業もやる資格があると自負しています」と担当者は答えた。確かにこの点はこれまで重視されてこなかった。ＡＩ故人で先行した中国、韓国、アメリカでは、いずれも葬祭業とは一切関わりのないＩＴベンチャー企業がこのサービスを提供している。スタートアップの企業であるがゆえに、大胆にサービスを展開できる足回りの軽さがあり、成功して話題になることもあれば、失敗してすぐにサービスを撤回した例もあった。同社のいう「資格」とは永続性の求められる弔いを引き受けるには当然の議論なのだが、ことテクノロジーの導入ばかりが注目されてきたＡＩ故人の開発においては、新しい論点であるように思う。

次に、実際にこのサービスを利用した人について話を聞くと、リリースから数日ですでに申し込みがあり、申し込みから二日で納品、葬儀の場に「ＡＩ故人が参列者への挨拶をする」という形で提供されたという。語りを聞き、涙する遺族も複数名いたと、現場に立ち会ったスタッフから話があった。

筆者自身はサンプル映像を見せてもらったが、非常に興味深かったのはその表情と口調の緩急だった。大まかなところは自動的に作られるものの、微妙な間や言葉の速度、表情のうつろうタイミングは、人の手によって調整されているという。サンプルで見たＡＩ故人は、本物に見紛うような精巧さはなく、少しぎこちなさが残っていた。しかし、むしろそれが故人のカメラへの不慣れさを表しているような錯覚を覚える。また、最後のシーンにＡＩ故人が言葉に合わせて首をタイミング良く振りながら、大きな笑顔で「それが私の最後の言葉です」と伝える場面があった。これには、言葉よりもそのしぐさに引き込まれる感覚があり、対話ではなくとも十分に、目の前の「ＡＩ故人」の向こう側にいる故人が生前どのような人物であったのかを想起させるような絶妙さを感じた。

おわりに

最後に今回のインタビュー全体を通じての所感を述べたい。これまでＡＩ故人は、そのテクノロジーのあり方が倫理的な面から語られることが多かった。そこにあったのは、生者側が死者の姿や言葉を新たに表現することで、死者をコントロールすることになるのではないかという疑念である。しかし、今回特に日本の事例において、サンプル映像を見て筆者が感じたのは、私たちが目の前にあるものをコントロールしようと力をかければ、その応力として同時に目の前のものからコントロールし返される可能性があるということである。

すなわち、筆者がＡＩ故人の精巧さではなく、間やしぐさに引き込まれ、その向こうにある見知らぬ故人に考えを巡らせたように、私たち人間は目の前のものに「意味」を見出しやすい動物であるがゆえに、作り手が想定した以上のものをそこに見てしまうことがあるのではないだろうか。しかも、それはテクノロジーの先進性に関わらず、私たちが関係性の中でものを見ようとする限り絶えず起こっていることだ。

私たちが真に論ずるべきは、倫理的なテクノロジーのあり方ではなく、それに意味を見出す私たち自身の認知の仕方なのではないだろうか。

※1 二〇二二年七月にリリースしたが、実際には二〇二四年に「re;memory2」としてリニューアル後に本格的に展開されている。https://www.aistudios.com/ja/rememory（二〇二四年十月十八日閲覧）

※2 ＡＩ復活サービスは二〇二三年二月リリース。https://superbrainw.com/sy（二〇二四年十月十八日閲覧）

※3 Project December https://projectdecember.net/, HereAfter AI https://www.hereafter.ai/, STORYFILE https://storyfile.com/。当初HereAfter AIのサービスはＡＩによる音声合成のみだったが、リニューアル後の現在は他社と同様アプリで故人の姿の再現も見ることができる。

※4 AFPBB News https://www.youtube.com/watch?v=-7JaO2feiJ8（二〇二四年十二月十四日閲覧）

※5 ニュースサイト「一条」でも、包丁を事例にこの話をしている。https://36kr.com/p/2674497827092224（二〇二四年十一月一日閲覧）

※6 二〇二四年四月四日、山東大衆日報公式アカウントに掲載。https://news.qq.com/rain/a/20240404A02O5I00（二〇二四年十一月一日閲覧）

※7 このリリースの三週間後、株式会社ニュウジアより「トークメモリアルＡＩ」という日本で二番目のＡＩ故人サービスが発表された。ニュウジアのサービスはRevibotとは対照的に技術的な制限がかけられておらず、今後Revibotとの比較対象になっていくだろう。その他にも同様のサービスを準備中の事業者はあり、二〇二五年は実質の日本のＡＩ故人元年となるかもしれない。

訳：高木良子

論考

AI故人の倫理

パトリック・ストークス

パトリック・ストークス
アメリカ、デンマーク、イギリスでの研究フェローを経て、2012年よりオーストラリアのディーキン大学哲学准教授。主な研究テーマは、個人のアイデンティティ、死と記憶、道徳心理学で、特にデジタル死、物語の自己、キルケゴールの作品を研究対象としている。著書に『Digital Souls』『The Naked Self』『Kierkegaard's Mirrors』、共著に『The Kierkegaardian Mind』『Narrative, Identity and the Kierkegaardian Self』『Kierkegaard and Death』がある。

ＡＩ故人技術は、弔いを助けるか、あるいは技術的妄想か？

テクノロジーは、死や死にゆく者、死者との関係を常に変化させている。少なくとも裕福な国々では、現代医学やその他の技術の進歩により、前世紀の間に人間の平均寿命は数十年延びた。人工呼吸や生体臓器移植といった治療法が開発されることで、私たちは生と死の境界を再考し、再定義することを余儀なくされた。また、肖像画、文字、印刷機から写真やビデオに至るまで、数千年にわたる芸術技術の発展により、死者の言葉や顔が何年も、あるいは何世紀にもわたって生者の傍《かたわ》らに留まるようになった。

しかし、死はおそらくは私たちにとって不変の事実であるため、テクノロジーが達成できることには限界があると、私たちはときに考える。トランスヒューマニストたち（新しい科学技術を用い、人間の身体と認知能力を進化させ、人間の状況を前例の無い形で向上させようという思想を持つ人々）の自由奔放な憶測や、自分の死体を冷凍保存するために何千ドルも支払う人々のわずかな希望を除けば、テクノロジーが死を押し留めることができるのは、ほんのわずかな時間だけであるように見える。

それでも技術開発者たちは、デジタル技術、特に人工知能（ＡＩ）を使って、生物学的な生命の限界を超えて私たちの存在を拡張しようとする動きを止めない。この十年以上、大小のハイテク企業が「Death Bot（ＡＩ故人）」と呼ばれるものの実験を続けてきた。

そのアイデアはとてもシンプルで、人が生前に残した文章をもとに「ＡＩ故人」プログラムを訓練し、ＡＩが故人がよく言っていたようなことを、故人が話していたような言い回しで、語るようにするというものだ。ＡＩ故人は、生前に誰かが設定することも可能であり、（質問に答えることでＡＩを訓練し、ＡＩがその人の好みや話し方をより深く学ぶこともできる）、死後に遺族が残された資料を使って設定することもできる。いずれにせよ、その結果、亡くなった人の性格や話し方を模倣した、生きている人が相互会話できるソフトウェア・プログラムが出来上がる。

これはＳＦではない。二〇一六年、ロシアのＡＩ起業家エウゲニア・クイダは、前年にモスクワで交通事故で亡くなった友人ロマン・マズレンコから受け取った数千通のテキストメッセージをもとにＡＩを訓練した。このＡＩ故人によって、世界中の誰でもこの死んだ男性とチャットできるようになった。それ以来、このようなＡＩ故人は一般的になった。マイクロソフトとAmazonはそれぞれ、ＡＩ故人技術のアイデアを持ち出しており、中国では多くの新興企業が、愛する人のＡＩ故人を開発するために一般の人々を支援している。

同時に、バディ・ホリーやホイットニー・ヒューストンが出演した「ホログラフィック」ステージショーや、故ピーター・カッシングのような俳優がスター・ウォーズの新作のためにＣＧで再現されるなど、死んだ俳優が復活する例も数多く見られる。ディープフェイク技術が進歩するにつれて、見た目も音も動きも生前のように完全にインタラクティブなアバターとして会話が成立することが、ますます現実味を帯びてきている。

この現象をどう考えればいいのだろうか？　弔いを助けるものなのか、死を超えて私たちの人格と主体性を拡張する方法なのか、それとも単なる一種の技術的妄想なのか。

遠くにいる他者の臨場感

このようなＡＩ故人が、死にゆく人にとっても、残された人にも役立つことは想像に難くない。死にゆく人にとって、ＡＩ故人は自分がこの世から完全に消えてしまうわけではないという安心感を与えてくれるかもしれない。その人の顔、声、世界での在り方が残され、他の人がその人のことを思い出しやすくなり、未来の世代がその人と出会うことも容易になる。同様に、遺族にとっても、死者が擬似的な形であれ、話しかけられる存在であり続けると考えることは、大きな慰めになるだろう。アメリカのミュージシャン、ローリー・アンダーソンは、亡き夫でミュージシャン仲間のルー・リードをモデルにしたＡＩ故人を十年以上使っており、自分自身を「完全に、一〇〇％、悲しいほどハマっている」と語っている［※1］。

そのようなＡＩ故人は、あなたの夫であるだけでなく、セラピストの役割も果たしているのかもしれない。多くの人が、愛する人との間に未解決の問題を残したまま亡くなっている。この未解決の問題は、残された人の悲しみを劇的に複雑にし、長引かせるものでもある。ＡＩ故人は、故人が亡くなる前に言えなかったことをすべて言う機会を与えてくれるのかもしれないし、遺族は故人から聞けなかった言葉を聞くことができるのかもしれない。

しかし多くの専門家は、ＡＩ故人はその慰めと同じくらい害をなすかもしれないと警告している。その警告の内容とは、ＡＩ故人があることで、遺族が悲嘆のプロセスを健全な範囲を超えて長引かせてしまい、亡くなった人なしで生きていくことを学ぶ機会を失わせるかもしれないというものである。また、ＡＩ故人は故人との未解決の問題を解決する手助けをすることもあるだろうが、その問題を悪化させたり、遺族に再びトラウマを植え付ける可能性もある。また、ＡＩ故人の無頓着で不具合の多い性質は、遺族の気持ちを考えることができないため、よく言えば突拍子もない、悪く言えば苦痛を与えるような言葉をつむぎだす可能性がある（敬虔《けいけん》なクリスチャンであるニューヨーク在住のクリスティ・エンジェルが、亡きパートナーであるカメルーンのＡＩ故人に彼の居場所を尋ねたところ、ＡＩはこう答えた：「地獄にいる」【※2】）。

私たち倫理学者の多くも、ＡＩ故人について警鐘を鳴らしてきた。それは、ＡＩ故人が生者に与えるかもしれない危害だけでなく、死者の尊厳を脅かす可能性があるからである。死者を生者のための資源に変えることで、死者を毀《き》損《そん》してしまうのではないかという懸念である。ＡＩ故人は死者を偲ぶための便利な方法かもしれないが、愛する人を代替可能なものとして扱う危険性もはらんでいる。

それでも、このようなＡＩ故人が死者に取って代わるようになる可能性は極めて低いと言えるかもしれない。結局のところ、ＡＩ故人がどんなにリアルになったとしても、愛する人が実際に死んだことを忘れることなどできるのだろうか？

特にコロナの大流行以来、私たちはテレプレゼンス（遠隔地にあってもあたかも現場にいるかのような臨場感を提供する技術）という現象に非常に慣れ親しむようになった。Zoom の時代になり、ビデオによるコミュニケーションは、三、四世代前の電話によるコミュニケーションと同じくらい自然で身近なものに感じられる。電話で話すとき、私たちが耳にするのは、実際には電子信号の機械的な再生である。それでも私たちは相手の声を聞いているのであって、単にそのコピーを聞いているわけではないと感じる。同様に家に閉じこもって他人とビデオ通話でやりとりしていたコロナ期間の二年間は、もちろん誰かと同じ部屋にいるのとまったく同じではないにせよ、ビデオ通信が、それに近い感覚を与えてくれる方法であるかのように感じられた。

ＡＩ故人もまた、十分な性能を持つようになれば、単に臨場感を生み出すだけでなく、死者の臨場感を具体的に生み出すようになるだろう。ロラン・バルトが著作『カメラ・ルシダ』（邦題『明るい部屋』）の中で論じたように、テクノロジーは、少なくとも部分的で曖昧な方法で、時間を超えて他者の存在があるという感覚を私たちに与えることができるだろう。しかし、テクノロジーは死んだ人と一緒にいるという感覚をも与えてくれるのだろうか？

その問いに答えるのが難しいのは、日常生活において、死者との直接的で明確な存在を体験することがないからだ。古い戦場や歴史的建造物では死者の曖昧な存在を感じるかもしれないが、降霊術の部屋や幽霊との遭遇の話以外では、日常生活で死者と直接出会うことはないように思えるかもしれない。だとすれば、死者の気配がどのようなものなのかさえわからないのに、ＡＩ故人が死者の気配を再現できるかどうかをどうやって予測できるのだろうか？

死別幻覚の延長としてのＡＩ

実際、日常生活の中で死者に遭遇するという考えは、それほど目新しくも突飛《とっぴ》でもない。ある一定の割合の人々にとって、このような体験は実際、驚くほど広まっている。

一九七〇年、デウィ・リースという医師が、ウェールズ中部に住む未亡人のほとんど全員を面接したところ、半数近くが、死んだ配偶者が突然そばにいるような感覚を経験したことがあることがわかった。それ以後の研究ではさまざまな結果が得られているが、大まかにはリースの調査結果を裏付けている。パートナーを亡くした人の三分の一ほどが、こうした〝死別幻覚〟を経験しているのだ。幻覚にはさまざまな形があるが、幽霊を見るような確固としたものや精巧なものはめったにない。その代わり、その体験はたいてい束の間のもので、言葉にするのが難しいこともある。人ごみの中に死んだ愛する人の姿をちらっと見たように思ったり、ホールできしむ音がして足音が聞こえたように思ったりするのだ。最も一般的な幻覚は、死んだ人がここにいるという突然の感覚である。

これは恐ろしいことのように聞こえるが、死別幻覚を経験するほとんどの人にとって、その経験は思いがけず心地よいものである。死者の存在がメッセージとして理解されることも多い。例えば、「私はまだあなたと一緒にいる」「こんなふうに悲しむ必要はない」などである。また、死別幻覚は通常、精神疾患の兆候ではない。幻覚は、パートナーや近親者が亡くなったことを悲しむ際の自然な現象であるように思われる。長い間、誰かと親密な生活を送っていると、私たちはその人がどこにいても会えると思ってしまう。

死別幻覚を人々がすぐに受け入れるということは、私たちが死者の存在を体験することに、予想以上に寛容であることを示唆している。死別幻覚について論じてきた哲学者たちは、こうした体験は単に物理的な近さの感覚ではなく、他者に出会ったときに広がる可能性を感じることだと示唆している。友人や子供やパートナーに会うと、彼らが部屋に入ってくる前にはなかった対話や行動の可能性が開かれる。AI故人がそのような可能性を開くことができるだろうか？　そうでない理由は見当たらない。

テキストメッセージを受信したときの携帯電話の音を思い浮かべてほしい。あなたは反射的に携帯電話に手を伸ばし、メッセージをくれた人の名前（そしておそらく画像）を見る。相手の名前を見るだけで、可能性が広がる。もしかしたら、あと少しで笑い話になるかもしれないし、ひどい知らせを受けるかもしれないし、本当はやりたくないことを頼まれるかもしれない。もしかしたら、対立を予期して緊張するかもしれないし、新しいロマンスを続ける準備をして心臓が高鳴るかもしれない。毎日毎日メールしている相手かもしれないし、何年も連絡を取っていない相手からの「突然の」メッセージかもしれない。それぞれの選択肢が、大きく異なる、無限の可能性を生み出す。

生きている人からのシンプルなテキストメッセージでこれだけのことができるのなら、AI故人からの視覚的に似たメッセージでも同じ効果があるはずではないだろうか？　特に、生前すでにその人とオンラインでコミュニケーションをとる習慣があった場合、AI故人からのメッセージは、これまでの関係をそのまま引き継いだように感じられるかもしれない。

死別幻覚は通常長くは続かず、おそらく数秒程度だろう。しかし、AI故人は、あなたが望むだけ長く語りかけることができる。事実上、AI故人は幻覚の延長のようなものを作り出すかもしれない。少なくともしばらくの間は、話している相手が実際に死んでいることを脇に置くことができるほど、説得力のある幻覚だ。

成長するAI故人がものを言う未来

現在のところ、ほとんどのAI故人は、悲しみに対処するための技術、あるいは生きている人やまだ生まれていない人のために、その人がどんな人であったかを記憶する方法として想像されている。しかし、この技術には他の用途も考えられる。

自分の死後、財産をどのように分配してほしいか、法的な遺言を書く代わりに、ＡＩ故人を訓練するとしたらどうだろう。このＡＩは、生前のあなたの好みをそのまま記録するが、遺言書とは異なり、状況の変化にも対応でき、遺言書を書くときには思いつかなかったような質問にも答えてくれる。遺言書では対処していない（あるいは対処しきれない）状況が発生したときに、あなたが何を望んでいたかを推測する必要がなくなる。ＡＩ故人は、あなたの信念と願望を代弁し、あなたに代わってこれらの決定を下すだけだ。

ここでさらに踏み込むことができる。このようなＡＩは、時間が経っても変化しないわけではなく、あなたが生きていれば変わっていたであろうのと同じように、性格や嗜好が変化するように設計されていると想像してみよう。時間が経つにつれて、より成熟し、責任感を持つようになるかもしれないし、より頑固になり、自分のやり方に固執するかもしれない。遺言のように、ある瞬間のあなたの嗜好をそのまま保存するのではなく、あなたが生き残り、成長し、変化し続けていたら何を望んだだろうかという問いに答えるのだ。このことは、哲学的に大きな問題を提起する。将来の「あなた」は、あなたとはまったく異なることを「信じ」、「望んで」いるかもしれない。それとも、将来世界がどのように変化しようとも、今のあなたの望みをそのまま実行するＡＩ故人にこだわるべきなのだろうか？

このようなＡＩ故人は、短命である必要もない。アーティストや作家の財産を死後数十年にわたって管理し、著作権の許諾やビジネス取引の提案について決定を下し、アーティストの信念や希望が守られるようにするＡＩ故人を想像することができる。これは、アーティストが死後に不当に搾取されないようにする方法だろうか？　それとも、これはむしろ死者があたかも生きているかのように力を振るうことになり、望ましくないことだろうか？　そして、これらのデジタル代理人を他の用途に活用することは可能だろうか。例えば、慈善財団の運営を継続し、寄付者の信念を貫くことはできるだろうか。たとえその信念が性差別的、人種差別的、あるいは同性愛嫌悪的であると見なされるようになったとしても。ＡＩ故人だらけの世界も十分に厄介に聞こえるが、彼らが私たちに威張り散らす世界は、もっと悪く聞こえる。

もちろん、大げさな表現には注意しなければならない。あらゆる新技術は救世主であり黙示録であるかのように迎えられるが、実際のところ、どのような技術であれ、その全効果を事前に予測することは不可能である。人々は常に、発明者が予想も意図もしなかったような、与えられた技術の新しい使い方を見つけるものだ。ＡＩ故人はまだ黎《れい》明《めい》期にあり、それ自体が非常に短命であることが多いベンチャー企業によって推進されている。しかし、だからこそ、この問題は緊急性を増しているのだ。私たちにはまだ時間がある。これらの技術を望むか望まないか、あるいはデジタルの亡霊を祓《はら》うほうがいいのか、決断するための非常に狭い窓口はまだ残されている。

※1 Walter Marsh, "Laurie Anderson on making an AI chatbot of Lou Reed: 'I'm totally, 100%, sadly addicted'" The Guardian. https://www.theguardian.com/music/2024/feb/28/laurie-anderson-ai-chatbot-lou-reed-ill-be-your-mirror-exhibition-adelaide-festival

※2 Dan Milmo, "'I felt I was talking to him': are AI personas of the dead a blessing or a curse?" The Guardian. https://www.theguardian.com/lifeandstyle/article/2024/jun/14/i-felt-i-was-talking-to-him-are-ai-personas-of-the-dead-a-blessing-or-a-curse

弔いの現在と未来

The Present and Future of Mourning

Chapter_3-1
- Takeshi Nishide
- Takeshi Nakajima
- Ryoko Takagi

Chapter_3-2
- Ryoko Takagi

Chapter_3-3
- Masako Taniyama

Chapter_3-4
- Ryuho Ikeguchi

Chapter_3-5
- Ryoko Takagi

家族構造の変化により、この半世紀、お墓と葬式に急激な変化が起こっている。多様化する弔いの詳細を検証しながら、その変化から見える社会の課題や、失われつつある彼岸性、これからの弔いの可能性について考察する。

鼎談

消えゆく「彼岸」

―弔いの半世紀を振り返る

西出勇志
中島岳志
高木良子

RITA MAGAZINE 2
The Dead and Technology

Chapter_3-1

- Takeshi Nishide
- Takeshi Nakajima
- Ryoko Takagi

収録：2024年11月19日
構成：高木良子

西出勇志（にしで・たけし）
1961年京都市生まれ。1985年に共同通信社入社。京都支局時代の1992年から宗教をテーマに取材。2009年から2年間、東京メトロポリタンテレビジョン（TOKYO MX）で報道部長、2011年から共同通信編集委員兼論説委員。信仰と現代社会の接点を探る「こころ」のページを立ち上げる。宗教関連の論考・エッセーに「『臨床宗教師』は闇の中の道標となるか」（『中央公論』2013年1月号）、「『類似宗教』観からの脱却を」（『Journalism』2022年12月号）など。

中島岳志

高木良子

自立した女性たちの社会運動としての墓制の変化

中島　本日は、共同通信社の西出勇志さんをお招きいたしました。西出さんは、日本の葬送だけではなく、宗教界についてもジャーナリストの視点から探究されてきた、この分野の第一人者です。この三十年間、取材をとおしていろいろなところを見てこられたと思いますので、墓制や葬送の変化について、どういう現象が起きているのか、一緒に総ざらいしてみたいと思っています。

私たちが見慣れてきた風景というのは、家の外には「何々家の墓」があって、家の中には仏壇があってという形態でした。これ自体が近代日本における新しい伝統なんですけれども、おおむね百年間ぐらいは、こういった風景の中で様々な弔いをやってきたわけです。しかし、一九八〇年代の後半ぐらいから、これに対して大きな変化が生じてきて現在に至ります。

その中で非常に重要な主張をされ、ご自身も実践者であるのが井上治代《はるよ》先生です。その主張は「これまでの形態が大きく変化したのは、近代日本の家族モデルの崩壊に原因があったのではないのか」というものです。つまり家父長的な家制度があって、妻は嫁ぎ先の家の墓に入り、主に男系がずっとお墓を継いでいく、それが家の継承だという家族モデルがあった。その崩壊が、この墓制の変化の根底にあるというわけです。

問題だったのは、常に女性が墓の問題の矢面《やおもて》に立たされてきたことです。男の子を産まないと墓の継承ができないと言われ、攻撃されてきた。まずは、この家父長的なあり方自体に問題があったわけです。しかし、性別の役割分業が解体し、夫婦が共働きする社会が当たり前となる中で、このお墓のモデルが合わなくなってきた。これまでのあり方はジェンダー的にも問題があると共に、社会変動の中で持続可能性自体が崩壊していった。

そんな中で、「死後離婚」と井上先生はおっしゃっていますけれども、妻たちが別の形の墓を求め始めました。自立した女性たちの一つの社会運動として、墓制が変化していった。そして、家や親族に代わってどのような新しい墓制のあり方があるのかということで、NPO法人エンディングセンターが立ち上がりました。

「継承者不要」と「自然志向」というトレンド

中島　このエンディングセンターの前身となる「21世紀の結縁《けつえん》と墓を考える会」が立ち上がったのが一九九〇年です。その特徴は、遺骨を土の中に埋めて樹木を墓標とするというもので、一種の自然志向も同時代的に働いた側面があったと言えるでしょう。そして、ここで重要なのは「墓友」という存在です。墓友は、生前にエンディングセンターが主催する様々なサークル活動などを通じて緩やかな繋がりを持ちながら、共同性を育んでいきます。そして、死後の世界においてもその共同性を継続するという関係性です。

家族による管理を必ずしも必要とせず、家族の機能の代替でありながら、継承がなされていくというお墓のあり方をエンディングセンターが提示した。これは、一つの大きなエポックメイキングだったと思います。

西出　少し補足します。永代供養する墓は一九八五年、比叡山延暦寺の大霊園に「久遠墓《くおんぼ》」ができたのが最初とされていて、八九年には新潟県巻町（現新潟市西蒲区）の日蓮宗妙光寺に「安穏廟《あんのんびょう》」ができました。個別区域を持ちながらの大きな共同墓という形式で、私たちが現在イメージする本格的な永代供養墓の先駆けになります。安穏廟を開設したのは妙光寺前住職の小川英爾《えいじ》さんですが、きっかけは子どもが女性だけで実家の墓を継げないという相談から思いついたとのことでした。基本的にこの三十年、四十年ぐらいのお墓に関するキーワードは「継承者が不要」と「自然志向」が特徴だと思います。家族構造の変化を受けて今や永代供養墓は全国各地に存在しスタンダードな墓になっていますが、自然を大切にするような作り込み方の墓が目立ちますね。

　一方、九一年にNPO法人「葬送の自由をすすめる会」が立ち上がります。文字通り、葬送の自由を推進しようとする市民団体で、元朝日新聞記者だった安田睦彦《むつひこ》さんが初代会長を務めました。目指したのは「自然葬」、つまり「散骨」です。日本で散骨は認められておらず、当初は違法論も出たのですが、節度を持った形ならば問題ないと推進し、九一年に相模《さがみ》灘《なだ》沖で実施してこの葬法を社会的に定着させました。今では当たり前の葬法になりましたね。葬送の自由を広げた点でこの会の存在は大きかったと言えるでしょう。永代供養と同じく継承者不要で、かつ、さらに強い自然志向という点に特徴があります。

　もう一つ、葬法の大きな変化として挙げておく必要があるのは、九九年に出てきた「樹木葬」です。これは岩手県一関《いちのせき》市にある臨済宗妙心寺派祥雲寺で始まりました。今はこのために立ち上げられた単立寺院の「知勝院」が樹木葬墓地を管理しています。知勝院の樹木葬は、土中に直接遺骨を埋め、そこに樹木を植えて里山を保全するという自然環境を重視する考え方で、山自体が墓苑になります。

　石の墓標は建てず代わりに背の低い花木を植える。その花木はだいたい一五種類程度で生態系に合った木の中から好きなものを選ぶ形ですね。木々だけではなく、虫や草花を含めた里山保全、豊かな生物多様性を守るための葬法です。この葬法を選ぶ人は自分が亡くなった後も、自然環境、里山の保全に寄与できることに意味を見

いだすことになります。二十五年以上続いているのは、こうした考え方を支持する人が多いということでしょう。

　また、近年出てきて、これから注目される流れとして、「堆肥葬」「有機還元葬」あるいは「ヒューマンコンポスティング」と呼ばれる葬法があります。微生物によって人間の体を分解して堆肥にし、山や森に還すという考え方です。土葬の速成版のようなものと考えていいと思います。もちろん、日本ではまだありませんが、アメリカでは二〇一九年にワシントン州で法律が成立し、翌年から施行されました。現在はオレゴン州など複数の州で認められています。オランダでも似たような葬法はあります。

　火葬は大量の二酸化炭素を排出するため、これに代わる地球環境に負荷をかけない葬法として西欧を中心に今後も広がっていくのではないでしょうか。日本でも有機還元葬の導入を目指して活動している団体も出てきました。法的な面や社会通念を考えれば、簡単に認められるとは思いませんが、それほど遠くない時期に、こうした葬法が受け入れられるかもしれません。火葬ではないという選択が浮上したときに、私たちの死や遺体、遺骨に対する感覚が変わっていく可能性があります。

再帰化する宗教、家族、墓

高木　「葬送の自由をすすめる会」の文脈で印象的だったのは「墓友」という言葉でした。死後まで続くその関係性を表すもう一つの言葉が「結縁」で、家に規定されるのではない、個人が生前に積極的に結んだネットワークがまさに「墓友」なのだと思います。九〇年代から、墓石に彫られる文字自体も、「何々家の墓」から「絆」「愛」「想」などの言葉に変わったり、そういう表象からも、家からの脱却の力学が感じられると思います。

中島　九〇年代からの葬送には、社会学者のアンソニー・ギデンズが「再帰的近代」という概念で説明した問題が、起きてきたように思います。これは「近代において後期になっていくに従って、自分たちの自明としてきたものが次々と解体化され、選択の対象となっていく」という議論です。

　例えば宗教もそうです。生まれながらにして浄土真宗の家だったら、小さいときから当たり前のように正信偈《しょうしんげ》を唱えて、自分自身が浄土真宗の門徒になったという意識もなく、家の宗教としてそれを継いでいた。それが自明だったと思うんです。しかし、戦後の団塊の世代になると、そういうものから切り離されて、自分自身で選択するようになっていく。そうなると、「うち何宗だっけ」みたいな家がどんどん増えてくるわけです。

　自分自身の「意志」の問題として「選択」をしていく。客体化した上で主体的に選択する意志が存在し、様々なものがその対象になっていく、というのがこの再帰化の問題で、共同体や家族のあり方も再帰化しているという現象が、現代にはあると思います。

　その一環として、お墓というものもまた自明のものではなくて、選択の対象になっている。まず墓に入るメンバーを選択するという問題です。夫の家がずっと続いて、そのお墓に入るというのが自明視されていたわけですが、個人墓にするとか、ペットと入りたいとか、妻が実家の両親のほうと一緒に入りたいという考えもあったりする。墓の脱家化、脱家族化が進んでいき、何々家の墓というものの限界がやってきて、お墓の種類が多様化しているというのが現時点です。

「子どもたちに迷惑をかけたくない」

中島　さらに、この墓じまいに伴って一気に拡大したのが、合葬墓、永代供養墓です。先ほど西出さんがお話しくださった永代供養という形態が八〇年代末ぐらいに出てきて、今やこれが中心的な役割を果たすようになってきている。お寺だけではなく行政も合葬墓を作ったりしています。高木さんがお話しくださった個人墓も出てきて、さらに「墓友」ですね。

墓友は「このメンバーで死んだ後も仲良くしよう」と言い合うこともあるそうですが、彼ら彼女たちが死後の世界を信じているかというと、それは欠如している。ここに見える一種の矛盾みたいなものについて、私は「彼岸の欠如」という言い方をしています。「あの世」がなくなって「この世」しかない。死んだ後も、この世に「私」という人格を持って継続していく。死後も「私らしくありたい」「墓友と楽しくやっていきたい」という願望が、お墓の形態にも表れているように思います。

仏教的には、死によって「私であることの欲望」から解放されるのが救いなのですが、墓友の間は、死んでからも「私」が継続する。死後も我執から逃れられず、彼岸もない。

西出　私がお墓の取材をしていて一番出会う言葉は「子どもたちに迷惑をかけたくない」ですね。これはキラーワードです。ほぼみんなが言うんですよ、樹木葬でも散骨でも。なぜこの葬法を選んだのですかと聞くと、大体こんなふうに言う。残された者に迷惑をかけたくないから自分たちのことは自分たちで済ませるんだ、という主張ですよね。換言すれば、家族として代々の墓を継いでいく感覚が非常に希薄化し、個人は個人として終わっていくんだという意志の表れでしょう。

葬儀に関しても「やらない」選択、あるいは「やるな」という意志を残して死ぬケースが多い。あるいは家族が「人を呼ばない」葬儀をするケースが増えています。ただ、人間は社会的存在であり関係が家族とだけに閉じているわけではないので、一人の人がこの世を去るときに、関わった人たちと可能なかぎり最後に結び合う場が、私はあったほうがいいと思っていますが、トレンドとしては逆ですね。

従来型葬儀の放棄は、経済的合理性の優先に加え、家族構造の変化にあっても残存する因習や虚礼の打破という面はあるでしょうが、人と人がつながる感覚も押しつぶしてしまう問題もあるように思います。人の死を完全に個人単位でとらえ、他との関係を遮断する流れが加速化し過ぎているのではないかというのが、私のこの間の取材の感想です。

高木　墓じまいによって、大量に廃棄された「墓石自体のお墓」が各地に現れるという問題も出てきています。同じ石でありながら、かつては聖なるものだったものが廃棄物になってしまう。そういった物質的ロスを避けるために、今はお寺側が墓石や墓地の区画を「墓のサブスク」という名前で売り出していたり、あるいは先ほど話に出た行政の合葬墓ができることに対して、お寺が経営上反対していたりします。新しいものが作り出される一方で、過去のものも整理しきれていなくて、すごく混乱している世界だなという感じがします。

「樹木葬」のはじまりと現在

中島　墓石にまつわる変化については、「樹木葬」という現象が、現在の一番のトレンドになっていて、ひと言で樹木葬と言っても、非常に多様化しています。

西出　樹木葬という言葉を創案したのは、知勝院初代住職の千坂《ちさか》嵃《げん》峰《ぽう》さんです。千坂さんが考えたのは、宗教者やお寺が、自分のいる地域にいかに貢献できるかという点ですね。寺院は山を持っているケースが多く、里地里山を守っていくことに宗教者の大きな働きがあるんじゃないかと考え、それが知勝院の樹木葬となったわけです。彼は土地に根付く大切さを訴えていて「大事なのは一所懸命である」と強調しています。

千坂さんは、この方法がいろいろな地域に広がって各地の寺院や宗教者が取り組んでほしいと考え、あえて商標登録をしなかった。結果、樹木葬は爆発的に広がったものの、千坂さんが願った自然環境の保護、豊かな生物多様性の保持に結びつく里山保全への展開はあまりなかった。お墓の横に木が一本立っているだけで「樹木葬です」という売り方をしているところもある。

終活に関する情報サービスを展開する「鎌倉新書」が、墓地を購入した人たちに実施したアンケートによれば、皆さんの志向は完全に樹木葬です。ただ、それぞれが思い描いている樹木葬がどんなものなのかはわからない。現在は樹木葬のイメージが拡散してしまって、収拾がつかなくなっている状態だと思います。

中島　樹木葬の実例を見に行くと、墓石が単に木になっただけのものだったり、下の図のように、合祀タイプ、共同埋葬タイプ、個別の埋葬タイプのようなものがあるだけで、つまりお寺の一角に木を植えて、樹木葬と言っているだけというのが主流だろうと思います。

それに対して、以前に西出さんにご紹介いただいた「ハヤチネンダ」には、死者と私たちの関係性そのものを、もう一回紡ぎ直そうという思想があるように思います。

西出　ハヤチネンダとは、北上山地の早池峰《はやちね》山と、了解を意味する地元の言葉「んだ」を合わせた造語で、岩手県遠野《とおの》市で墓苑を展開する一般財団法人ですね。代表理事の今井航大朗さんによると、シンクタンクを営んでいた今井さんの父親やその仲間が、景色や共同体が崩れていった一九九〇年代、土地を開発して切り売りするのではなく、景色が経済的な価値を持つ方法はないかと考え、それが最

樹木葬の種類

終的に墓苑事業に行き着いたそうです。

遠野は、民俗学者の柳田國男の『遠野物語』で知られる通り、生死や祖先の物語を含め、日本における地域の精神文化が色濃く残る地です。ハヤチネンダの特色は、馬産地でもある遠野という土地の文化や歴史を重視している点でしょう。その場所で、地元の神社が事業主体となって二〇二四年、「いのちを還す森」がスタートしました。ハヤチネンダが掲げている理念は「わたしの〈いのち〉はわたしの、わたしだけのものなのでしょうか」ですね。墓に埋葬するというだけではなく、参加者は森と関わり、死生観を共に学ぶというところに力点が置かれているのも特徴でしょう。

「いのちを還す森」は早池峰山が見える山の中にあります。ここでの埋葬方法は、火葬した焼骨をパウダー状にして山へ持っていき、スコップで表土を取ってその下の土と混ぜ、再びふたをするように表土をかぶせます。この行為が大地と一緒になる感覚を生むというのでしょうか、今井さんは「命として納得感が生まれる」という言い方をされています。

墓標も立てず、表土で元通りに埋めるのでどこに埋葬したかわからなくなる。つまり、「自然の中で眠る」のではなくて、「自然になる」という感覚ですね。大阪の妙見山でも墓標を立てずに遺骨を埋める「循環葬®」がスタートしました。これからこういう形の葬法がどんどん出てくるのではないかと思います。

高木　今お話に出た「循環葬®」を今年見てきたのですが、とても印象的だったのは、山の手入れや墓苑近くの整備、あとは山の遊びをすることを契機に、契約されている方、これから契約を検討している方を集めて、コミュニティを作られていることでした。そこにもやっぱり「結縁」のような、自分たちが眠っていく場所に対して生前からコミットしようという意識が、すごくあると感じました。

それから堆肥葬については、日本でもやろうとしている人たちがいますが、法的になかなか難しい。一つの代替案として、火葬骨を堆肥化するなら可能性としてありそうで、堆肥葬の日本版みたいなものが展開するかもしれません。

それに関連して思い浮かぶのが、オーストラリアのメルボルン近郊にある「Mornington Green」という樹木葬専門の墓苑です。そこでは「焼骨は土壌に有害である」という捉え方をしていて、バイオテクノロジーを使って配合した「培養液」を開発しています。培養液は火葬された遺骨のph値や塩分濃度を中和して無害化するだけでなく、木を元気にするための栄養分を加えた肥料でもあると謳《うた》っていました。ここの循環樹木葬では、火葬は外部で行い、粉骨された遺骨を培養液で中和してから土とよく混ぜ合わせて、そこに選んだ樹木を植えるという手順が

Living Legacy社がつくる焼骨を無害化する培養液

とられていました。

日本の焼骨は土に還るのかと言ったら、骨壺に入っていて難しいということもありますし、日本では今あまりに短時間に高熱でご遺体を焼くので、遺骨がセラミックのように有機物が入り込む余地がないものとして焼きあがってくるそうなんです。そうなると、すごく土に還りづらい焼骨になってしまう。ですので、遺骨一つとっても、自然葬とか樹木葬が、実際に自然をどう取り込んでいくのかというのは、まだまだ残されている問題だと思います。

日本における土葬の今と課題

中島　最近注目されている土葬もまた、自然葬の発想と重なっているところがありそうですね。

高木　日本にも土葬をする地域は残っていますし、どうしても土葬を選びたい方たちによる「土葬の会」というグループもあります。ただ、九九パーセント以上が火葬という現代の日本で社会問題として挙がっているのが、日本に住むイスラム教徒の人々の土葬墓地問題です。

イスラム教では、教義上復活のために身体が必要なので、亡くなった後の速やかな土葬が必須です。万一火葬されると、亡くなった人が復活できない上に、例えるなら地獄の業火で焼かれるような痛みをもたらすと聞いたことがあります。在日イスラム教徒が増える中、日本国内に土葬墓地を設けたいという要望は当然出てくる。これを受け入れられるのかどうか、各地で課題になっていて、現在進行形で問題になっているのが、大分県の日出町《ひじまち》です。

別の項（一八四頁）で詳述しますが、この問題は「グローバル社会の中で、多文化共生のために受け入れるべきだろう」という論調で語られがちですが、住民の人たちにも地域に育まれてきた水源信仰があり、自覚的であるかどうかは別として、裏には信仰対信仰の構図もあると私は思っています。ただ、今後も土葬が必須になっていく中で、これもまたテクノロジーで解決していける部分もあるのではないかと思っているところです。

中島　土葬というと、近畿地方を中心とした伝統的なものに両墓制があります。これは埋め墓と詣《まい》り墓が別で、遺体は山の自然の要になるような場所に土葬し、それとは別に詣り墓という遺骨を入れないお墓が家のすぐそばにあり、それが個人墓であるというものでした。しかし、法律の問題や公衆衛生上の問題などが重なって土葬がなくなり、それとともに、里山に遺体を還すという習慣がなくなった。そして、亡くなった人たちが山から見守っているという感覚もなくなっていきました。

西出　日本の火葬率は二〇二三年度で九九・九七パーセントです。火葬でないのは年間四五〇例ぐらいですかね。

私は十年ほど前に、山梨県甲州市の塩山《えんざん》にある日本ムスリム協会の土葬墓地、イスラム霊園で清掃作業を手伝ったことがあります。数年前に亡くなった元会長の樋口《ひぐち》美作《みまさか》さんの取材も兼ねてだったのですが、樋口さんが「私も最後にここに来るんだよ」と、にこやかに話をされていたのがとても印象深かった。

やっぱり自分が還る場があるという安心感は、特に信仰に基づいている場合は絶対的に必要ですね。多文化社会化、多民族社会化が日本でも進行する中、ここはしっかり担保しなければなりません。死が絡むときこそ、信仰や宗教が大きく浮上するわけですから。

ただ、葬送に関し、現在は一元的に管轄する役所はありません。世界各地から来た人が日本で死んでいく、その数がどんどん増えていく。それぞれの信仰や宗教を重ね合わせて多死社会の在り方を考えて政策を作る必要がある。このあたりがこれからの日本の大きな課題になっていくと思います。

文脈が変わる散骨・海洋葬、そしてバルーン宇宙葬

中島　もう一つ、自然葬でいうと、散骨とか海洋葬と言われるものともつながっていると思います。海洋葬の広告をみると、やはり散骨は自然に回帰するということを謳っています。ところが、最近少し文脈が変わって、お墓のことで子どもや孫に迷惑をかけたくないという理由が入ってきている。特に格差社会の中で、なかなか自分の墓に対する継承のイメージを持てない人たちが、散骨してくれと言うケースも出てきた。

西出　今、中島さんがおっしゃったことは非常に重要だと思います。当初の散骨は、先ほどお話しした通り、葬送は自由であるべきであるという社会運動として出てきました。大自然の中で眠りたいという思いと、葬送は自由であるべきだという考えがセットになって、散骨、自然葬は展開してきたものだと言えるでしょう。

　ただ、現在の散骨は、あくまでも個人的な感想ですが、そういう当初の理念とは少し違っていて、人生を締めるに当たって「特段、何もしなくていい、撒いてもらったらそれでいい」という感覚が強くなっているように思いますね。ただ、残された者はどうかという問題はあります。「葬送の自由をすすめる会」の散骨に立ち会ったことがあるのですが、船に乗って沖に出ていくと、緯度経度など、どこで撒いたかを参会者にちゃんとお知らせします。もちろん海は環流するので、撒いた場所を特定することにはそれほど意味がないように思いますが、やはり墓標のようなもの、手を合わせる先が必要という感覚を日本人はまだまだ持っていると感じました。

　こうした感覚に対応した散骨場もあります。島根・隠岐の海士《あま》町《ちょう》にある小さな無人島、カズラ島は、島全体が散骨場になっていて、対岸からその小さな島に向かって手を合わせます。海ではなく島の土に撒くので合掌する先がはっきりしています。アクセスが大変なので、手を合わせたいと考える誰にとってもよい場所というわけではありませんが、アイデアとしては日本人の感覚を上手に捉えている気がします。あくまで、これまでの日本人の、ということにはなりますが。

中島　その延長上と言えるのか言えないのか、自然葬と言うべきものなのかどうか、私には非常に疑問ですけれども、バルーンに遺灰を入れて空高くまで飛ばすバルーン宇宙葬というのもありますね。本当に宇宙空間までいくわけではないですから、宇宙葬とは言えないと思いますが、壮大なロマンが生まれます、と広告にあります……。いずれにせよ、いろんな選択肢が用意されている状況になっています。

納骨堂の流行と運営のリアル

中島　もう一つ大きなトレンドとして、納骨堂があります。電車内の広告で「駅近」を売りにしているのもよく見かけます。お寺の中だけでなく、都市の一等地、駅の近くなどに建つようになって、それらはハイテク納骨堂、都市型納骨堂と呼ばれたりもします。ベルトコンベアで骨壺が奥から運ばれてきて、お参りのときだけ、その場がその人のお墓の空間になるという、自動搬送式納骨堂などがあります。

　一般のお墓との違いとして、納骨堂は契約期間が決まっている、という点は重要だと思います。つまり、永遠に納骨堂に遺骨があるわけではなく、決められた年限になると、そのお骨は合葬墓などに入れられる。契約を更新し続けたとしてもせいぜい三代です。かつても弔い上げというのがあって、三十三回忌が一つの目安でした

が、その後もご先祖となってそこにいるという感覚は継続していました。しかし納骨堂では、その当人を知っている世代が終わると、おしまいになる。死者との関係性が短く見積もられているというのが、一つの特徴だと思います。

一方で、二〇二二年に札幌の東区にある巨大納骨堂が経営破綻して、遺骨のゆくえが問題になるということもありました。

西出　お寺のお坊さんたちと話をすると、寺が経営的に大変厳しい時代にあって、どう維持していくかという話題でよく出てくるのが永代供養墓と納骨堂です。ただ、見ていると、うまくいっているケースは決して多くはない。お寺の価値は、ある程度の永続性ということになりますが、遺骨を永続的にお預かりするという思いで納骨堂を始めるケースはどれだけあるのかと思いますね。納骨堂に関するビジネスは、気軽に始めて失敗しているケースが多いように見受けます。築地本願寺の合同墓や納骨堂のように、それなりに成功して注目を集めた例もありますが、ご遺骨を預かって長い年月にわたって供養していくことが、コスト面も含めてどこまで可能なのかという問題がありますね。ただ、とりあえず手軽な形でお骨を納める場を求める人が多いことも事実で需要はあるのでしょう。

納骨堂で言えば、山梨県北杜《ほくと》市に「人生祈念館」があります。GLAという新宗教の教団が二〇一二年に造りました。外見は美術館のようで、北米照明学会の賞も取った美しい建物です。八ヶ岳の雄大な風景の中にあります。ここは納骨堂ではあるのですが、目玉は「人生記録出会室」というもので、その人が生きてきた軌跡、つまり映像や写真なども預かり、それを見ることができます。遺骨は三十三年経ったら合祀するそうですが、記録は残っていて遺族は故人に会いに行くわけですね。

もう十年以上前になりますが、「人生祈念館」を記事にしたらかなり反響があったようで、お寺などからそこそこ見学の申し込みがあったそうです。もちろん、教団も永続的なものだと私は思っていませんが、ある程度の期間は担保されるでしょう。信者であることが条件にはなりますが、興味深い例の一つだと思います。

高木　東京の広尾駅から徒歩数分のところにある、中部電力のグループ会社が経営している「了聞」というビル型の納骨堂を見学したことがあります。完全個室で設計されている高級志向の納骨堂ですが、そこで聞いたのは、土地の問題を解決するために重宝されているという話でした。自動搬送式納骨堂のシステムを請け負っているのは物流倉庫のシステム屋さんで、それが中国からも注目を浴びて、視察団が来る。中国も、特に都市部では墓地用地が大きな問題になっていますから、日本と同じことが起こっているのだと思います。

ビル型の完全個室の納骨堂（了聞）

手元供養は仏壇なのか、墓なのか？

中島　近年、樹木葬とともに拡大しているものとして、手元供養があります。この十年ぐらいで、エンディング産業展（年に一度挙行される葬送業界の大展示会）に行っても様々な形態の手元供養品が展示されるようになってきました。例えば、お墓に入れた遺骨の一部を分骨して持っておくとか、散骨や樹木葬をして、その一部を持っておくとか、あるいは手元に遺骨をすべてもっておくとか、いろいろなパターンがあります。

先日、この手元供養品を囲んで知人たちと話をする機会があったのですが、やはり、その亡くなった人を意識しながら会話が進む。そういう意味で、死者と私たちの関係性を取り結ぶ、あるいは生者の拠り所になる、新しい重要な装置だと思います。

一方で、これは子どもや孫に継承されるものかというと、おおむね一代限り、あるいは亡くなった妻や夫など、非常に近い人間関係のみで成立する供養のあり方で、継承という問題はあまり考えられていないという側面があります。

手元供養の一つのバリエーションとして、遺骨ダイヤとか、遺骨から作る真珠というのも出てきていますが、特にアクセサリー類になると、死者の個人所有という問題にもなってくるかと思います。

西出　中島さんがおっしゃった通り、その後どうするのかという問題がやはり一番大きいですね。私の友人は、親の遺骨で作ったオブジェのような手元供養を仕事場に置いています。身近に親が感じられるそうです。ただ、自分が死んだときに一緒に燃やしてもらうと言っていますね。

トレンドとして、長い時間つながっていく感覚ではなくて、近しい関係の中で閉じている感じがします。手元供養を身近に置いて故人を身近に感じたいという気持ちはわかりますし、確かにエンディング産業展に行くと、いろんな手元供養が展示されていますが、これが主流になっていくというわけではないように思います。

高木　私が修士課程で研究した「遺人形」は、3Dプリンターで故人の姿をかたどる二〇〜三〇センチぐらいの樹脂の人形ですが、それにも遺灰をカプセルに入れて挿入するオプションがあります。遺人形は、普段仏壇に置いておくという方が多いのですが、中には生前に亡くなった方と行った旅路をその人形と一緒に辿って、昔記念写真を撮ったところで人形と写真を撮るなど、手元ではあるけれども家の外にも一緒に出るという展開もありました。

死者との関係が、家単位から核家族化して、さらに個人化する流れがもろに表れているのが、この手元供養だと思います。とても親しい死者に対する供養なので、亡くなった人の人格が生前そのままに死者に移行していて、遺族側にも、異界の存在になった死者への畏れみたいなものはないと感じます。

中島　家の外か内か、骨があるかないか、という二軸で座標軸を作ってみると、次頁のような図ができますね。

「骨があって、家の外」が墓で、「骨がなくて、家の内」が仏壇だった。手元供養は、モビリティの問題はありますが、基本的に「骨があって、家の内」という新しいパターンなのだと思います。これが仏壇の延長なのか、墓の延長なのか、あるいは両方なのか。そういう問題が手元供養にはある。

本誌にも寄稿されている谷山昌子さんの研究では、手元供養を選ぶ人たちには、墓の代替という発想が強いといいます。つまり、あんな冷たいところに入ったらかわいそうとか、現代人がお墓に対する良いイメージを持たなくなっていることが、一方において樹木葬などにつながり、一方において手元供養にもつながっているのではないか。この点、なるほどと思う一方で、家の中に死者を感じるという面においては、仏壇の代替でもあるとも言えそうです。

西出　先日、久しぶりに会った友人と話をしたら、eコマースを仕事にしているとのことで、インターネット上で仏壇も扱っているそうです。「この時代、仏壇なんて売れるの？」と聞いたら、ものすごく売れているそうなんですよ。彼が扱う仏壇は、巨大なものではなくて、小さくてスタイリッシュなタイプですね。やっぱり手を合わせる対象が欲しいということでしょう。お墓まで行くことなく、家の中に故人を感じるアイテムを置いておきたいわけですね。

高木　遺人形を持っている方の中には、毎日遺人形を連れて墓参りに行くという方もいらっしゃいました。遺人形が亡くなった方の存在を宿すものだと考えると、墓ではいったい誰が誰を弔っている設定になるのだろう？　と少し頭が混乱するのですが、手元供養は個人としての死者、墓は集団としての死者という考え方もできるのかなと思ったりもします。

中島　手元供養は仏壇なのか墓なのか、これは法的にも結構ややこしいところかと思いますが、非常に新しい伝統が作り出されてきているとも思いました。

模索されるペットの弔い方

高木　今、ペット葬も増えていて、とはいえ既存のお墓にペットと一緒に入るのはなかなか難しいけれど、ペットの骨の手元供養であれば、家の中で人間の骨と並べて置けるという話も聞いたことがあります。

中島　ペットが亡くなった後のロスは、場合によっては人が亡くなるロスより大きい場合もあります。というのも、人が亡くなった後には、葬儀をやって、四十九日があって、納骨があってという、伝統的に繰り返されてきた作法や形式が、崩壊しつつあるけれども一応はありますよね。そういう儀礼にともなって、私たちの死者との付き合い方は徐々に安定していく。

　けれど、ペットの場合はそれがなく、いきなり切り離されてしまう。今はこれを埋める新しい方法を作っていく段階なんだろうと思います。再帰的な近代において、ペットも家族だという時代になり、新しい方法が模索される中、手元供養のような新しい装置が、この問題にどう解決をもたらすのか、ということも問われていると思いました。

西出　友人の僧侶から聞いたのですが、ペット葬をやると、すごく家族が集まるそうです。お孫さんもみんなが参加して、儀礼にも真摯に向き合う。お寺としてのこれからの展開がペット葬にはあるのではないかと、そのお坊さんは言っていました。

高木　まさに私もそうで、長く数多くの猫と暮らしているのですが、猫友が全国にいまして、その人たちとは猫ブログを通じて二十年ぐらい前からの付き合いがある

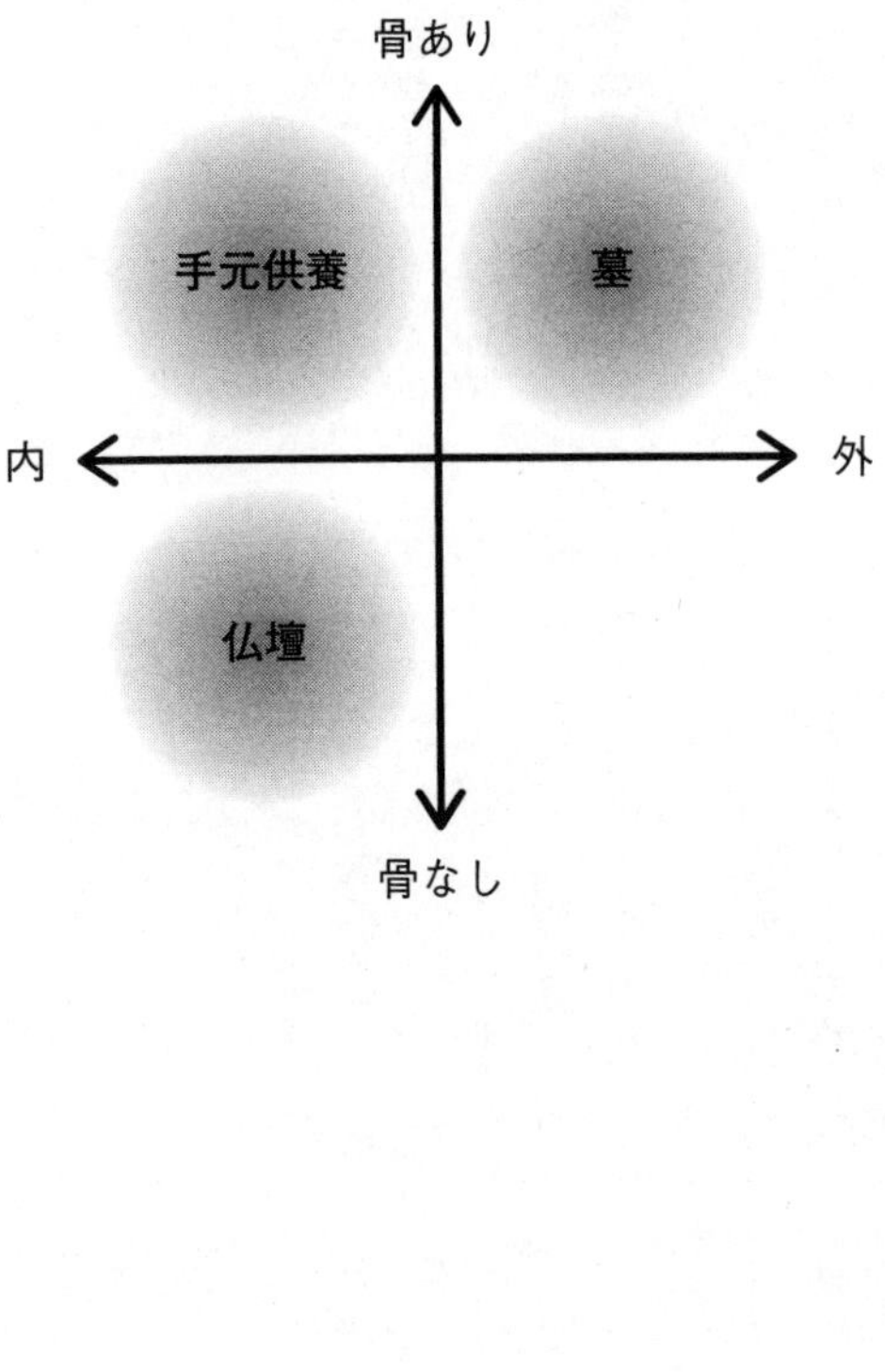

んです。いつもよく見ている猫ちゃんが亡くなったりすると、わざわざ大阪とか神戸まで飛んで、その葬儀に立ち会ったりします。ペットに対してのほうが真面目というのは、確かにと思った次第でした。

葬儀の変化～簡単に、安く、少ない人数で

中島　さて、ここでもう一つ、葬儀のあり方の変化にも目を向けておきたいと思います。大きく見るとまず、自宅、寺院から葬儀場に葬儀の場が変わっていった。これは、すでに随分昔に起きた事象ですね。それと同時に、ビジネスとして成り立つ葬儀会社によるシステム化が起きた。

　しかし、現在はその先を行っています。葬儀会社が運営することで、多数の参列者を受け入れられるようになりましたが、最近では家族葬や、通夜や告別式なしに火葬のみをする直葬という形で、葬儀の規模がどんどん縮小している。規模だけでなく、内容も簡略化が進み、今多くなっているのは、一日葬です。お通夜と葬儀、火葬までを一日で済ませてしまう。そして、初七日を葬儀と同日に行う繰り上げ法要も主流になってきています。

西出　少し前までは、初七日を葬儀と同日に行うにしてもまず葬儀をして、火葬した後に初七日をやっていました。しかし最近は、火葬の前に済ませるケースが出てきています。コロナも大きな影響を与えたと思いますが、葬祭会館のビジネス化が進行して効率重視が強くなり、なるべく滞りなく済ませたいわけですね。ただ、これはどうなんだろうと思いますね。

　私は定年後も継続雇用社員として会社に在籍していて、職場の掲示板で訃報を見るのですが、少し前から明らかに表示内容が変わってきています。昔掲載していた死因も載せませんし、個人情報の点で突っ込まれそうな点は一切書かなくなりました。最大の変化は、家族だけで葬儀を済ませる（済ませた）というのがほとんどになっていることです。数少ない葬儀を行う案内にしても、供花、香典はご辞退申し上げます、という言葉が添えられる。先にも触れましたが、故人は家族だけのものではない、というのが私の考えで、お別れの場はあったほうがいいと思いますが、世の流れは完全に家族葬、直葬の方向ですね。

　もう一つの大きな流れは、低価格化です。中間業者がネットで安い価格を提示して誘客し、地元の葬儀社に仕事を振る。当然、実入りが少ない葬祭業の現場は疲弊するし、お寺だって、菩提寺の意識がどんどんなくなる中で葬儀を請け負う関係上、中間業者や葬儀社に物を申しにくい状況も起きています。とにかく簡単に、安く、少ない人数で、ということをＣＭでもどんどん謳っていますね。それが「家族に迷惑をかけたくない」という需要と相まって、葬儀の縮小化傾向が加速度的に進行しています。亡き人を丁寧に見送る文化も縮小していくことへの懸念はありますね。

　ただ、そんな全体状況の中で、お寺が主体的に葬儀に取り組もうという動きも出てきています。葬祭会館ではなくお寺で葬儀を営む「お寺葬」ですね。故人や遺族との関わりを大事にし、葬送にきちんと取り組むことが地域にあるお寺の役割だと考える人たちが各地に出てきて、手づくりで比較的安価に、かつ、さまざまな工夫を凝らして「よい葬儀」を目指し、葬儀の価値向上に取り組んでいます。社会的風潮とは異なる、興味深い動きだと思います。

高木　全体として、生者側の葬儀になってきていると感じます。例えば家族葬で葬儀社が売りにするのは、家族参加型の納棺だとか、要するに顧客満足度が上がるような施策です。あるいは、サービスとして遺族のグリーフケアを謳い、葬儀社の従業員にグリーフケ

アの意識を浸透させれば、付加価値がついて単価を上げられるという論調で、ビジネスが進んでいます。

そもそも死者を送り出すための葬儀であるにもかかわらず、生者の満足が、葬儀社の中での一つの軸になってきているというのは、注目すべきところかと思います。

それから、日本でもコロナのときにバーチャル葬儀、オンライン葬儀が現れました。例えばZoomのようなウェブ会議ツールを使って、遠方に住む人や健康に不安のある人など、当日葬儀会場に足を運ぶことが難しい人も、オンラインで参列できるというサービスが葬儀社を中心に少し広まりました。しかし、コロナ禍が明けた今、日本ではほぼなくなった、というのが現状です。

調査をすると、アメリカやオーストラリアでは、とくに移民の中でバーチャル葬儀が続いています。例えばフィリピンやインドネシアから来てる人たち、中国の少数民族たちが、本国で、あるいは移住先で葬儀があったときに、そこをつなぐためのものとして継続していました。

中島　日本でもオンライン葬儀をやっている会社がありますね。Zoomで中継する以外にも、バーチャル空間に葬儀場、弔問所を置いて、自分なりのメッセージを残すとか、故人となった人の写真を見るとか、弔意を示す行為ができるものが出てきています。

ただ、日本では普及はしていない。そんな中、葬儀だけがどんどん縮小し、本当はお別れをしたかったけれどできなかった人たちにambiguous loss（あいまいな喪失）が起きたまま進んでしまう。これはグリーフケアの面でも、非常に難しい問題が残されてしまうと思います。

つまり、お葬式、初七日、四十九日といった仏事によって、死者と新たに出会い直し関係性を結ぶという形式が取っ払われてしまい、私たちと死者との関係性の紡ぎ直しが難しくなってきているということが、今、葬儀の問題としてあると思います。

マーケット化、空洞化する葬儀

中島　そんな中、葬儀にまつわる様々な新しい現象が起こってきています。「イオンのお葬式」は、仏具を食料品のようにパックしたビジュアルの広告が毎日広告デザイン賞を取って物議を醸しました。イオンの葬儀紹介業自体が二〇〇九年からですから、もう十五年ぐらい経っていて、組織のあり方自体が、これまでの葬儀業者からは大きく変わってきています。

さらに、最近では「ＤＩＹ葬セット」というのがAmazonで売っています。試しに買ってみようかなと思いつつ、どこに置くのかという問題があって買っていないのですけれども。こういった、お寺を介さずに非常に安価にできるものが、「ＤＩＹ」という言い方で売られている。その人らしさ、あるいは独自の送り方の、一つの形態とも言えるかもしれません。

あるいは、Amazonで取り扱いのあった「お坊さん便」も大変話題になり、反発があって二〇一九年に中止になりました。ウェブ上から、お坊さんを三万五〇〇〇円で手配しますというものですね。自分の菩提寺がない場合、こうやってお坊さんを呼ぶシステムは、ネット上で今は普通に流通していたりします。

もう一つ、「お坊さんのいないお葬式」というのが、新聞広告に大きく出た時期がありました。二〇二〇年ぐらいに、ナイン&パートナーズという会社が葬儀社などと提携して、無宗教の「想送式」を全国展開しようという流れでした。喪主や参列者へのアンケートで、仏式葬儀の長さやお布施の高額さが指摘されたことから、このビジネスを始めたという経緯だったようですが、一年少々で終わっています。ただ、一つの投げかけではあったと思います。

そして、島田裕巳《ひろみ》さんの『0葬』という書籍も、二〇一四年に出てベストセラーになりました。背景には格差社会の貧困の問題も、もちろんあると思います。火葬後に遺族が遺骨を引き取らないという葬式のあり方で、僧侶を呼ばない、お墓を用意したくない、あるいは子どもたちに負担をかけたくないという、これまでの議論で繰り返し出てきた問題にも触れている内容です。

西出　私の親は、お寺との関係が濃密にありましたが、私と菩提寺に関してはほぼありません。都市部に住んでいると、そういう人が多いのではないでしょうか。私の場合は仕事柄、お坊さんの知り合いが多いですが、ほとんどの人はそうではない。お葬式でお坊さんを呼ぶことになったときに、Amazonやイオンで明朗な金額で呼べるのは、確かにいいよねという話になりますね。

ただ、お布施の金額を目安で出してしまったことがイオンの失敗で、お布施はサービス料金ではないとする仏教界からの大きな反発を受けて、目安を削除する形で出し直しました。でも一般の人は、お布施は葬送儀礼をしてもらう対価だと思っている方がほとんどだと思います。「喜捨（喜んで施しをすること）」するというような、仏教的意識はほぼないでしょう。昔ながらの檀家制度を当たり前と考える僧侶と、都市部に生きている人たちの落差は大きい。イオンやAmazonのビジネスはその間隙《かんげき》を縫う形での展開なのだと思います。

高木　私自身の例でお話をすると、祖父が一九八五年に亡くなったとき、祖母が個人の信条で遺骨はいらないと断って、火葬場で受け取らなかったんです。それがまかりとおったこと自体、今思うとちょっとびっくりなんですけど、ただもともと関西で、全骨収骨するわけではないので、それも可能だったのかもしれません。

あとは、二〇一〇年に私の父が亡くなったときは、直葬しているんです。これは私の母の希望で、母は自分たちの家族らしい送り方を選べたから後悔していないと言います。でも私は、むしろ儀礼がほしかったなと今は思っているんです。あの場が父との別れの場としてだけでなく、父と関わった人たちと私たちも関われる場だったらよかったのにと。いろいろな葬儀の形が出てくる中で、うちに起きたような家族間温度差というのも、きっと発生しているだろうなというのが、感じていることです。

中島　高齢化が進み、全体として社会の中で亡くなる人は増えています。先ほどお布施の領域が市場の領域へ転換しているというお話がありましたけれども、業界ではこれを市場化しようと動いているわけです。

ただ次頁の図が示しているのは、葬儀にまつわるマーケットは全然拡大をしていないし、二〇二〇年にコロナでガクンと落ち込んだ後、十年後も若干は増えていますけれども、それほど大きくならない見通しになっているということです。つまり、やはり私たちはさすらっていて、弔いにしても葬送にしても、どのような形式でやっていったらいいのか、安定的なものを持ち得ていない中、多様化の中の空洞化という問題が進んでいるのだろうと思います。

AI故人と「彼岸の欠如」

中島　さて、そんな中、今日はあまり深く論じませんが、斜め上から出てきたのが死者をAIによって再現するという事象です。最新テクノロジーを使ったまったく違う弔いのあり方、あるいは死者との付き合い方で、場合によってはChatGPTを通じて亡くなった人と会話ができます。

しかも、AI美空ひばりの時代にはCGに莫大なお金がかかりましたが、中国の民間業者ではかな

図　葬祭ビジネス市場規模推移

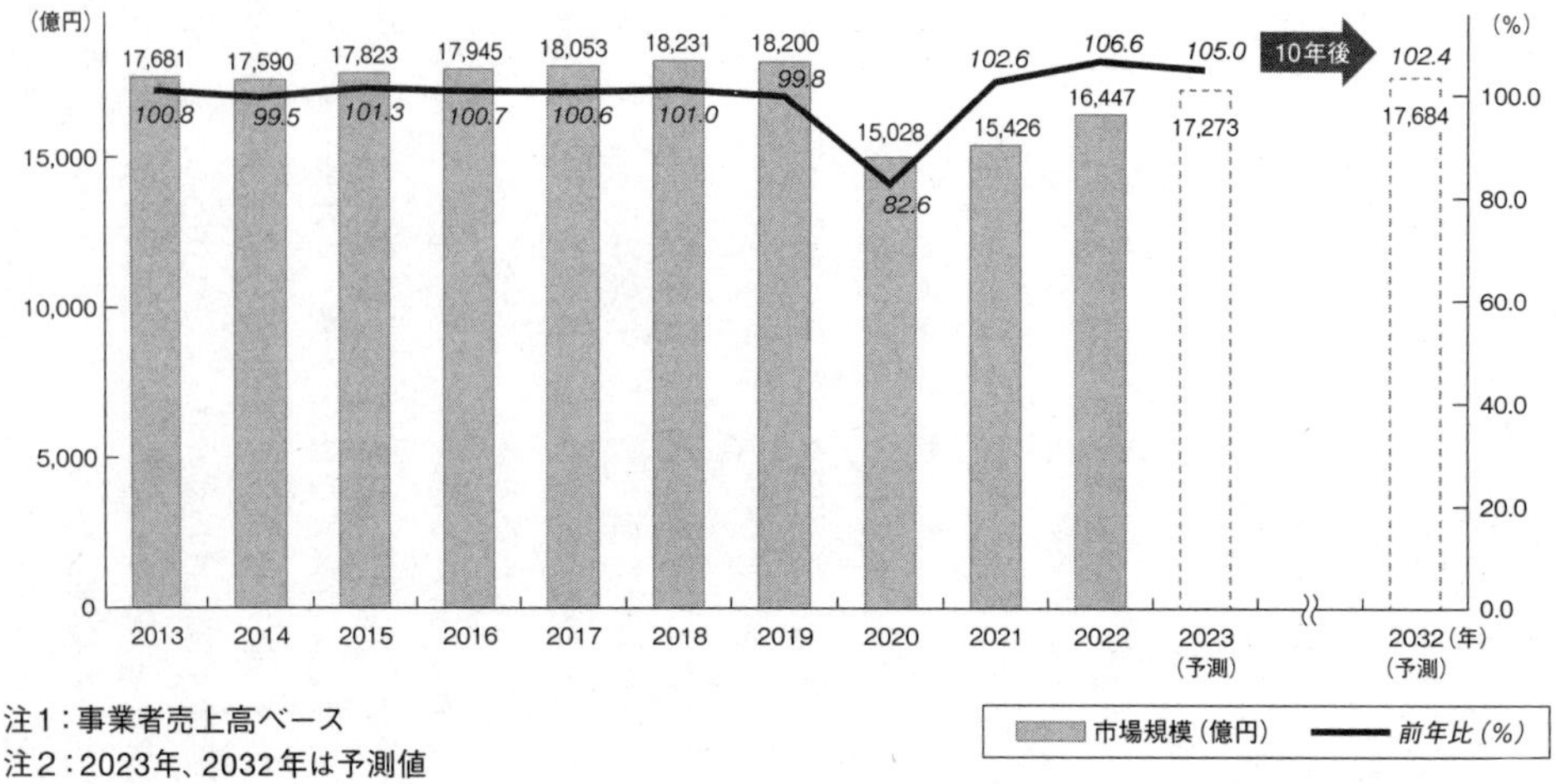

注1：事業者売上高ベース
注2：2023年、2032年は予測値

出典：株式会社矢野経済研究所「葬祭ビジネス市場に関する調査（2023年）」（2023年9月14日発表）

り安価に可能になっています。日本では安倍晋三のＡＩでの復活という問題もありましたし、ビジネス化も始まっています。

西出　先ほども話に出ていたバーチャル空間での葬儀は、面白いとは思うのですが、オンラインを通じた葬儀が従来型に取って代わるのは難しいだろうというのが、私自身の感想です。

ただChatGPT等を使って死者と対話をするＡＩの展開はちょっと未知数で、どうなっていくのか、関心があります。人とつながる感覚が希薄化してきた中、亡くなった親や子どもと個別に対話ができるようになったとき、たとえそれがフィクションであると認識していても、死というものの捉え方が劇的に変わる可能性がありますね。

高木　私は今、これを専門に研究しているわけですが、実際にＡＩ故人を使っている方のお話を聞くと、今のところ皆さん、明らかに故人とは別のものだとわかって、あえて使っています。あとは日常的に使いたいわけではなくて、例えば法事のときに親戚の間に置いて一緒に話すというシーンで使われたりする。

ですので、よく言われるような、ＡＩ故人の出現によって、生きている人か死んでいる人かわからなくなってしまうというディストピア的な世界は、今のところ私たちの想像のほうが行きすぎているような気がします。今後の問題として、故人が発していない言葉をＡＩが発するようになるということはありますけれども、それは今使用しているご遺族がそうであるように、死者とＡＩ故人を同一視せず、ある程度の距離があることを意識しながらやっていけるのではないかというのが、私の今のところの見立てです。

ただ、亡くなった本人の同意のあるなしに関わらず、ＡＩによってその姿をとどめたまま存在しなくてはいけないというのは、死者になっていくプロセスを考えたときには、一つ大きな変化をもたらすのかなとは思います。

中島　私は、AI故人の問題だけが特殊なのではなくて、桜葬や墓友も手元供養も、やはり共通しているのは「彼岸の欠如」という問題だと思います。少なくとも浄土真宗では、亡くなった人は一回浄土に行く。それが往相ですよね。そしてもう一回この世界を導くために帰ってくる。これが還相です。それは、もうすでに仏になったものが、私たちの世界を導くために帰ってくるという捉え方です。

　山に還ったご先祖というのも、「おじいちゃんがあの世から見ている」というような、一種の超越的な倫理規範みたいなものとしてあって、生きているときのその人そのものではなかったはずです。死者となって異界性を帯びた存在が私たちと関係を結ぶというのが、生者―死者関係だった。今は「自分らしい死後」みたいなものを含めて、生者のままで、現実しかない世界になっているように思います。

　「現実」の反対語が何だったのかを考えると、その時代の位相が見えやすいと、社会学者の見田《みた》宗介《むねすけ》は言いました。戦後二十五年間ぐらいは、「現実」の反対が「理想」だった。「現実」に対してもっと世界は良くなるべきだということで、学生運動をやったり、高度経済成長にも非常に熱心に取り組んできた。しかし一九七〇年代ぐらいから、理想が描けない時代になり、「現実」の反対語が「虚構」に変わったと言います。つまり「現実」はしんどいから、週末にはディズニーランドに行って癒されるというような。

　しかし、これを継いだ大澤《おおさわ》真幸《まさち》さんは、九五年ぐらいから、その「虚構」すら成立しない世界になっていると言います。それが彼の言う「不可能性の時代」で、つまり、現実しかない世界です。宮台真司さんは「終わりなき日常」という言い方をしますが、現実の反対語としての理想も描けないし、虚構の中の戯《たわむ》れも不可能な、ただただ現実だけが存在しているような世界が表れている。

　この社会学の議論と、今日の議論は、重なっていると思うんです。つまり、現実しかない死後と言うのでしょうか。死後にあの世に行って、別の死者になるのではなくて、私という人格が続いてしまう。そしてその現実を受けついだ死者との関係性を結ぼうとするのが、今日見てきた、様々な現象なのかなと思います。それが政治と死者との関係性において、どういう問題をもたらすのか。特にAI故人の問題は、それを加速させてしまう可能性があり、一つの論点だと思っています。

　本日は今の葬送や弔いの問題をサーベイして、重要な論点がいくつも浮き上がったと思います。ありがとうございました。

西出・高木　ありがとうございました。

- Ryoko Takagi

論考

遺骨アクセサリー・堆肥葬・自然循環型葬

―弔いの多様化とその裏にひそむもの

高木良子

多死社会がやってきた

少子高齢化が叫ばれ始めて久しい。日本では二〇〇五年から出生率より死亡率が上回ることで起きる人口減少が始まった。内閣府の「令和六年版高齢社会白書」よれば、二〇二二年の出生数は七七万一〇〇〇人、死亡数は一五六万九〇〇〇人。死亡数は出生数の二倍を超え、日本は「少産多死」の人口減少社会を突き進みつつある。

図1の通り、団塊世代がすべて後期高齢者となるまさに今年二〇二五年以降、日本では毎年一五〇万人以上が死亡する「多死社会」が訪れる。しかし、この「多死社会」という言葉は、なんと乾いた響きをもつのだろうか。残念ながらここに並べたてた数字やグラフからは、そこに含まれた個々の人々がどのように死を迎え、遺された者がどう過ごすかという具体は何ひとつ見えてこない。

例えば、筆者自身は団塊ジュニアに属する世代であり、まさに団塊の親世代が迎える死を前に、先陣を切って対応する義務を背負った年代である。周囲を見渡せば、同じように親の介護、死別、墓選び、供養、あるいは少子化による継承者不在による墓じまい、仏壇じまいも含む、「死をめぐる営み」がまさに現在進行形で散見される。

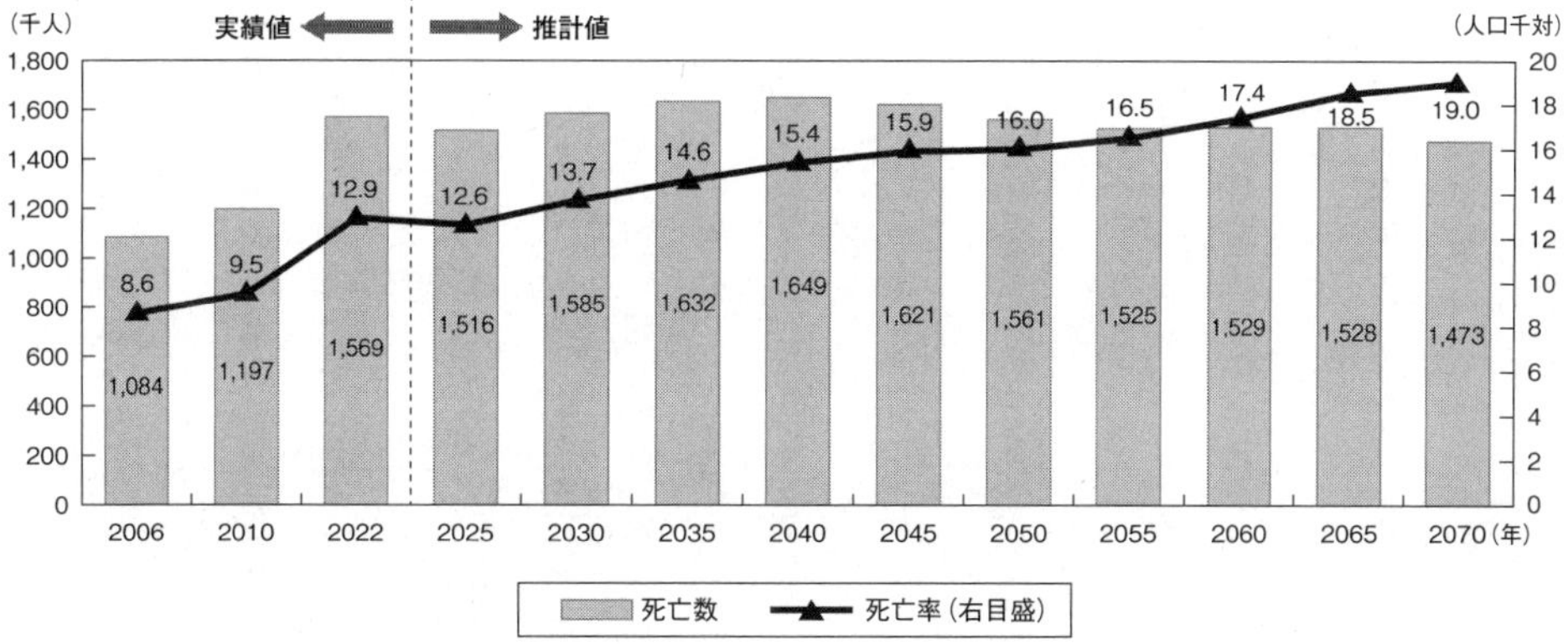

図1　内閣府「令和6年版高齢社会白書」表よりデータ抽出

本稿では、進みつつある多死社会の中で、こうした具体の人々がどのように死をとらえ、それに対面しようとしているのかを、墓、手元供養、土葬を巡る多文化共生、堆肥葬などの事例から見てみたい。

我が家の墓じまい問題

少子高齢化が進む現代日本では、何らかの理由で墓を持たない、あるいは持てない人が増加している。ここでいう何らかの理由とは、墓の継承者の不在、あるいは経済的な問題をも指す。しかし、新たに墓を持つという選択肢以前に、これまで継承されてきた墓はどうなっているのだろうか。

二〇二四年に発表された「お墓に関する実態調査」によれば、墓を購入・改葬を検討している人々の約八割以上が、墓の継承者がいない、あるいは後世に負担をかけないために、霊園や寺院が遺骨の管理や供養を永代にわたって行う「永代供養」を検討していると回答したという。少なくない人々が改葬や墓じまいの検討を余儀なくされている現状が見えてくる。ここで一つ、卑近な例だが筆者自身の遭遇した墓問題について語ってみたい。

筆者が現在進行形で瀕《ひん》しているのは、婚家の墓じまいの問題だ。夫は本家の長男だが我が家に子はなく、墓の継承者がいないのである。墓は千葉県の海沿いにあり、墓地にはいくつか夫と同じ姓を冠した古い墓石が並ぶ。義父はすでにこの墓の下に眠り、存命の義母は個人墓を建ててこの問題の外にいる。先日、菩提寺で墓じまいについて尋ねると、一枚のパンフレットを手渡された。そこには墓じまいにかかる費用が記載されており、「墓石撤去費用、永代供養費用の他に、三三回忌前までは一柱につき三〇万円、以降は一柱五万円」とあった。つまり、この寺では墓じまいの費用は、墓に眠る御先祖の数によって決まるらしい。

帰宅して、さっそく過去帳を遡ってみたところ、江戸時代のご先祖の名までが載っている。恐ろしいのは、実際に改葬してみないことには何柱の遺骨がここに収められているのかわからないと夫は言うのである。つまり、少なく見積もっても私たちが墓じまいをするには、（現状わかっている三三回忌が済んでいない片手程度の仏様の数×三〇万円）＋（それ以前のご先祖数「n」×五万円）＝少なく見積もっても一五〇万円以上を用意する必要があるということだ。下世話なようだが、頭の中ではじいた金額に、墓じまいができず無縁墓が増える一因を垣間見た気がした。

現実的には、菩提寺側も墓地の有効な循環を図るために、檀家との話し合いの中で墓じまいの総費用に折り合いをつけていくのだろう。しかし、この体験は婚家の先祖に対する計測不能であいまいな私の宗教心（あるいは死者への畏敬と親しみの念）を料金表に載った金額で計られているようで、なんとも心地が悪いものだった。

さらに、無事墓じまいを終えたとしても、次は自分たちの墓をどうするかという問題が残っている。ここでようやく冒頭の「永代供養墓を望む人たち」に私たちも合流するわけである。継承を必要としない墓地の代表には「樹木葬」があるが、その他にも「墓のサブスク」などもでてきている。墓地、墓石を毎月定額で借り上げ、そこには月額管理料や法要費用、改葬費用が含まれており、墓じまいの費用は必要ない。解約後は合葬墓で永代供養されるといった仕組みである。

また、遺骨自体を残さない、あるいは墓に収めない葬法としては、「散骨（海洋葬）」や、家内に遺骨を安置する「手元供養」などが日本中で広まってきている。次項ではこの手元供養の事例として、「いのりのしんじゅ」を取り上げてみたい。

遺骨アクセサリー「いのりのしんじゅ」

手元供養とは、故人の遺骨を自宅や身近な場所に保管して供養する方法で、二〇〇〇年代初めに始まったとされる。遺骨の全部あるいは一部が家の中に置かれるという以外には特定の決まりはないが、一般的には自宅に仏壇があればそのそばに、仏壇がなくとも、故人の写真や遺品などが置かれた故人を偲ぶ場に一緒に遺骨が置かれることが多い。骨壺がそのまま安置される場合もあるが、少量の分骨を収める際にはミニ骨壺と呼ばれるものが使用される。ただし、外観は小さく形状はさまざまで一見して骨壺とはわからないものも多い。

また、手元供養の中には遺骨を骨壺にいれて保管するだけでなく、遺骨をマテリアルとして人工のダイヤモンドやサファイヤなどに転化し、遺族が身につけられるアクセサリーとするものもある。その遺骨アクセサリーの中でも異彩を放つのが遺骨を使って真珠を作り出す「いのりのしんじゅ」である。

二〇二三年に調査インタビューした「いのりのしんじゅ」は、有限会社アッシュオンの代表田中英樹氏によって二〇一六年に考案された。その手法は、真珠の核となる粘土に粉骨を練り込み焼成し、数十個できたその核を貝の一部とともに母貝に移植する核入れを行う。移植するのは新緑から初夏の五〜七月頃。この遺骨入りのセラミック核を抱いたアコヤ貝は、真珠の産地である英虞湾《あご》で夏から冬にかけて育ち、十一〜十二月になると引き上げられる。

　この「いのりのしんじゅ」の遺骨真珠サービスに特徴的なのは、遺骨入りの核を焼成する作業から核入れ作業、そして冬の貝の引き上げ作業に遺族が参加することだ。遺族自身の手によって遺骨が別の形に変えられ、その工程に約半年間携わることは、ファン・ヘネップの通過儀礼にも似たものを感じさせる。

　つまり通過儀礼に見られる儀礼の三局面「分離、過渡、再統合」は、この場合「遺骨の真珠核化、英虞湾での貝の育成、遺骨を抱いた真珠としての引き上げ」という工程に相当し、その意味するところとは「生前の関係性から分離し、関係性の変遷の過渡期を経て、死者として再会する」と言えないだろうか【図2】。

　核入れから引き上げまでに立ち会った遺族の言葉として、朝日新聞GLOBE+にはこんな記述があった。

> 「おばあちゃんお帰り！　大きくなったね」。浜揚げされたアコヤ貝を見て静岡県磐田市の中学校教諭、平田梓さん（39）の声が弾んだ。（――中略――）「わぁ、きれい。深い青色。おばあちゃん、藍染めが好きだったもんね」。手のひらに乗せ、いとおしそうに見つめた。梓さんがアコヤ貝から見つけたのは、祖母の塩澤さわさんの遺骨から養殖した真珠だ。（二〇二三年二月二十五日朝日新聞GLOBE+）

　大きくなったとは母貝のことだろう。半年間の沖での栄養補給によってアコヤ貝は順調に育ち、挿入された核には幾重《いくえ》にも真珠層が巻いて、遺骨真珠となったのである。ただし、そこには予測不可能な自然の力も働く。すべての母貝が核を抱いたままとは限らないのだ、半年の間のさまざまな気象条件、母貝の状態により、核が異物と感知され吐き出されてしまうことも多い。浜揚げされ実際に真珠となって取り出されるのは核入れした母貝のうち一〜二割だという。この抗いようのない海の力に貝をまかせ、最後は真珠貝の命（真珠を取り出されたアコヤ貝は命を終える）と引き換えに、遺骨真珠は完成する。人は供養塔を立て真珠の命を弔う。命と自然と弔いの絡み合いと循環によって成り立っているのが「いのりのしんじゅ」なのである。

円山公園（三重県志摩市）の頂に立つ真珠貝供養塔。1957年に全国真珠養殖漁業協同組合が建立

遺骨は湿度を測り十分に乾燥させた後に粉骨する

アコヤ貝の外套膜《がいとうまく》で「ピース」を作り母貝に核といっしょに移植する

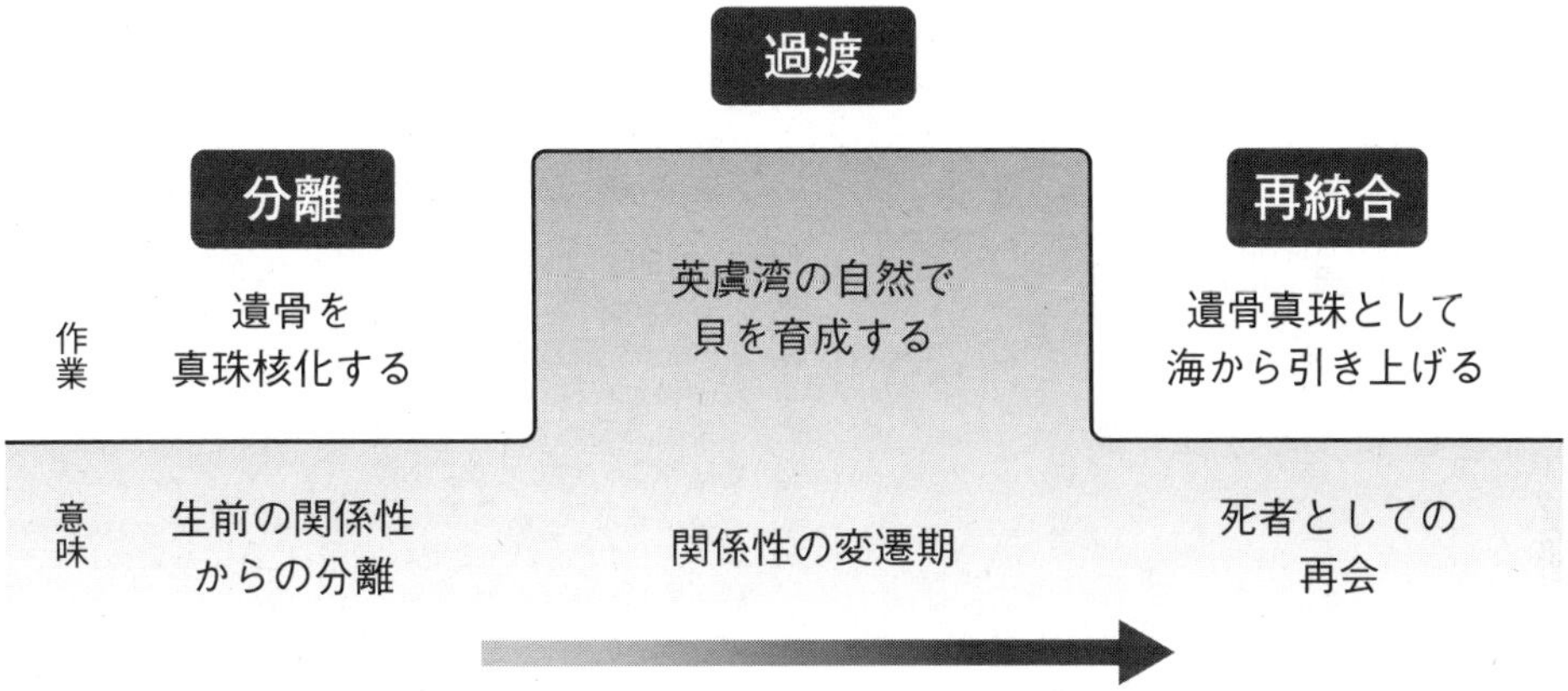

図2　遺骨から真珠に変わることで起きる死者との関係性の変質

山香町（大分）とイスラム土葬墓地

次に、手元供養と同様に二〇〇〇年代以降聞かれるようになってきた移民の墓地問題についても触れておきたい。日本は欧米に比較すれば極めて移民の少ない国ではあるが、それでも労働人口の増加に伴い、長期にわたり生活の基盤を日本国内に置く在日外国人は増加し続けている。現代日本における弔いを語る上で、移民の日本国内における墓地事情も欠かせないテーマだろう。移民とその家族（そこには移民と結婚した日本人やその子も含まれる）が抱える弔いにおける問題は、出身国や信仰により葬法も異なり、経済的なものから宗教上の課題まで幅広い。

中でも日本各地で問題が顕在化しつつあるのは、イスラム教の人々が宗教上望む土葬墓地開設に関わる問題である。現在国内には、開設済み、あるいは既存墓地の区画利用で「土葬可能」な墓地は全国で一一件、開設計画のある地域は筆者が把握しているだけでも五地域ある。

そのうち、現在進行形で開設に対して議論が紛糾しているのは、大分県日出町《ひじまち》での土葬墓地建設だ。事の経緯は、二〇一八年に遡る。それまで十年ほど墓地の開設準備を進めてきた宗教法人「別府ムスリム協会」（ＢＭＡ）は、日

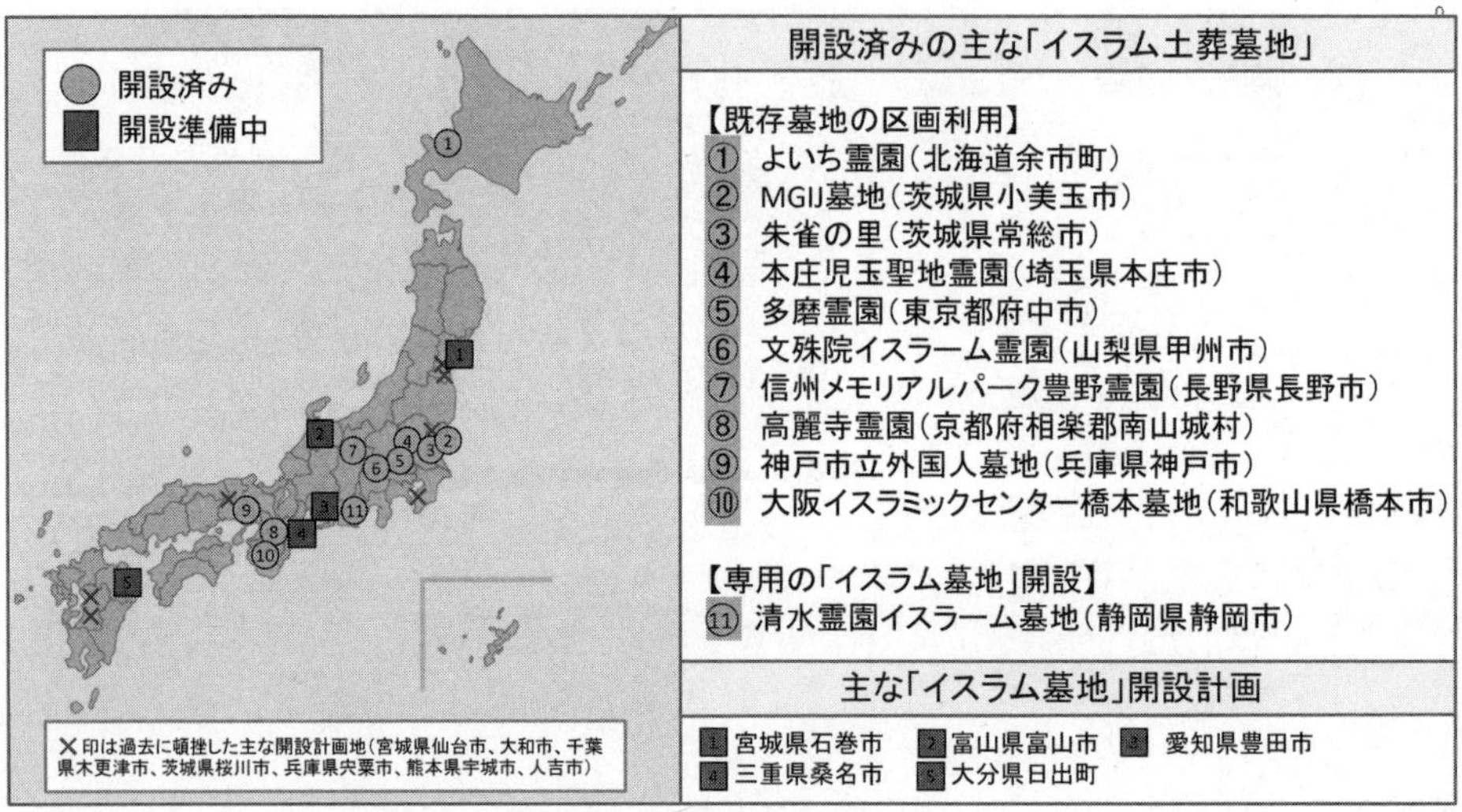

図3　開設済みのイスラム土葬墓地と現在開設計画中の地域（筆者作成）

出町内に「イスラム墓地」用地として土地を購入し、その後二〇一九年三月にこの土地での墓地開設許可を日出町に申請した。これに対し、二〇二〇年十二月、日出町議会は「水資源の汚染」を危惧する同町住民ら一〇〇人の署名を付した開設反対の陳情を採択。日出町長は「陳情は尊重する」としつつ、許可申請に対する判断を保留し、二〇二一年十一月、代替地として町有地を「イスラム墓地」用地とすること、ＢＭＡと住民の双方で協定を結ぶことを提案した。

しかし、これに対し日出町住民より早く声を上げたのは、代替地に隣接する杵築《きつき》市山香町《やまがまち》住民らだった【図4】。筆者は二〇二三年七月に、この山香町の上地区でフィールドワークを行い、上地区住民自治協議会のメンバーにインタビューを行った。インタビュー中に繰り返し聞かれたのは「私たちが反対しているのは〝土葬〟でも〝イスラム〟でもない。問題は場所だけ。水源の近くだけは避けてもらいたい、それだけを繰り返している」という言葉だった。その言葉を聴いて、町有地で墓地予定地となった場所と、そこから五五〇メートルのところにあるという山香町側の水源を巡った。道中左右に広がる水田を眺めていると、車の中で「昔から皆がこの水で命をつないできたからね」と

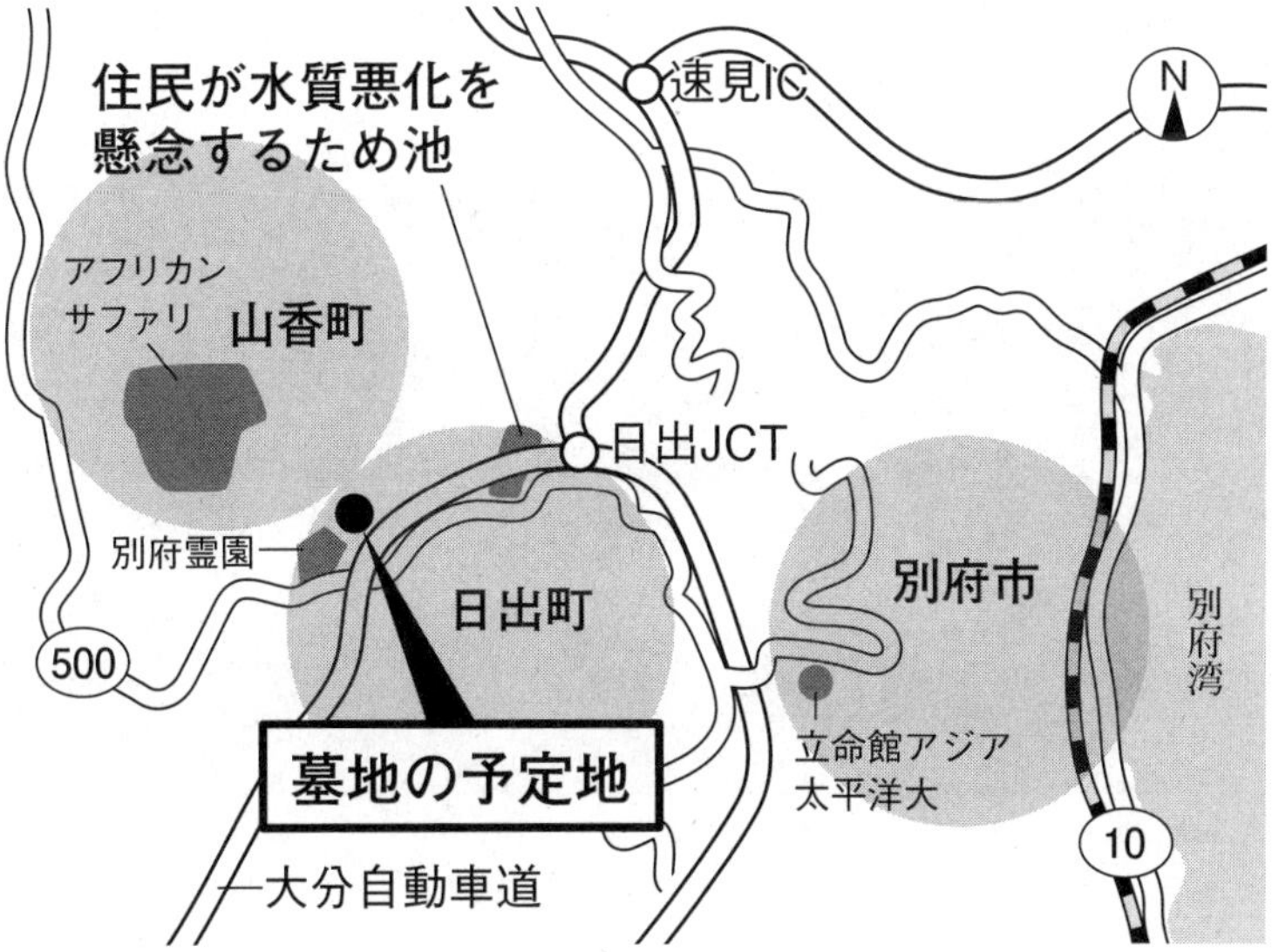

図4　土葬墓地候補地と日出町、山香町の位置関係

運転してくれたBさんが呟いた。

この繰り返される「水、水源」という言葉に、私はその頃よく報道で目にした「住民が懸念するのは〝水質悪化〟」という言葉とは違うニュアンスを感じていた。これは本当に水質という数値で測れるもので解決できる問題なのだろうか。山香町の図書館でこの町の水に関する郷土史にあたってみると、やはりこの土地で水は特別な意味をもつのかもしれないと思われる「水源信仰」に関する記録が数多く出てきた。

現在、地域住民に「水源を信仰しているか」と問えば、「信仰」という言葉にはあるいは自覚的ではないかもしれない。しかし、現在でもこの地には奉納されてきた神楽があり、雨乞いの行事があり、「常提《うなで》水神」を祀る常提水神社では「水の口湧水水祭り」と呼ばれる祭が毎年開かれる。この神社には常に水汲みに訪れる人たちがいる湧水公園が隣接している。少なくともこの地では水の清らかさは数値で測れるものではなく、死や埋葬というケガレと真っ向から対立する侵すべからぬ神聖なものなのだろう。

そう考えたとき、報道で語られている「多文化共生」の文脈はやや一足飛びな議論のように思えた。まず私たちは先に「当地文化への理解」を深めるべきではないのか。も

水源付近の水場。40年以上前に渇水の中先人たちがこの水源を探り当てた

ちろん私は住民側を擁護する立場でもなく、ＢＭＡ側の法に則り手続きを進め、要望には一つ一つ応える姿勢や、十年以上にもわたり辛抱強く交渉を重ねる姿勢に真摯さすら感じる。しかし、水源信仰とイスラム教の土葬はいずれも「信じるものへの忠節」であり、法や技術や水質テストの数値ではこの溝は埋まることはないと感じるのである。

現在、この問題は紆余曲折の末、日出町長が変わったことで、町有地売却自体が白紙に戻った状態にある。土葬墓地の新規開設のハードルは高いことを証明した形になった。現実的に土葬可能場所を確保することを優先するなら、図3で多数を占めるように地域の条例や墓地の管理規制によって土葬が禁止されていない既存墓地の区画利用を増やすことが考えられる。その好事例には、京都府の高麗寺霊園や、埼玉県の本庄児玉聖地霊園などがあげられるが、何事もなく運営されてきたはずの区画利用の土葬墓地にも、突然ＳＮＳ上での土葬受け入れへの批判、それどころかムスリムフォビアを思わせる書き込みがされ、運営が対応に追われるケースが起きている。

こうした問題は非当事者の過激な発言がマッチポンプとなり広まることが多い。しかし、当事者から聞かれるのは、そうした相手への恨み言ではない。「国としての対応」を日本には示してほしいという言葉だ。根拠のない誹謗中傷は論外として、私たち自身も他文化、自文化双方の理解を進めるために建設的な議論が必要だ。この国に生きる人々すべてが安らかに眠る環境を作るためには、後回しにできない問題である。

アメリカの堆肥葬（有機還元葬）と日本の自然循環型葬

再び話題は日本の弔いへと戻る。日本の葬法で語らないわけにいかないのは、現在急増している自然葬である。日本では、自然葬は一九九一年、ＮＰＯ法人「葬送の自由をすすめる会」によって提唱され、以降、継承者不在、継承者への負担の忌避などの理由から、散骨や樹木葬、納骨堂などの墓石を必要とせず、永代供養が行われる葬送形式が徐々に増加し、二〇二三年の段階で購入された墓の過半数を樹木葬が占めるまでになった。本稿では、今後この樹木葬を含む自然葬がどのように発展し変容していくのかの未来を見据え、アメリカで商業化された「堆肥葬」と、日本における「森」を舞台とした循環型の弔いを提唱する「循環葬®」と「いのちを還す森」の取り組みを紹介する。

「堆肥葬」という言葉に聞き慣れない方も多いかもしれない。堆肥葬とは、遺体を微生物により有機還元し土にすることで遺骨を残さない葬法である。二〇一七年にアメリカのシアトルで創業したRecomposeによって開発された。

その仕組みは図5のように極めて単純で、おがくずなどの基材と遺体をともに専用コンテナの中に収容し、攪拌《かくはん》により微生物による分解を促し、約六十日で土へ変質させ堆肥化するというものである。現在は、Recomposeの他、Return Home、Earthの三社のシアトル発ベンチャーによって商業化されている。ただし、この葬法はアメリカでもすべての州で合法なわけではない。現在アメリカ国内一〇の州では合法化されており、一一の州で審議中である（二〇二四年七月時点）。

筆者は二〇二四年の二月に、Return Homeの主催する第一回Terracon会議に出席し、Return Homeのオフィス兼堆肥葬コンテナの安置施設を見学した。会議は学術向けというよりは葬儀業界内の人々の参加が多く、次に多かったのが環境活動家だった。会議自体は、堆肥葬の説明、堆肥葬を導入した葬儀社の話、遺族の体験談、宗教者が語る堆肥葬などさまざまだったが、そのいずれにおいても参加した環境活動家たちの熱心な反応が目についた。Return Home自体がそうした環境活動を推進する立場をとる団体であることも関係していると思われる。会議後に彼らとも少し話をしたが、「堆肥葬は地球環境にやさしく、人間が最期にできる地球への善行である」といった話をする人や、火葬や土葬を仮想敵として、いかに従来の葬法が環境にダメージを与えるかを力説する人もいた。

Return Homeの施設見学では、実際の堆肥葬コンテナとそのバックヤードを見ることができた。森の景観が印刷された裏側には、倉庫のような無機質な空間にコンテナが並んでいる。しかし、そこで目を引いたのは、コンテナに貼られた故人を偲ぶ数々の写真やメッセージカードであった。これらがどのようにしてここに貼られたのかを尋ねてみると、「コンテナに眠る人がこの施設にいる間は、親族や縁者に常に施設内のオープンスペースを開放しています。彼らはここに自由に訪れて、故人に語りかけたり、家族、友人同士で集まって、故人の話をしながらコンテナに写真を貼ったりすることもできます」という回答が返ってきた。

一見無機質に見えるこの場所で、そうしたある種「法事」にも似た弔いの行為が行われているということに驚き、そしてこの新しい葬法である堆肥葬が、実は一日葬

有機還元葬（堆肥葬）とは

遺体を微生物によって短期間に有機分解し、土に変換することで自然に還元する葬法

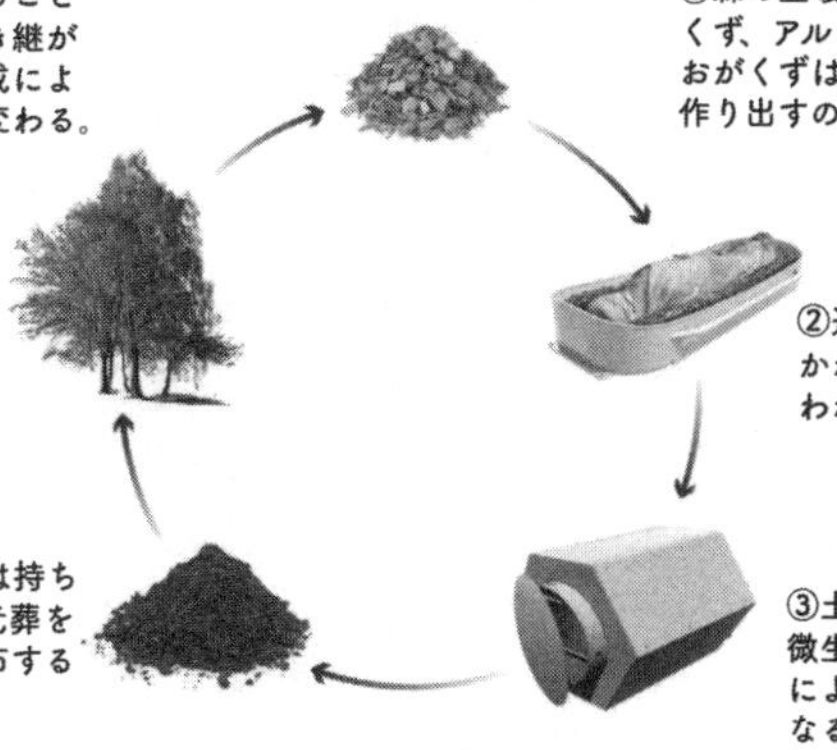
⑤遺体のもつ養分は土になることによって森の新たな命に引き継がれる。森は回復し、（光合成により）二酸化炭素は酸素へと変わる。
①森の土壌を模して作られた基材（おかくず、アルファルファ、藁）。
おがくずは、炭素と窒素の適切な比率を作り出すのに役立つ。
②遺体はチップの敷き詰められた台に置かれ、親族、友人の集まる葬儀が執り行われる。
③土壌を模して作られた基材に含まれた微生物が有機物（遺体）を分解し、攪拌により高温で殺菌が進む。約60日で土になる。
④肥沃な土が生まれる。土は持ち帰ることもできるが有機還元葬を行う会社が所有する森に散布することもできる。
（2023 RECOMPOSE資料より筆者加筆）

図5　堆肥葬の仕組み

遺族によって貼られた故人を偲ぶ写真やメモリアル品

Return Homeのオフィス兼堆肥葬コンテナ安置施設

や、一時間の火葬であっという間に終わる日本の葬儀より、ずっと長い六十日という時間をかけて故人との別れを告げるシステムにもなっているのだということに気づき、脳裏に「殯《もがり》」という言葉が浮かんだ。

すでに述べたように、堆肥葬は現在アメリカの一部の州、ドイツ、オランダなどで合法となっている。堆肥葬の紹介の最後に、日本でこの葬法を取り入れたいと活動する人々について触れる。一般社団法人デスフェスの共同代表である小野梨奈さんは、「有機還元葬（堆肥葬）を通じて地球の一部になりたい」という思いを持ち、いち早くアメリカの先行事例に注目し活動をしている一人だ。一般の人が死を考えるイベント「Deathフェス」を開き、堆肥葬についても情報提供をしている。日本で土になることは現行法上では不可能だが、まずは弔いにおいても環境に配慮する層の需要を聞き取り、どのような形でなら日本に合った土への還り方が可能なのかを模索中だ。

一方で現行制度の中で、環境との共生を打ち出し、「森」を舞台とした循環型の弔いを提唱する動きが、二〇二三年から始まっている。ここでは、それらを「自然循環型葬」と呼んでみたい。その一つが大阪の能勢《のせ》妙見山《みょうけんざん》の森の一部を運営するat FOREST株式会社の「循環葬®」である。墓地の経営主体自体は、宗教法人真如寺《しんにょじ》能勢妙見山であるが、「森に還る」というコンセプトで合意し、運営パートナーとして、祭祀は真如寺能勢妙見山が担い、at FOREST株式会社がこの「Return to Nature」と名付けた弔いの森を手入れしている。

この「循環葬®」では、遺骨はパウダー状にし、掘り出した土に混ぜて埋葬する。土壌学の専門家が監修につき、遺骨という象徴を介して人の命の循環を試みながら、森林の保全・再生にもつなげていくというコンセプトで運営されている。その特徴は、墓石も墓標もないということ。一見しただけでは、誰がどこに眠っているのかはわからない。そして、もう一つの特徴は、生前から契約者の一部は森を手入れするコミュニティを築いていることだ。中心となっているのが運営母体のat FORESTである。現場に行ってみると、その雰囲気は墓地というより整備された森林浴スポットだった。ただ、よくよく周囲を見渡すと、すでに銘の見えづらくなった昔ながらの「埋め墓」や昔ここにあったという火葬施設の扉の一部などを見つけることができる。

また、同じく森を一つのキーワードとした弔いの場として、一般財団法人ハヤチネンダが岩手県遠野《とおの》市で「いのち

手前にある鉄扉のオブジェは戦前に建てられた火葬場の名残り

森林浴をしながらケータリングでランチもできるという

を還す森」プロジェクトを始めている。遠野といえば、柳田國男の「遠野物語」で有名な日本の原風景とも称される場所でもある。この地は南部駒《なんぶこま》に代表される馬産地ということもあり、ハヤチネンダでは、遠野という土地と馬、森と人という自然の中から生まれる死生観を共有する人たちに、いのちが還る森を提供する。こちらも墓碑や墓標は置かれず、粉末化した遺骨を直接土と混ぜて埋葬する。

「循環葬®」と「いのちを還す森」は、いずれも森をキーワードとし、生前からの自然との関わりを打ち出しているが、その活動のコンセプトやスタンスは微妙に異なる。循環葬®が、受け入れ可能な社寺をパートナーに、今後拠点を拡大する意向があるのに対して、いのちを還す森のほうは遠野という土地に意味を見出し、都市と遠野をつなぐことをめざしている。

さらに、アメリカの堆肥葬とこの二つの自然循環型葬を比べてみると、両者はいずれも人間が死を以て自然に還ることを標榜している点では共通している。しかし、堆肥葬では、土になるという人間の意向もさることながら、遺体が地球環境のためのマテリアルとしてとらえられ、余すことなく資源として環境に還元されることに一つの力点がある。一方の日本の自然循環型葬の場合は、火葬が前提である。粉骨された火葬骨は土と混ざり個が識別できなくなるが、堆肥葬ほどの地球環境への貢献は今のところ求められていない（少なくとも環境に負担にならない手法がとられているにしても）。むしろ日本のほうは生前のコミュニティでの関わり、そこで共有された死生観の実現、自然に還ることでのいのちの永続的な連関のほうに重点があるように思われる。

弔いの多様化の裏にひそむもの

本稿では、墓じまい、手元供養、イスラム教土葬墓地、堆肥葬、自然循環型葬と、九〇年代から現在に至るまでの日本の弔いの現状を追い、従来家制度の下にあった日本の墓が、さまざまな形に派生していく様子を描写した。

特に日本人にとって弔いの選択肢が多様化したことは、選択の自由が増えたこととして肯定的に語られることが多い。しかし、この稿の最後に「私たちは安易に弔いの多様化を喜んで良いのだろうか」という疑念について少しだけ書き置きたい。

この疑念を一番強くしたのは、永代供養についてのアンケートで、利用者が永代供養を選んだ一番の理由が「子どもに迷惑をかけたくない」だと知ったときだった。死が厄介事としてとらえられているのである。弔いの多様化は、現代社会のもつ死や死者への不寛容さを含んでいないだろうか。もちろん筆者も冒頭の婚家の墓事情で述べたように、墓じまいには困惑することの連続である。しかし、こうも思う。「そんなに親族に迷惑をかけてはいけないのだろうか？」また、「私たちは生前の決定で死後のことを、そこまで完全にコントロールできるのだろうか？」と。

弔いについて選択し、決定し、自己完結させることは一見自由に見える。しかしその自由とはあくまで生者にとっての自由で、死者にとっては「なすにまかせる、なるようになる」自由を奪われることではないだろうか。自身の墓問題も含めて、すべてを決め切らず、多かれ少なかれ死後の「ままならなさ」に振り回されることにこそ、そこに人が交わる余地が生まれるのではないかとふと考える。我が家の墓じまいという「面倒」も、実は先祖がもたらしてくれた新たな「死者との交点」なのかもしれない。

論考

墓友・手元供養・土葬

―日本の葬送のいまを支える人たち

谷山昌子

谷山昌子（たにやま・まさこ）
東京科学大学環境・社会理工学院博士後期課程在籍。研究テーマは、現代日本における葬送・現代日本人の死生観。主な論文に「新しい葬送と日本人の死生観―日本人の『宗教的感情』とは」『現代思想』2023年10月号、「祭りと生きる力―福島県請戸の安波祭（田植踊り）の事例から」（共著）『いのちの教育』9巻1号2024年など。

はじめに

「終活」という言葉が市民権を得てどれくらい経つだろう。いまの日本で、わたしたちの終《つい》の棲家《すみか》となる選択肢は、イエや家族単位で入る「代々墓」あるいは「家墓」には限らない。交通至便の納骨堂や永代供養、合祀《ごうし》か個別か？　宗派はどうする？　ペットと一緒に入るのか。はたまた墓を霊園に求めるか寺院に求めるか。それとも自宅に置いて「手元供養」とするか、などなど……。

昭和・平成を生きた私たちの知る一般的な「お墓」といえば、「○○家之墓」あるいは「先祖累代の墓」と彫られた竿石《さおいし》の建ったものが浮かぶ。平成期以降の変化はめまぐるしい。やがて洋風の横型墓石やデザイン墓などが登場した。墓石に掘られる文字は「○○家」に代わり「想」や「愛」「感謝」や「ありがとう」など、死にゆく本人の好みを墓石デザインや文字で表現したものや、遺族の故人への想いを文字に託したものへと変わっていった。

高度経済成長期以降の日本では都市部を中心に核家族化が進み、加えて近年の少子高齢化や未婚化の進展とともに、墓の下に眠る人たちの関係性にも変化があらわれてきている。一人っ子同士が結婚した場合や嫁いだ娘が墓を継

個性的な墓石（府中ふれあいパーク）

デザイン墓（風の丘樹木葬墓地）

承する場合、墓の継承者がいない場合など、妻と夫それぞれの両親（四名）も一緒に入る、「両家墓」の需要も増えている。この場合、一区画に二つの墓石を建立するケースもあれば、一つの墓石に両家の家名を並べて刻むケースもある。当然、家名以外の選択肢も可能である。さらには、未婚や継承者がいない、その他の理由から、他人同士が一つの墓に入る選択をする人たちも増えてきている。

現在では死後の選択肢はバラエティに富み、私たちは自由な選択権を得たかのようである。息を引き取った後は、家や地域のしきたりに則った方法で弔われることが当たり前とされていたほんの数十年前には考えられなかったことである。それとも……私たちは、死んだ後のことまで自分で決めて準備しなければならない責任を求められているのだろうか。葬送のかたちが変わるとともに、人びとの最後の想いをかなえる役割の担い手にも変化がおきている。

「ハカトモ」って？

「墓友【※1】」という言葉をご存知だろうか。ハカトモは、実は、二〇一〇年頃に認定NPO法人エンディングセンター（以下、ECとする）から広められた言葉である。ECは、一九九〇年に「21世紀の結縁と墓を考える会」という市民団体からはじまった組織で、地縁が崩壊し家族の絆が弱まった現代に、樹木葬の集合墓を核とした「ゆるやかな共同性」を理念に掲げ、結縁づくりを目指している。現在ECは、東京都町田市内にある大型霊園「町田いずみ浄苑・フォレストパーク」内において「桜葬《さくらそう》墓地【※2】」などの企画をし、会員組織の運営をしている。

ECでは、会員の生前には見守りサービスや財産相続に関する遺言書作成、入院保障、任意後見人を組織として請け負うサポートなどを用意している。そして、会員の死後には、電気・ガス・水道・年金の停止や死亡通知、葬儀、埋葬、遺品整理など、まるで家族の代行ともいえる幅広く手厚いサービスを提供している。さらに、もう一つの大きな特徴は、サークル活動など会員同士の交流を図ることを主眼としていることである。

明るい「墓友活動」

筆者が手芸サークルに参加したある日の様子を紹介しよう。活動は午前十時半にはじまり、昼食は各自持参することになっている。料理好き・料理自慢のメンバーが多く、

NPO法人エンディングセンター　新緑の頃の桜葬墓地

彼女たちは毎回、参加者全員にお裾分けをする前提で、自慢の総菜などを大量に持参してくる。食事がはじまると、自家製の漬物や、いろいろな手作りおかずが「まわって」くる。

「余ったら、それ、今夜のおかずにいただいて帰るわ」

「あら〜、私、その味は得意じゃないから、いらない！」

などと、それぞれの好みを遠慮なく口にし、各自が持参した容器に、気に入った惣菜を銘々詰めて持ち帰ることが常である。

メンバーたちは、とても自然に深く親しく関わり合っている様子で、あたかも幼い頃からの長年の付き合いがあるかのように親密そうである。作品作りに集中する、というよりは、皆で集まり、他愛のないおしゃべりをすることを楽しみにしているようだ。

未完成の作品は、各自「宿題」として持ち帰る。会への参加は、もっぱら手よりも口を動かすことが目的で、はじめから「宿題」を持ち帰ることを前提に集まるメンバーも珍しくない。また、他の墓友サークルに参加した際の様子や感想、意見を述べ合うなど情報交換の場にもなっている。

続いて紹介するのは、読書サークル「読書 Café」の様子である。世話人の男性が会をまとめている。七十歳代の現役山ガールや山男、青春18きっぷを巧みに利用する旅好き、本好き、知的好奇心の旺盛な二〇名以上のメンバーで構成されている人気のサークルである。

毎月一度の開催である(コロナ禍においては、Zoomを利用して活動を継続していた)。会の活動は十時からはじまる。毎回、レジュメにそって全員で自由に意見交換をしながら進められる。取り扱う本については、参加者がお勧め本を提案するなどして、みなで相談のうえで決めている。終末期や「死」に関するテーマ、人生観を語り合えるような本が取りあげられることが多いようである【※3】。各回、一、二章ずつ読み進め、一冊を数か月間かけて読み切る。毎回、世話人さんや当番にあたったメンバーがワードやパワーポイントで作成したレジュメを参加者全員に配布する。これは、本を読んでこなくても、誰もが参加しやすいように、という世話人さんの配慮である。

こちらのサークルも昼食は各自が持参し、午後はざっくばらんな談話会となる。読書会が終わると、参加者らは、そのまま街に繰り出して夜の部を楽しむことも珍しくない。墓友たちはサークル活動に限らず日帰り旅行や新年会、忘年会などを企画するほど活発な交流を楽しんでいる。

そのほかの会員活動は、昨年夏にTVでも取り上げられたヨーガ・太極拳サークル「深い呼吸でリフレッシュ」、「みんなでハモろう!(コーラスサークル)」という趣味の活動と、「ランチ&語りあいの会」、月ごとの「お誕生日会」、そして「エンディングサポート説明会」や「終活大学校」のような学ぶ機会が用意されている。

「死のタブー」を超えた交友関係

墓友たちは、単に趣味の活動を楽しむためだけに集まっているのではない。彼女・彼らは自身の家族や親族など近親者を看取った体験や、死別の苦しみ、自身の死生観について互いに語り合う。つまり、他の場所では話題にすることがタブーとされているような内容が話題の中心である。参加者は、自身の親の看取り体験などを赤裸々《せきらら》に話し合い、終末期医療や病院、高齢者が受けることのできる福祉サービスなどの情報を積極的に交換し合い、日々情報を更新している。

筆者が初めて会員活動の場を訪ねた際、目の前にいる数名の女性があまりに親し気だったことから、彼女たちが入会以前からの親しい友人同士か幼馴染であるのかと勘違いしたほどである。尋ねてみると驚いたことに、二人は初対面、もう一人はその日のサークルでまだ二度目の顔合わせということであった。「同じお墓に入るのだから……」というだけの理由で、互いの警戒心を解き、普通であれば敬遠されるような生や死に関わる話題に違和感なく花を咲かせている。「話に花を咲かせる」というように、彼・彼女らは、ほとんどの場面で明るく楽しく死や死後を語り合っている。

各種サークルやECイベントに集まる会員同士の会話の中で「あちらに行っても楽しくおしゃべりしましょうよ」、「ご近所だもの、向こう岸に渡った後もよろしくね」などというフレーズをしばしば耳にする。ここでいう「あちら」、「向こう岸」というのは死後世界を想定した言葉である。「ご近所」は、互いの墓が近くにあることを言っている。墓友が集まる際には必ず、実に明るく楽しそうに「あちら」に行った後の話で盛り上がる場面に遭遇する。しかも、そうした会話は、初対面の会員間で交わされることも珍しくない。女性会員Eさん（七十八歳当時）のように、親しい墓友と死後の再会を約束した安心感から、死に対する恐怖心を克服した人も少なくないようである。

墓友の読書サークル「読書Café」

互いの死後を支え合う

ＥＣでは毎年、桜の開花時期に合わせて無宗教の合同祭祀「桜葬メモリアル」を執り行っている。この祭祀には、遺族はもちろん、会員であれば誰もが参加することができる。親しい墓友を悼む会員、見ず知らずの墓友の慰霊のために参加する会員も少なくない。直接の知り合いが亡くなったわけでなくとも合同祭祀に参加する理由は、「自分の死後も皆が集まって祭祀を営んでくれるから」、という〈お互い様〉の気持ちと、〈自分の番（祀られる側）になったら、どのように行われるのか見ておきたい〉という関心からであった。

ＥＣで知り合った墓友は、仲間の葬儀や納骨にも立ち会うことがあるという。誰からともなく報《しら》せがいきわたり自然と自発的に集まるそうだ。女性会員Ｆさんの、「墓友活動に参加するようになってからは、死に対しては〝怖い〟っていうのがなくなりましたね。どうしてなんでしょう……」と、しみじみ語った様子が印象深い。

民俗学者の山田慎也はかつて葬儀が共同体における血縁・地縁から葬祭業者の手にわたった経緯を「互助から契約へ」という言葉で表した。「互助的な関係は、実際に自分が行っていることをしてもらうため、自らも死後どのようにされるのか推測することができた」と述べている（山田：二〇〇七）。それにより人びとは、死に対して相当の安堵感をもつことができた。毎年執り行われる合同祭祀への参加や、墓友として楽しい時間を共有した仲間の葬儀や納骨に立ち会うという互助的な関係が、共通の死生観を育み、会員たちの死や死後に対する不安を軽減させていると考えられる。

墓友という共同体を構成するのは、心身が健康で気力体力ともに充分な状態にあるときから、いつかは訪れる「自らの死」と真正面から真摯に向き合い、その現実を受け入れ、熟慮の末に自身のための樹木葬墓地を選んだ人たちである。これまで全く別々の人生を歩み、ＥＣ入会に至った経緯はさまざまである。そのような人びとが、「墓」をきっかけに知り合い、数十年来の幼馴染と見紛《みまが》うほどの交友関係を築いている。自身の生と死について覚悟を決めた人たちゆえに分かり合える価値観を共有し、親密な関係を構築し得るのだろう。

彼・彼女らの交友関係は、ＥＣ入会という死後の自己決定をした結果、地縁にも血縁にもよらない「墓友」という、死後にも続く絆である。社会学者・ＥＣ理事長である井上治代は、人びとに共通する死生観が失われた現在、「桜葬」は日本の伝統的な先祖祭祀が担っていたスピリチュアルケアの代替システムの一つであり、墓友活動には「死を超えた時間性・関係性・自律性の回復」が期待できるという（井上：二〇一七）。彼・彼女らは自らの死後について、昭和の時代に自明とされていた家族や地域による縁や共同体ではなく、墓友＝死を媒介とした交友関係に託している。

墓に代わる選択《手元供養》

　葬送の多様化にともない、わたしたちの死後の終《つい》の棲家《すみか》は石の墓に限られないことが広く認知されてきている。墓（場合によっては仏壇・位牌）に代わる葬送のかたちの一つに、近年急激に広まっている「手元供養」がある。

　手元供養とは、遺骨や遺灰（の一部）を小さな容器に納めたり、加工するなどして自宅に置いたり、ジュエリーとして身につけたりする新たな葬送である。これは、「墓が買えない」などやむを得ない事情により自宅に遺骨（骨箱）を置いておくというような消極的な行為ではなく、NPO手元供養協会のいう、「故人を身近に感じながら心のこもった供養をする（焼骨を自宅等で保管し、慰霊の場を身近に置いて故人を偲ぶ）方法」をいう。

　近年、石の墓に対する「暗い」「狭い」「寂しい」というイメージから、大切な家族（遺骨）を墓に納めたくないと躊躇《ためら》う人たち、墓に対して忌避《きひ》感情を抱く人たち、特に「故人と離れたくない」思いを強く抱く人たちが手元供養を利用しているようである。

　以下は、墓や仏壇を持たない選択をした人たちの感想の引用である。

> お墓を持つのが正しいのか、どこにお墓を作るべきなのか、今後どうしていくのが良いのかという選択に一つの答えを増やしたように思います（利用者O）
>
> 私がおばあさんになって、お墓参りに行けなくなったとしても、ずっと、近く（手元）にあるので、安心です（利用者M）
>
> 私の父はお墓もなく、私もお嫁に行くので、位牌も作りませんでした（利用者K）

　手元供養品は、指輪やペンダントのような携帯型と小さな容器やフォトフレーム型など置き型がある。さらに遺骨

故人の写真を焼き付けた手元供養品（京都博國屋）

の一部を小さな容器などに収納するタイプと、遺骨や遺灰を焼き物やダイヤモンドなどに加工するタイプに大別される。素材は木製、石、金属製、陶器をはじめとする焼き物、ガラスなどさまざまで、あらゆる意匠を凝らしたものが販売されている。手元供養品の市場には、仏壇・仏具や骨壺を扱ってきた専門業者のほか、インテリア雑貨ブランドなど、さまざまな業界が参入している。

価格帯は、数千円で入手可能な手のひらサイズの容器（ミニ骨壺）から、数十万円、数百万円の特別仕様オーダー品まで幅広く、仏具店に供養品として陳列されているものばかりでなく、インテリア雑貨やアクセサリー小物を選ぶようにインターネットで気軽に購入することも可能である。

これらの製品は、従来の仏壇と異なり省スペースであることに加え、宗教色を醸さないデザインがほとんどであり、一見すると供養品には見えないため、現代風の住宅やマンションのリビング、寝室、個人の居室など各空間のイメージに合ったものを、個人の気分や好みにより選択できる点も大きな特徴の一つである。

墓や樹木葬、散骨と手元供養を併用している人もあれば、上記のように墓や仏壇を新規に設けずに手元供養を選択する人たちも少なくない。つまり、手元供養は新たな葬送の一形態としてみなされているのである。

利用者は手元供養品の完成を「お帰りなさい」と心から歓迎している様子である。

手元に戻ってきたときは、とても嬉しく、これからはいつも一緒にいることができると安心（利用者C）

これで一緒に孫の産声を聞いてもらうことができます（利用者A）

あたかも大切な死者が姿を変えて帰ってきてくれた、これから先も生前同様に毎日をともに歩んでいけるかのような喜びを得、また、死者を手元に返してくれた提供者に対して大きな感謝の気持ちを示しているのが興味深い。この新たな葬送では、大切な死者の遺骨をいつまでも身近なところにとどめておくことによって、死者と生者との関係を新たに構築しようとしているかのようにもみえる。

土葬という選択

現在、日本の火葬率は九九パーセントを超え、わが国は世界に類を見ない火葬大国といえる。現行の墓地、埋葬等に関する法律が制定されたのは一九四八（昭和二十三）年である。当時は火葬または埋葬（土葬）のみが前提とされていた。現在のように散骨や手元供養などの葬送は想定されていなかった時代である。法律はそのままであるが、しかし、現在では自治体の条例によって土葬を禁じている地域が多く、土葬が可能な墓地は国内に二〇二三年三月時点で一一箇所と、かなり限られている。

死後は火葬されることが一〇〇パーセントに迫ったいまも、日本で土葬を希望する人たちがいなくなったわけではない。あまり知られていないかもしれないが、むしろ日本では近年、土葬を必要とする人口は増えている。信仰的な背景から火葬が許されないムスリム（イスラム教信者）がその例の一つである。信者らは、自分たちの暮らす地域に土葬ができる墓地を作ろうと奮闘するも地域住民の理解が得られず、実現はかなり厳しい。

滞日ムスリムが三千人を超えたのは一九六九年のことである。それが一九八〇年代後半からのバブル経済期におけるムスリム労働者の大量流入時代を経て、二〇一六年には一三万人を超え、二〇二〇年末にはおよそ二三万人まで増えている。ムスリム人口の増えた理由は主に婚姻に伴うものと考えられており、永住資格を持つ人はおよそ四万七千人と、十年間で倍増している（店田：二〇一八、二〇二四）。

イスラム教では、戒律により土葬以外の葬送が禁止されていることは広く知られているだろう。死後の復活のために遺体が必要と信じられているためである。それでは、土葬墓地が限られた場所にしかない日本で暮らすムスリムが生涯を終えた後はどうなのだろう。土葬ができる遠く離れた墓地まで搬送される必要がある。場合によっては、飛行機で国外に搬送されるケースも発生している。そうなると費用は国内でも二十～三十数万円、海外搬送となると百数十万円は下らない。

ムスリムだけではない。出入国在留管理庁によれば、日本の在留外国人数は令和六年度六月末時点で三五八万八千九五六人と、過去最高を更新している。彼らの中には高齢化や宗教の違いなどからお墓をもつことができないという困難に直面している人たちが少なくない。もちろん、日本人のなかにも土葬を望む人たちが存在しないわけではない。

京都で唯一の村である南山城村《みなみやましろむら》にある曹渓宗総本山高麗寺（代表役員・崔炳潤《サイヘイジュン》）が経営する霊園では、二〇二二年二月から土葬エリアを新設している。広大な敷地面積を誇るこの高麗寺国際霊園は、民族、国籍、宗教、信教の有無、宗派の別になく埋葬又は埋蔵の許可を得ている。南山城村では、もともと土葬単墓制の慣習があった背景から、周辺住民の同意がスムーズに得られたと考えられる。二〇二二年十月七日の京都新聞に、「墓と言えば火葬だと思い込んでいる人が多いが、この地域一帯は十～十五年前まで土葬が当たり前でした」と、代表の崔氏が話している。

土葬の場合は、深さ二メートルの穴を掘って埋葬する。ムスリムの場合、顔はメッカの方角に向けて埋葬される。すでに土葬されている箇所はいくつもあり、生前予約されている墓所も多い。夫婦で隣り合わせに予約されている墓所もあった。

高麗寺では、現在も土葬用の区画を増やすための作業が進められている。この霊園は、国籍や出身地、宗教を問わず希望すれば誰でも受け入れる。崔氏は、土葬の許可が下りないことについて、「一種の差別ではないか」と考えている。「自ら望む葬送ができるように施したい。困っている人は救ってあげたい」と話した。高麗寺では毎年十月に植民地時代に亡くなったコリアンの慰霊祭を実施している。目指すのは、国や民族、宗教や文化、思想の違いを超えた友好関係、世界平和を願う「国際文化宗教センター　高麗寺国際霊園」である。

日本人により生前契約された区画　高麗寺

カトリック信者(夫婦)が埋葬されている墓　高麗寺

「日本の葬送のいま」を考える

冒頭で述べたように、現在の日本の死の風景はすっかり様変わりし多様化が進み、さまざまな弔いのかたちが登場している。必要な情報を収集し、生前に手続きを済ませ、自らの死後をあらかじめコーディネートすることも可能であるし、生前葬のように自らがホストとなり葬儀を取り仕切ることもできるようになった。

その一方で、自らの信仰する宗教の「教義に沿った葬送」という当たり前の死を実現することに困難を抱えている人たちが増えてきていることも事実である。どのような死や死後を望むにせよ、わたしたちの死後を支える人たちの支援なしには語れないのである。

※1　ECでは「墓友」を「同じ理念の墓を選んだ人たちの交友関係の一つ、あるいは仲間意識」とし、二〇一四年に商標登録している。この語は一般的に広まり、いまでは共同で墓を購入した知人同士や永代供養墓に応募したことをきっかけとして知り合い生まれた交友関係をさす言葉として使われている。

※2　「桜葬」とは、自然を志向して墓所に外柵や墓石を設けず、遺骨を土中に埋めて樹木を墓標とする樹木葬の一種で、シンボルの木が桜である葬法のことである。二〇一七年にECが商標登録している。桜葬購入には同法人会員になる必要がある。

※3　この数年間で扱った一例：上野千鶴子他『老い方上手』WAVE出版、二〇一四年、樋野興夫『いい覚悟で生きる　がん哲学外来から広がる言葉の処方箋』小学館、二〇一四年、樹木希林『樹木希林　一二〇の遺言〜死ぬときぐらい好きにさせてよ』宝島社、二〇一九年、上野千鶴子・小笠原文雄『上野千鶴子が聞く　小笠原先生、ひとりで家で死ねますか？』朝日文庫、二〇一八年。

参考文献

井上治代「選ぶ時代――自分らしい生き方・死・葬送」『淑徳大学社会福祉研究所総合福祉研究』二一号、二〇一七年
店田廣文「日本におけるイスラーム系宗教団体とコミュニティ」、『社会分析』四五号、二〇一八年
店田廣文「日本のムスリム人口二〇二四年」、多民族多世代社会研究所、二〇二四年
山田慎也『現代日本の死と葬儀―葬祭業の展開と死生観の変容』東京大学出版会、二〇〇七年

論考

ドローン仏に夢を乗せて

池口龍法

池口龍法(いけぐち・りゅうほう)
1980年生まれ。浄土宗僧侶。京都大学、同大学院ではインドおよびチベットの仏教学を研究。大学院中退後、2005年4月より知恩院に奉職。2009年8月に超宗派の若手僧侶とともにフリーマガジン「フリースタイルな僧侶たち」を創刊。2014年6月、京都市下京区の龍岸寺住職に就任し、念仏フェス「超十夜祭」や仏教めいどカフェ「ぴゅあらんど」など、仏教を広く現代に開く活動をプロデュースする。著書に『お寺に行こう！　坊主が選んだ「寺」の処方箋』、『住職はシングルファザー』。

伝統仏事をハックせよ

「仏像をドローンに載せて飛ばすことに成功した！」と、仏師の三浦耀山《ようざん》師が嬉々とした表情で私に教えてくれたのは、二〇一八年の九月のある日のことであった。この一言が端緒となって、龍岸寺はのちに「ドローン仏発祥の地」をうたう数奇な運命を迎えるとは、当時はむろん三浦師も私も知る由もなかった。

　四百年あまりの歴史を持つ浄土宗龍岸寺（京都市下京区）の住職に私が就任したのが二〇一四年。お寺社会の格言に、「住職三年、物言わず」というものがある。つまり、住職に就任して三年ぐらいは、新しい試みなど小賢《こざか》しく企てず、伝統を正しく継承する覚悟を決めて年月を重ねなさいということである。ましてや格式を重んじる京都であれば、三年どころか、五年十年は大人しく暮らすべきだったのかもしれない。

　しかし、私は、就任の翌年から、近隣の芸術系大学の学生たちと、大規模なフェスを企てた。それが、浄土宗の伝統仏事「十夜《じゅうや》法要」をアートやテクノロジーの力を借りてハックした「超十夜祭《ちょうじゅうやさい》」（二〇一七年以前は「十夜祭」）である。二〇一五年十一月を皮切りに毎年主に十一月に実施していて、本稿で扱うドローン仏以外に、デビュー前から大炎上したお寺アイドルユニット「てら＊ぱるむす」もこのフェスから誕生した（二〇二〇年活動終了）。冒頭の三浦師の発言は、二〇一八年の超十夜祭を二カ月前に控えた企画会議で不意に放たれた。

浄土系アイドル「てら＊ぱるむす」

　十夜法要というのは、聞きなれない呼称だろう。しかし実は、浄土宗においては、後土御門《ごつちみかど》天皇の勅許《ちょっきょ》を受けて鎌倉の大本山光明寺でつとめられるようになったという、由緒ある法要である。「この世で十日十夜の善行を積むことは、仏の国で千年以上にわたって善行を積むことより優れている」という『無量寿経』の教えにもとづき、十日間の大法会を行うのが本来の姿だとされる。ただし、いくら立派な由緒や教義を誇るとはいえ、お盆や彼岸に比べて馴染みのない仏事であることは間違いなく、法要への檀信徒の参列は伸び悩む。一般的な寺院ではせいぜい半日程度の法要をつとめる程度である。近年は、いわゆるお寺離れもあいまって、十夜法要の実施自体をとりやめたりするお寺も相次ぐ。私としては、なすすべもなく伝統が忘却されてい

浄土系アイドル「てら＊ぱるむす」

く窮状を目の当たりにして、寂寥《せきりょう》たる想いと苛立ちを禁じ得ず、フェスという形態を取り入れることによって、なんとか伝統の復興を期した。

平安時代から夢見られてきた空飛ぶ仏像

　さて、仏像をドローンに載せて飛ばせば「罰当たり」だと非難されかねないことぐらい、大人なら簡単にわかるはずである。それなのに、目の前にいる仏師はなぜ少年のように興奮した面持ちで語っているのか、私には理解ができなかった。動揺を隠せない私に、三浦師は真剣な表情で、「昔から、日本人は仏像が空を飛ぶのを夢見ていたけれど、飛ばす技術を持ち合わせていなかっただけなんです」と教えてくれた。

　これは確かに一理ある。

　京都・宇治にある平等院鳳凰《ほうおう》堂には、長押《なげし》の上の小壁に、飛雲に乗った五十二体の菩薩像が懸けられている。仏師・定朝の工房で天喜元年（一〇五三）に制作された「雲中供養菩薩像（国宝）」である。本尊阿弥陀如来の周りを、多くの菩薩たちが音楽を奏でたり舞を踊ったりしながら飛翔するという極楽浄土の様相を、どうすればありありと表現できるのか。創意を凝らした末に、私たちの手の届かない高所に、たくさんの仏像を所狭しと安置するという手法に至ったのだろう。

また、平安時代中期以降、浄土教信仰が高まるとともに、阿弥陀如来が死者を迎えに来るという「来迎」の情景を描いた仏画「極楽来迎図」が盛んに制作されるようになった。『十往生阿弥陀仏国経』に念仏者を擁護する二十五菩薩が説かれることから、阿弥陀如来が二十五菩薩を付き従えて雲に乗って賑やかに来迎するという表現様式が、極楽来迎図においてしばしば用いられる。代表的なものとして、知恩院所蔵の「阿弥陀二十五菩薩来迎図（国宝）」が知られる。あるいはもっと簡素に、阿弥陀如来が観音菩薩と勢至《せいし》菩薩を従えて来迎する「阿弥陀三尊来迎図」も数多く残されている。極楽来迎図が広く普及したのは、私たちが命を終えるときに阿弥陀如来が極楽浄土から飛来する様子を、せめて仏画の平面的な世界のなかででも、一目見たかったからにちがいない。

阿弥陀二十五菩薩来迎図（三浦師所蔵）

そう考えると、平安時代に生きた人々は、自分たちの持てる〝テクノロジー〟を最大限に駆使して、空飛ぶ仏像をなんとか拝もうとしていた。もし、千年前にドローンが存在していたら、当時の人々はためらうことなく仏像を載せて飛ばしたはずである。なるほど、三浦師の指摘は、正しく的を射ている。

せっかくやるなら批判を恐れず盛大にやったほうがいい。

「ドローン仏、本堂で飛ばしましょうか」

私は、三浦師にそう約束した。

仏像が宙を舞うまで

ところで、「仏像をドローンに載せて飛ばす」とさらっと書いてきたが、実際にはそんなに簡単に飛ばせるものではない。ドローンなど扱ったことのなかった三浦師が、仏像を飛翔させるに至るまでには並々ならぬ努力があった。

まず、使用するドローンをどう選ぶか。基本的なこととして、二〇一八年時点で、二〇〇グラム以上（現在は一〇〇グラム以上に改定）のドローンは航空法による規制対象となるから、参拝者の密集する堂内で飛ばすことが禁じられている。三浦師は約八〇グラムの小型ドローンを購入して実験を進めた。

小型ドローンは屋内で飛ばしても危険性は少ないが、積載できる重量も限られてしまう。果たして、何グラムまでの物体が積載可能なのか。もちろん、いくらスペックシートを調べてもそんな情報は記されていない。一般的なドローンはあくまで撮影用途で設計されているからである。

とにかく、仏像の小型軽量化を図ってトライ&エラーを重ねるしかすべがない。三浦師は自らが彫刻した木像を3Dスキャナでデータ化し、中を空洞化したうえで縮小して3Dプリンタで出力することを試みた。これによって誕生した一〇グラム程度の樹脂製の仏像をドローンに載せたところ、ついに仏像が史上初めて宙を舞った。

そして迎えた二〇一八年十一月の超十夜祭の舞台。満堂の参拝者の前には、三台のドローンに載った阿弥陀三尊像が安置されている。誰もが固唾《かたず》をのんで見守る中、ドローン仏が極楽浄土からの来迎を模して、堂内を軽やかに飛翔した。ドローンのプロペラから流れる風を受けた若い女性が、とっさに「極楽浄土からの風！」と形容した。このとき私は、ああ、ドローン仏は、大きな宗教体験をもたらしうるチャレンジだ、と確信した。

余談ながら、ドローン仏のために購入したドローンは、撮影機能を使うことはほとんどない。ただ、カメラが捉える映像は、阿弥陀如来が衆生を見る光景に重なるから、「阿弥陀目線」を楽しめると好評である。

阿弥陀二十五菩薩の編隊飛行をめざして

ドローン仏による初めての来迎が無事に終わり、三浦師と私がほっとできたのはつかの間だった。参詣者が撮影した映像をツイッター（現X）に投稿したところ、大きくバズり、リツイート数は三万件を超えた。仏教の伝統が現代

ドローン仏（最初期モデル）

のテクノロジーと幸せに手を結んだ事例だと話題になり、三浦師と私は、にわかにメディア対応に追われることとなった。一気にドローン仏が世に知られたのは僥倖《ぎょうこう》だったが、理想的な極楽来迎の表現にははるかに志半ばだったので、複雑な心境でもあった。

課題は山積していた。

極限まで軽量化を図ったとはいえ、わずかな重量の仏像を載せただけでも、ドローンには相当な負荷がかかったから、飛行可能時間はスペック上の十三分よりもずっと短くなり、モーター音もうるさくなった。たった三体を飛ばしただけでも、機体間で電波干渉があったり、風に流されて衝突事故を起こしそうになったりした。仏画に描かれた極楽来迎の荘厳な情景に肉薄できているとは、とても言えなかった。

これらの課題をどう解決し、いかにして思わず手を合わせたくなる極楽来迎を実現するか。

三浦師と私は、会うたびに議論を重ねてきたが、お互いにドローンに関しては素人であり、なかなか決定的な解決に至らなかった。

大きく前進したのは二〇二二年。ドローンのプログラミング技術に詳しい吉江考史氏（現在は株式会社レッドクリフに所属）から技術面と機材面での協力を受け、ドローン仏十体による編隊飛行を実現できた。様々な色の光を放ちながら、一糸乱れぬ動きで十体の仏像が踊り舞う光景は、極楽来迎を彷彿させ法悦を感じさせるものがあった。

龍岸寺では、このときに使用したドローンを翌年に六台購入するとともに、私自身もプログラミングを習得した。これによって、いつでもドローン仏の編隊飛行を拝んでいただける環境が整った。いまでは、法衣を着た私がPCを操作してドローンを操るのが、お寺の日常になっている。

だが、三浦師と私には、さらなる見果てぬ夢がある。もっとドローン仏の同時飛行台数を増やして、昔から極楽来迎図のモチーフとなってきた「阿弥陀二十五菩薩来迎図」を、なんとかして表現できないか。もし実現できれば、極楽来迎図の表現は、そのとき本当に新時代の幕開けを迎えたと言い切れるのではないか。

この夢を叶えるためには、二十六台の編隊飛行に対応しているドローンが必要になる。また、龍岸寺の本堂で、スペース的に十分かどうかも実験してみなければわからない。旅はまだまだ続きそうである。

ドローン仏、葬儀デビュー

二〇一八年の「初来迎」以来、ドローン仏は先祖供養の仏事ではなく、音楽ライブなどイベント色の強い行事のなかで、極楽来迎を表現してきた。したがって、龍岸寺の檀信徒はお参りに来たときにはドローン仏を見ることはなく、度重なるメディアの報道を通じて「うちのお寺はドローンに載った仏像が飛ぶらしい」という情報を知っていった。

そんな中、二〇二三年五月、檀信徒のご年配の女性が老衰でご逝去された。本堂にご遺体を安置して祭壇を組み、しめやかにお通夜を執り行った。読経が終わり、ご遺族と故人を偲んでいると、「明日の葬儀、ドローン仏を飛ばしてもらえませんか？」と相談を受けた。

思いがけない言葉だったが、阿弥陀如来がお迎えに来る情景を現したのが、仏画の極楽来迎図であり、また、ドローン仏である。音楽イベントなどよりも葬儀でドローン仏を飛ばしてこそ、本来の役割を果たすといえる。檀信徒からいただいた言葉こそ、正鵠《せいこく》を射ていた。断る理由はなにもない。むしろ、当惑している自分自身を恥ずかしいとさえ思った。

ドローン仏、史上初の編隊飛行

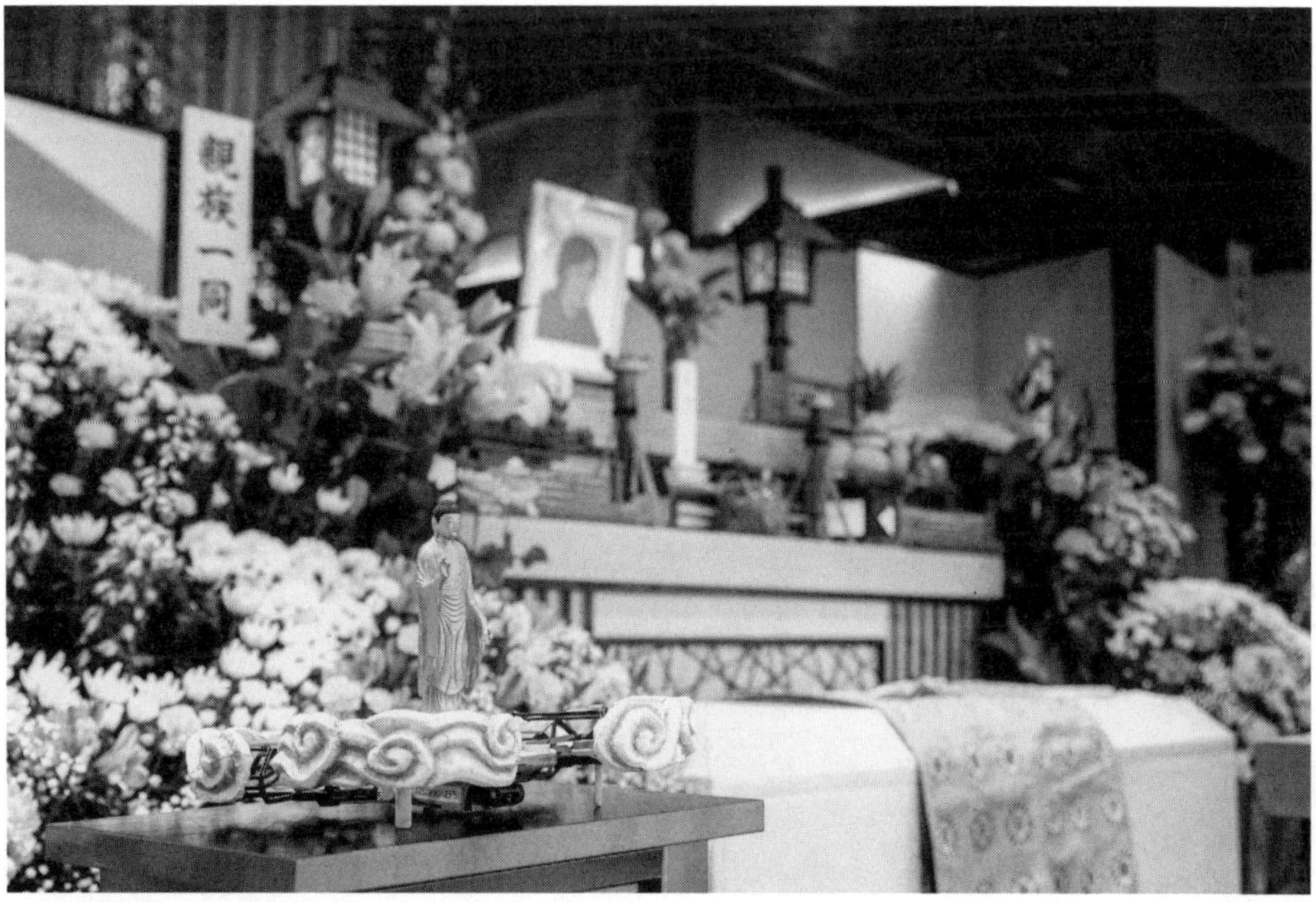

ご遺体のそばに安置されたドローン仏

ただ、あいにく、翌日の葬儀の時間帯にドローンを操縦できる人が、私以外いなかった。当時はまだプログラミングを習得できていなかったので、誰かがコントローラーを握らなければドローン仏は飛ばない。やむをえないので、導師をつとめるべく金襴《きんらん》の豪華な袈裟《けさ》を被着した私が、ドローンのコントローラーをあたかも新種の仏具のように手に持って、張りつめた空気の漂う本堂に入った。

ご遺体に手を合わせて早々に、おもむろにドローン仏に向かい、スイッチを入れた。

コントローラーとの通信確認も取れた。

準備は完了である。

いよいよ、待ちに待ったドローン仏のご来迎だ。

私は、コントローラーの離陸ボタンを押した。

ウィーンというモーター音とともにプロペラが回り、金色の阿弥陀如来がご遺体のそばで浮かび上がった。その瞬間、「ああ、お婆さん、お浄土へ旅立ったな」という感じがした。葬儀後に聞いたところ、ご遺族の皆さんも同じように「旅立った」という感覚を抱いていたという。

ちなみに、この日の葬儀はドローン仏が飛ぶこともあって、「遠方で参列できない孫にもお参りしてもらいたい」とライブ中継をすることになった。お孫さんは、モニター越しに手を合わせ、「遠く離れてても本堂でのお葬式は温かかった」と喜んでくださった。

伝統とテクノロジーは相反しない

近年、葬儀を行わず火葬場へ向かう「直葬」が珍しくなくなるほど、葬儀の簡略化が進む。葬儀を行うにしても家族葬がほとんどで、家族や親族以外に、地域の人や職場の同僚などが参列することはまれである。

しかし、経済的な事情を抜きにするならば、お世話になった人の最期の儀式は簡略化を競うべきものではあるまい。盛大に供養して送りたいと願うのが、人間の素直な心情というものだろう。この意味において、「ドローン仏を飛ばしてほしい」「遠方の孫に中継したい」と、テクノロジーを駆使して盛大な儀式を願われたこと、そして、そこに一人でも多くの参列を願われたことは、供養の本質に適っている。

ドローン仏が葬儀で飛んだのはまだ一度だけだが、「いつか私が死んだときもお願いしたいわぁ」という声は、しばしば寄せられる。檀信徒のあいだで、新しい仏事の姿が芽生えつつある。

ドローン仏を龍岸寺で独占するつもりはない。全国各地で日常的にドローン仏が舞い踊り、お寺がわくわくするような場所になっていけばいい。そう願って「ドローン仏発祥の地」と掲げているのだが、その願いとは裏腹に、ドローン仏はいまのところ龍岸寺以外のお寺で飛んだことがない。

要するに、伝統とテクノロジーは相反すると思い込んでいる人が多いのだろうが、それは誤解である。伝統とは、時代ごとの最新の〝テクノロジー〟を取り入れてきた蓄積に過ぎない。私はこれからも、現代のテクノロジーを当たり前のように取り入れながら、現代にふさわしいお寺の在り方を模索するだろう。その模索こそが、はるか未来に伝統と呼ばれるものを生み出していく一歩になると思う。

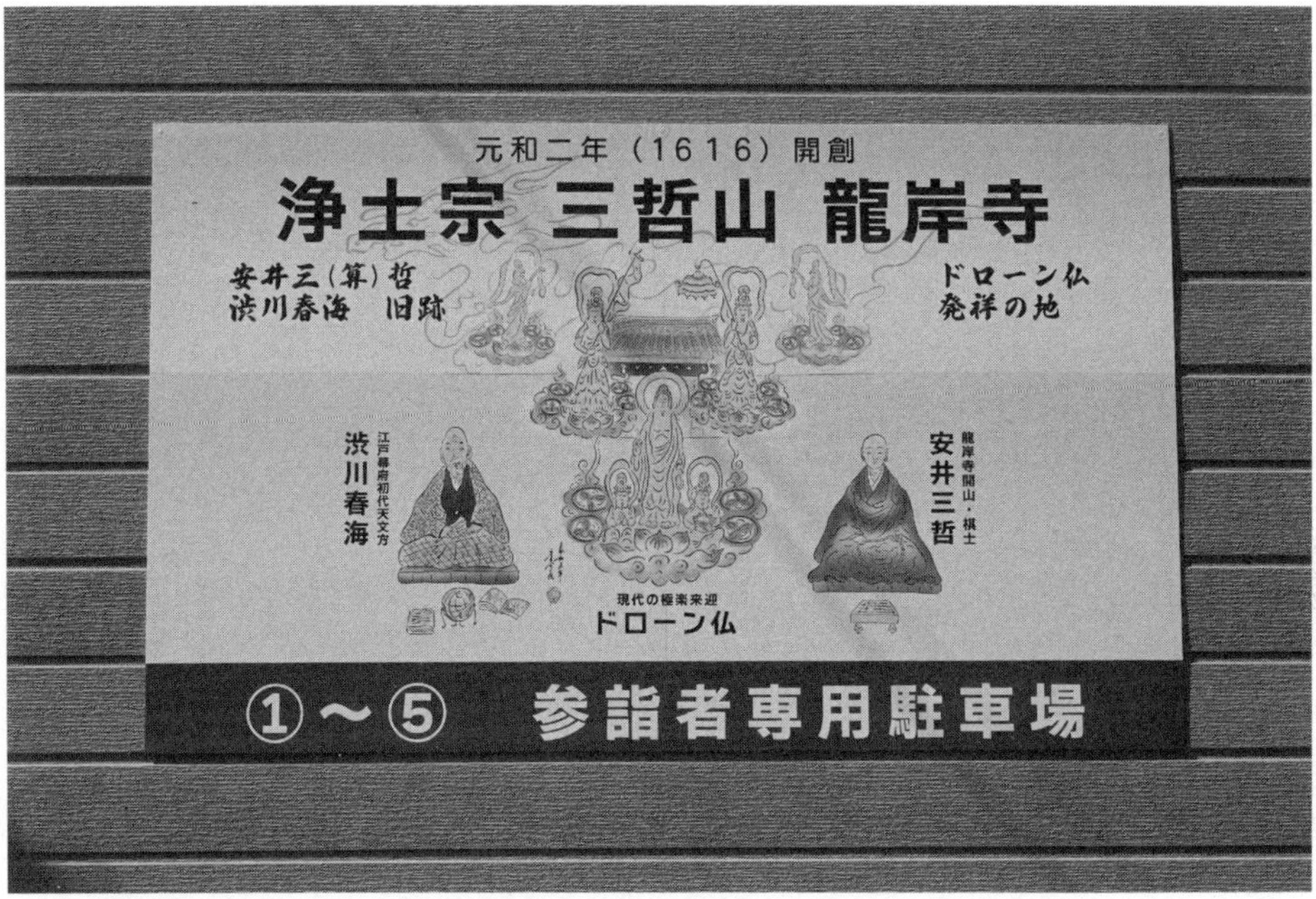

ドローン仏の図柄とともに「ドローン仏発祥の地」と記された看板

RITA MAGAZINE 2
The Dead and Technology

Chapter_3-5

- Ryoko Takagi

論考（インタビュー）

されど仏壇

──廃棄とデジタル化のリアル

高木良子

はじめに
「墓の墓場」と「仏壇の弔い」

墓じまいが増えたことにより、先祖代々の墓は減りつつある。しかしそれでも残される「もの」、その一つが「墓石」だ。「墓の墓場」という言葉をご存知だろうか？　広島県福山市の宗教法人・不動院には、全国から引き取られた一〇万基以上の廃棄墓石が寺院内の敷地を埋め尽くしている。その光景は、墓石としての役目を終えても、なお残る「聖なるものの影」を見せつける。今日本全国にはそうした場所が増えつつある。私たちの弔いの行為が物質文化に支えられてきたことを示す一面だ。

では、仏壇の場合はどうなのだろうか。二〇二〇年の調査【※1】によれば、仏壇の処分を寺院や仏具店などの専門業者に依頼した人は全体の七〇％に及んでいる。やはり、仏壇はただの「もの」ではないことが、この数字に表れていると言えるだろう。本稿では、前半には兵庫県で仏壇仏具、墓地の開発、販売を手掛ける株式会社素心の玉川将人《まさと》さんに、後半ではコミュニケーションする仏壇「スマート仏壇 COHACO」を開発する株式会社二番工房の石井鳳人《ほうじん》さん、元株式会社BIRDMAN の築地ＲＯＹさんに、仏壇の現状と未来について、Q&A方式でお話を伺った。

インタビュー【1】
仏壇の廃棄と弔いのゆくえ
株式会社素心　玉川将人さん

――仏壇が減っている感覚はありますか？

あくまで兵庫県という地方での事例であり、私の体感ですが、手元供養も仏壇の延長線と考えると、意外と需要が減ってきている感じはしていないんですね。手元供養と仏壇との違いは、そこに御本尊があるかどうかだと思うんですが。もちろん金仏壇とか唐木仏壇とかいうような伝統的な仏壇は減っていますが、祈りの場としての需要は続いている。

もちろん仏壇の引き取りは増えていて処分というのもあるけれど、そこでは買い替えが発生している印象です。代替わりして仏壇が移動するときに、次の家の住宅事情に合わせてコンパクトにリサイズされたり買い替えになったりすることもあります。

仏壇じまいすると、閉眼供養（法要を通じて仏壇に宿っている故人の魂を抜き取る工程）のあと、御本尊や位牌は住職が持ち帰りますね。位牌は仏具店で持ち帰ることもあります。仏壇の箱は木部だけでできているわけではないので、それ以外の金やガラス、樹脂なんかもすべて分解、分別して、お焚《た》き上げするところもあれば、産業廃棄物業者に委託して粉砕処分してもらうことも多いです。

――仏壇はリサイクルすることもありますか？

仏壇の「お洗濯」といって、長年仏壇

に重なった汚れや虫食い、金具の破損、彫刻の欠け、金箔の剝《は》がれ、木地の反《そ》りなど、傷みや劣化部分を補修したりすることはあります。でも、仏壇という性質上基本はリユースというものはないですね。

ただし、過去に一度だけあったケースでは、菩提寺が檀家さんで仏壇じまいしたものを引き取るというのがありました。他の檀家さんに必要になったときに譲るためですね。ただ、それも「菩提寺の宗教者という権威が〝お墨付き〟を与えた仏壇ならリユースでも問題ない」という話で、菩提寺と檀家との信頼関係の上に成り立った珍しい事例です。

――未来の仏壇はどうなると思いますか？

これから五年、十年の話であれば、祈りの場としての仏壇自体は続いていくと思います。もちろん今もその傾向が続いているように、現代の住環境に合った形にさらに変化していくのは間違いないでしょう。

もう少し長いスパンでの将来を考えてみると、仏壇自体の定義が変わるのではないかとも思うんですね。今までの仏壇というのには大きく二つ意味合いがあって、一つは家制度のシンボルで、お寺と檀家をつなぐものだった。もう一つは個人の信仰とか弔いの場でもあったと思うんです。現代はこの前者の部分がずれてきて、後者の意味合いが強くなっていく、だからその形も変わっていくんじゃないかなと思っています。

――手元供養とか散骨、遺骨に対する価値観についてはどんな所感をお持ちですか？

遺骨の重要視ですよね。これはまだまだ続くと思いますね。むしろ墓から手元供養にその重要な場所が増えたと言えるかもしれない。手元供養で、手元に遺骨を置くことで、骨を媒介として死者の肉体と精神をつながったものとして見られる場になるという。これはあくまでも私の個人的な感覚ですけどね。

だから散骨で遺骨を手放してしまうというのはなかなか考え方が難しい。私もいろいろとポジティブに考えてみようとしてみたんですが。例えばそもそも人間は海から生まれてきたから海に還るんだとか……でも（進化論的には）海にいたのはホモサピエンスになる前ですし、うーんと。同じ海と遺骨ということを考えると、戦没者の遺骨を収集するという事業は今も続いているわけですしね。個人的には、そういう選択肢があり、選択する方々がいらっしゃるということは重々理解していますが、私自身が散骨を選ぶかというと、それが腑に落ちるところまでは理解できてはいない気がします。

――メタバース墓地や、デジタル仏壇など、新しいテクノロジーを用いた弔いについてはどう考えますか？

例えば、儒教で「魂魄《こんぱく》」とかいうよう

に、亡くなった人の存在も肉体と精神で分けるとするなら、メタバースっていうのはやはりすごく精神性のほうにフォーカスしたものに思えますよね。

少し話は変わりますけど、墓地埋葬法というのにはね、三つ重要なルールがあるんですよ。そのうちの一つに墓地経営・管理の主体となるのは、原則として地方公共団体、あるいは宗教法人や公益法人等というのがあるんです。なぜここに行政とか公益という言葉が出てくるかというとね、それはやはり「永続性の担保」なんですよ。私はこの「永続性」というのは弔いですごく重要なことだと思うんですね。つまり、どんなに血縁の継承者がいなくなるといっても、人間はやはり自分のところで存在を断ち切りたくないものだと思うんです。

だとしたら、人の死、弔いにとって血縁とか地縁とかよりも、より大いなるものが器にならなきゃいけないと思うんですね。例えばそれが、お釈迦さまが生まれて二千五百年経つところを受け継ぐ仏教教団だったりすると思うんですけど。もちろん宗教じゃなくても、そういった本当の意味での永続性をメタバースに人が見ることができれば、続いていくんじゃないかなと思います。もちろんこれはメタバースに限ったことじゃなくて、あらゆる弔いの場に対して言えることですけれどね。

永続性を担保する器

仏壇を通じた話ながら、弔い全体の未来について玉川氏の言葉で示唆的だったのは「永続性を担保する器」という言葉だった。私たちが墓や仏壇についてインターネットで検索すると、継承者不足による「墓じまい、仏壇じまい」という文字、さらにはいつでもやめられる「サブスク墓」「レンタル墓」という言葉まで目に入ってくる。これらは、縁者の継承を基本としない弔いのあり方である。しかし、玉川氏の言う「永続性を担保する器」が現在存在するとするならば、それが形としては「永代供養（寺院や墓地の運営会社が将来にわたって墓地を管理する形）」というもので私たちの前に提示されているのだろう。

ここで問題になるのは私たちにとって「永代供養」の意味するものである。遺骨を処分する体《てい》のいい言葉になっていないか、と問うのは言葉が過ぎるだろうか。血縁という永続性が揺らいでいる今、私たちはどのような永続性の器をもって、社会の中に集合的な「死者」を存在させ続けるのだろうか。それは、伝統宗教なのか行政なのか、あるいはまた第三の持続可能なコミュニティを作りうるのか。私たちの弔いは、家制度→核家族化→個人化とこれまで内へ内へと入ってきたが、考えようによっては、その限界がきた今また、大きく外へ開こうとするのかもしれない。

スマート仏壇 COHACO

次に、現時点での仏壇×テクノロジー

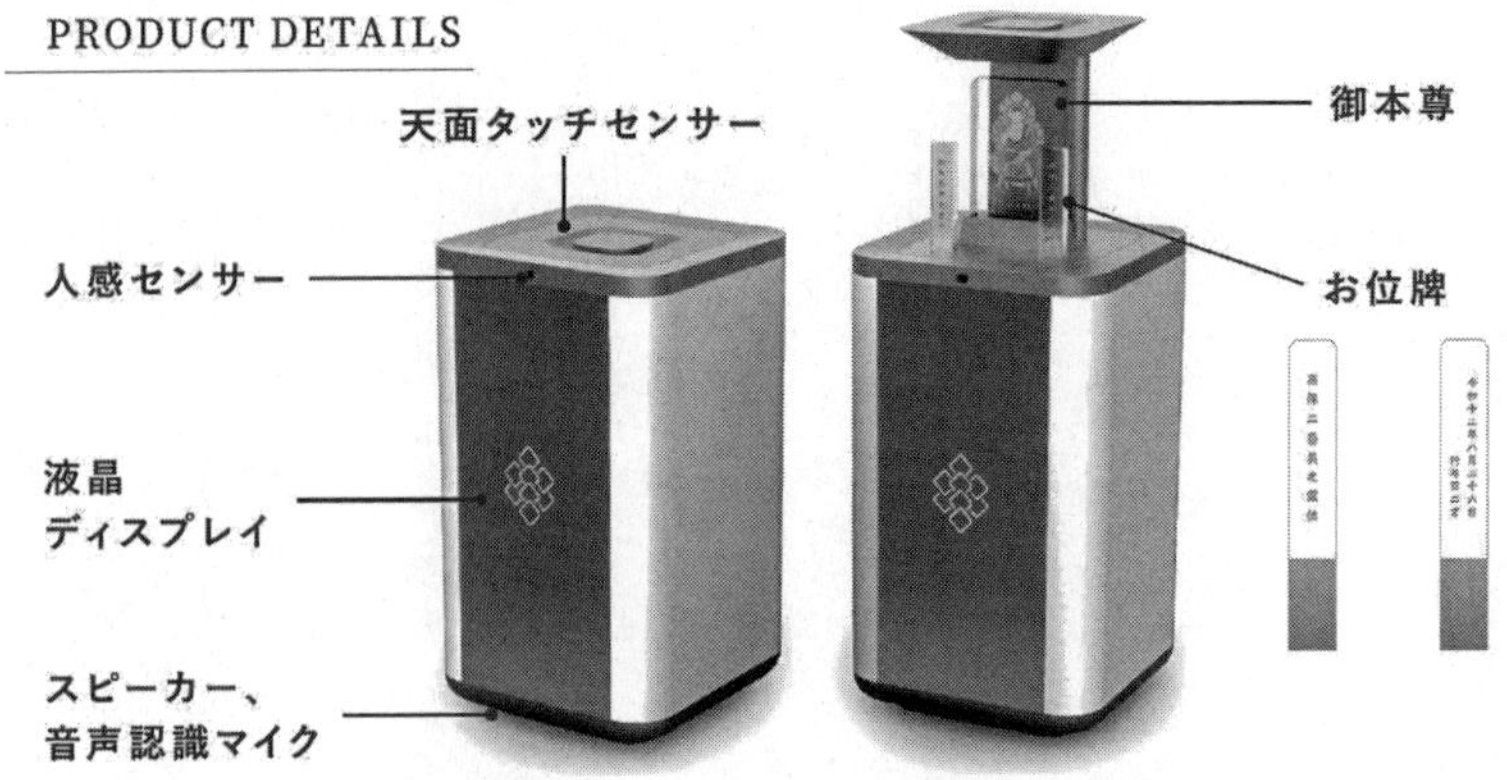

を追うため、二〇一八年から開発が続けられている「スマート仏壇 COHACO」についても触れておきたい。

COHACO のデザインでは、仏壇をもっと身近に感じられるようにと家の中のどこにでも置けるシンプルなデザインと、長く使うことのできる耐久性がめざされた。このため、メインの材料は従来の仏壇のように木製ではなく、樹脂が採用され、家電のような見栄えとなっている。

その機能は、従来の仏壇がもつ機能をテクノロジーによって模したものもあれば、まったく新しいものもある。例えば、故人の名前を呼びかけるとディスプレイに遺影の写真が表示される。タッチセンサーに触れると「おりん」が鳴り、アロマが香るなど。新しいところでは、位牌に見立てたＵＳＢメモリを COHACO の中に入れると、七・九インチの液晶ディスプレイでＵＳＢに保存された写真や動画データが再生されたり、手を合わせると、モーションセンサーが反応して写真が変化したりする。さらに、遺言機能、あるいはタイムカプセルの要素もあり、あらかじめ設定した日時に写真や動画を自動再生させたり、遺族が仏前に立ったときに自動でメッセージを流すことも可能だという。

二〇二四年十一月、開発者である石井さんと築地さんに、これまでの開発の経緯と今後の COHACO の展開についてインタビューを行った。

インタビュー【2】弔うところに純化するとデザインはシンプルになる

株式会社二番工房　石井鳳人さん、元株式会社 BIRDMAN　築地ＲＯＹさん

——COHACO 開発のきっかけは？

まず、仏壇というものがこれまであまり大きく変わっていないなという印象がありました。そこにデザインやテクノロジーの力でチャレンジしたいなと。もちろんそれも突然ではなくて、チーム内で何人かのメンバーが共有していた親族やペットとの死別の体験というのも、仏壇を選んだ背景としてはあったと思います。それと、仏壇自体が日本特有の文化で、亡くなった方を敬う場ですよね。そういう場を、これからも形を変えたとしても、残していきたいという気持ちもありました。

――デザイン上意識されたところはありますか？　仏壇は仏教の宗派によっていろいろと違ったりということもあると思うのですが。

どんな家のインテリアにも違和感なく置いてもらえるようなものにしたいという気はありました。ただここは外せないんじゃないかと思うところもあって、おっしゃるように仏教が関わるところなので、僕らだけでは判断できない。そういうところは監修をお願いした仏具店に、ご意見を伺ったりしましたね。

――リリースしてからの世の中の反応はどうでしたか？

基本的には、これなら家に置けるだとか、故人を思い出すことができるなどポジティブな意見が多かったです。ただ、中には「これは仏壇ではない」という意見もありました。御本尊やお位牌が中になければ意味がないと。それで、今のモデルではそのあたりも可視化しています。

――テクノロジーによっては、ヴァーチャルで仏壇のような祈りの場を作るという選択肢もあったと思うんですが、そうしなかったのはなぜですか？

僕らの中で、「手に触れる形で存在している」ということと、「デバイスが仏壇専用である」というのは、実はかなり大きい要素だったんですね。つまり、故人の写真が映るだけだったらスマホにある何かのアプリでもいいわけですけど、そういうたくさんある中の一つという混在した体験ではなくて。故人を敬い、思いを馳せる専用の場としてものが欲しかった。だから専用のデバイスを作ったというのはあります。

――故人の写真がこのフロント画面に映し出されますが、ちょっとぼんやりとしているんですね。

これは、あえてそうした部分ですね。写真の解像度のままくっきりしたものを映し出してしまうと、リアルな人のポートレートみたいに見えて、なんだか仏壇らしさが損なわれるので、写真にフィルターを加えてあえて柔らかく見せて、デジタル感を和らげているんです。

――写真もそうですけど、それ以外にもＵＳＢの位牌の中に入っているのは故人のデータなんですよね？

そうですね、動画を入れることもでき

るし。それこそ、僕らの世代より若い世代は写真っていったら紙焼きじゃなくて、データでしか存在しないことがほとんどですよね。そういう世代が逆に弔われる側の世代になったときに、収めるべきは当然「データ」になるんじゃないかと思うんですよ。

——写真、おりん、アロマという仕掛けは、視覚、聴覚、嗅覚とさまざまな五感からのアプローチだなと思うのですが、実装されてみてどうですか？

　実はちょっと盛り込みすぎたかなという気もしているんです。初めはこのCOHACOを通じてやってみたいことがたくさんあって、いろんな要素を詰め込んだんですけど、そもそもこの仏壇で一番表現したかったのは何かというと「大切な人を敬う」ということなんですよね。だから、重要視すべきはその心であって、宗教に縛られる必要はないんじゃないかという気が今はしています。

　一度目の二〇一八年、二度目の二〇二〇年とプロトタイピング（試作品の検証）を繰り返してきて今この形なんですが、実は来年（二〇二五年）あたり再度のリニューアルを考えているんです。そこではデザインはもっとシンプルで小さく、ただ故人を敬うための大切なものを置く場所というコンセプトでやろうとしています。

——最後に、このCOHACOの仏壇じまいというかモノの終わりについて教えてください。処分するとなると、どのようにするのが良いという選択肢はあるのでしょうか？　従来のお仏壇だと、御本尊やお位牌は閉眼供養するような方法もありますが。

　それは、具体的には考えてはいませんでしたが……僕はこのCOHACOで大事なのは、故人のデータじゃないかと思います。アルバムの処分に困るのと同じですね。ＵＳＢを処分するというモノの処分とは別の次元で、このデータを何らかの形で供養するのか、あるいはしないのか？　というご家族それぞれの選択になってくるんじゃないでしょうか。

故人と弔う側を映すスマート仏壇

　初めてこのCOHACOを見たとき筆者の胸に浮かんだのは「この箱で弔えるのだろうか……？」という戸惑いと好奇心だった。ただ、そもそも亡き人を思うという行為自体がとてもヴァーチャルな行為であり、家の中に写真立てや遺品を置いて自己流の弔いの場を作る人もいる。そう考えるとこのスマート仏壇も世界観さえ成立していれば案外相性が良いのではないかという気もした。

　ただ話を聞いていくうちに、COHACOはスマート仏壇と言いながら、かなり泥臭いアナログな手法で死者との距離を縮めようとしていることも見えてきた。例えば、そのうちの一つが故人の写真にフィルターをかけてぼんやりと見せたという点、もう一つは、あくまでも手に取れる専用デバイスにこだわった点である。さらに、最新の開発では多機能だった要素を削り、デザインも小さくシンプル、故人にまつわる大切なものを置く場にするというコンセプトが出てきた。

　引き算のデザインをすることで、最も重要なコンセプトを際立たせる意図がそこにはある。また「仏壇」という形を脱ぎ捨てることによって脱宗教化が図られようとしているが、こうしたミニマルデザインに進むことは、実は人間の中にある「亡き人を思う」という宗教心を純化した形ではないのか。気付かされることが山ほどある。

　最新のモデルにも注目する点はいくつもある。いずれ供養すべき対象になるかもしれない故人のデータが、引き算のモデルに必要なのか否か、また、もしデータとして実装されるとするなら、故人の総体的人格を表すデータとは一体どのようなデータなのか。COHACOは故人を映す場でありながら、弔う側をも映し出す「鏡」となりそうだ。

※1　リセット愛知によって二〇二〇年に実施されたアンケート「仏壇処分をしたことがある人を対象にした意識調査」では、仏壇の処分を、仏壇店にお願いした：三九%、寺院にお願いした：一六%、仏壇処分専門業者にお願いした：一五%という結果が出た。https://newscast.jp/news/3058528（二〇二四年十一月十九日閲覧）

あとがき

この数年、利他という問題を考えてきた。その中でずっと気になってきたのが「余白」という存在だった。

利他は時に押しつけがましい行為となる。与え手が「その人のために」と思って行った行為でも、受け手が快く思っていない場合は、利他として成立しない。利他をめぐっては、この「ありがた迷惑」という問題が、どうしても付きまとうのだ。

そんな中で考えたのが、「引き出す」という行為だった。拙著『思いがけず利他』（ミシマ社、二〇二一年）では、NHK「のど自慢」のバックミュージシャンについて書いた。現在はカラオケになってしまったが、かつての「のど自慢」では、プロのミュージシャンたちが生演奏を行っていた。このミュージシャンたちは、素人の歌い手たちをコントロールしようとしない。リズムや音程がずれていれば歌いやすいように合わせ、イントロの途中で歌いはじめてしまうと、歌っている歌詞の部分を追いかける。すると、歌い手がのびのびと歌いはじめ、その人の人柄や個性が引き出される。会場は温かい雰囲気に包まれ、歌が終わると万雷の拍手が起こる。

利他にとって大切なのは、その人のポテンシャルを引き出すことであって、何かを押し付けることではない。その人の中に潜在する能力がうまく引き出されたとき、利他の循環がはじまるのだ。

本書の中でも論じたように、「余白」には、見る者の「喚起力」を引き出す作用がある。現代のテクノロジー開発は、「人間の代わりにやってあげること」「人間のできないことをやってあげること」に方向性が向いているため、この機能も加えよう、あの機能も加えようといった「足し算の技術開発」が進められている。しかし、人間の潜在力を引き出すためには、余白の力に委ねる「引き算の技術開発」が重要なのではないか。

「足し算の技術開発」は、どこか押しつけがましい。やりすぎることによってその人の主体性を奪い、時に「ありがた迷惑」になってしまう。生者と死者の関係性に介在するテクノロジーについては、「引き算の技術開発」に可能性があるように思う。そして、そのほうが、人類の長年の英知と接合しやすいように思う。

本研究は東京工業大学（現東京科学大学）未来の人類研究センターの「利他プロジェクト」の一環としてスタートした。月に一回程度、「弔い研究会」を開催し、多くの方にスピーカーとしてお話をいただいた。また、学内だけでなく学外のジャーナリストや宗教者の方にも、研究会メンバーとして参加いただいた。関係者の皆様に厚く御礼を申し上げたい。

この研究プロジェクトは、文部科学省卓越大学院プログラム・東京工業大学超スマート社会卓越教育院の「社会人間科学フィールド」に引き継がれ、研究を進めてきた。ここでは約二年間にわたって「弔いとテクノロジー研究会」を開催し、闊達《かったつ》な議論を進めた。本書にご執筆くださった方の多くが、この研究会でご発表いただき、議論に加わってくださった。関係者の皆様に厚く御礼申し上げたい。

本プロジェクトの屋台骨を支えてくださったのは、本書の執筆者でもある佐々風太さんと高木良子さんである。座談会の取りまとめをはじめ、多くの作業を担っていただいた。改めて御礼を申し上げたい。

最後に、利他プロジェクトに一貫して寄り添ってくださっているミシマ社の星野友里さんに感謝の念をお伝えしたい。

二〇二五年一月

中島岳志

RITA MAGAZINE 2
死者とテクノロジー

2025年3月18日　初版第1刷発行

編者　中島岳志

発行者　三島邦弘
発行所　株式会社ミシマ社
〒152-0035　東京都目黒区自由が丘2-6-13
電話　03（3724）5616
FAX　03（3724）5618
e-mail　hatena@mishimasha.com
URL　http://www.mishimasha.com/
振替　00160-1-372976

編集協力　高木良子、佐々風太
ブックデザイン　尾原史和
組版　BOOTLEG
印刷・製本　株式会社シナノ

ISBN　978-4-911226-17-9

RITA MAGAZINE

テクノロジーに利他はあるのか？

未来の人類研究センター編

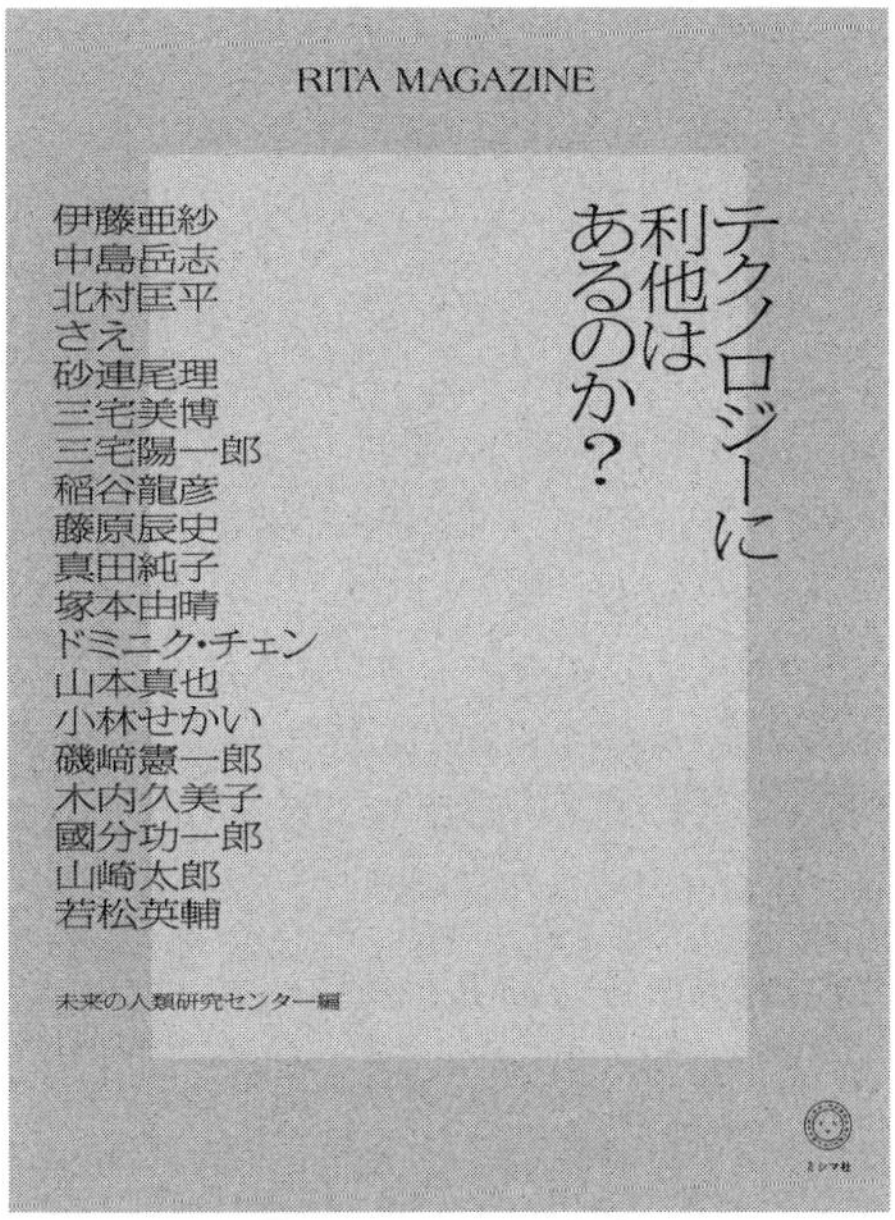

目次

Chapter 1：「漏れる」工学

- 分身ロボットとダンス
- ロボットとAIから利他を考える
- 「漏れる」社会システムをつくるには？

Chapter 2：「野生の思考」とテクノロジー

- 石やミツバチから土木を見ると？
- 建築と都市から利他を考える
- 人間ではない「隣人」の声が聴こえる！？

Chapter 3：「共感」を前提とせずに「共にいる」

- ボノボやチンパンジーに利他はあるか？
- 「ただめし券」と「まかない」から利他を考える
- 歓待と利他――住まいの空間と構造

文理共創の新しい知のかたちが、ここに。

東京工業大学の中で、利他研究会が発足してから4年。
AI、ロボット、情報科学が劇的に進化する時代に、利他はどうありうるのか？
「利他」論考の決定版。

ISBN978-4-911226-00-1　2400円（価格税別）